W0072453

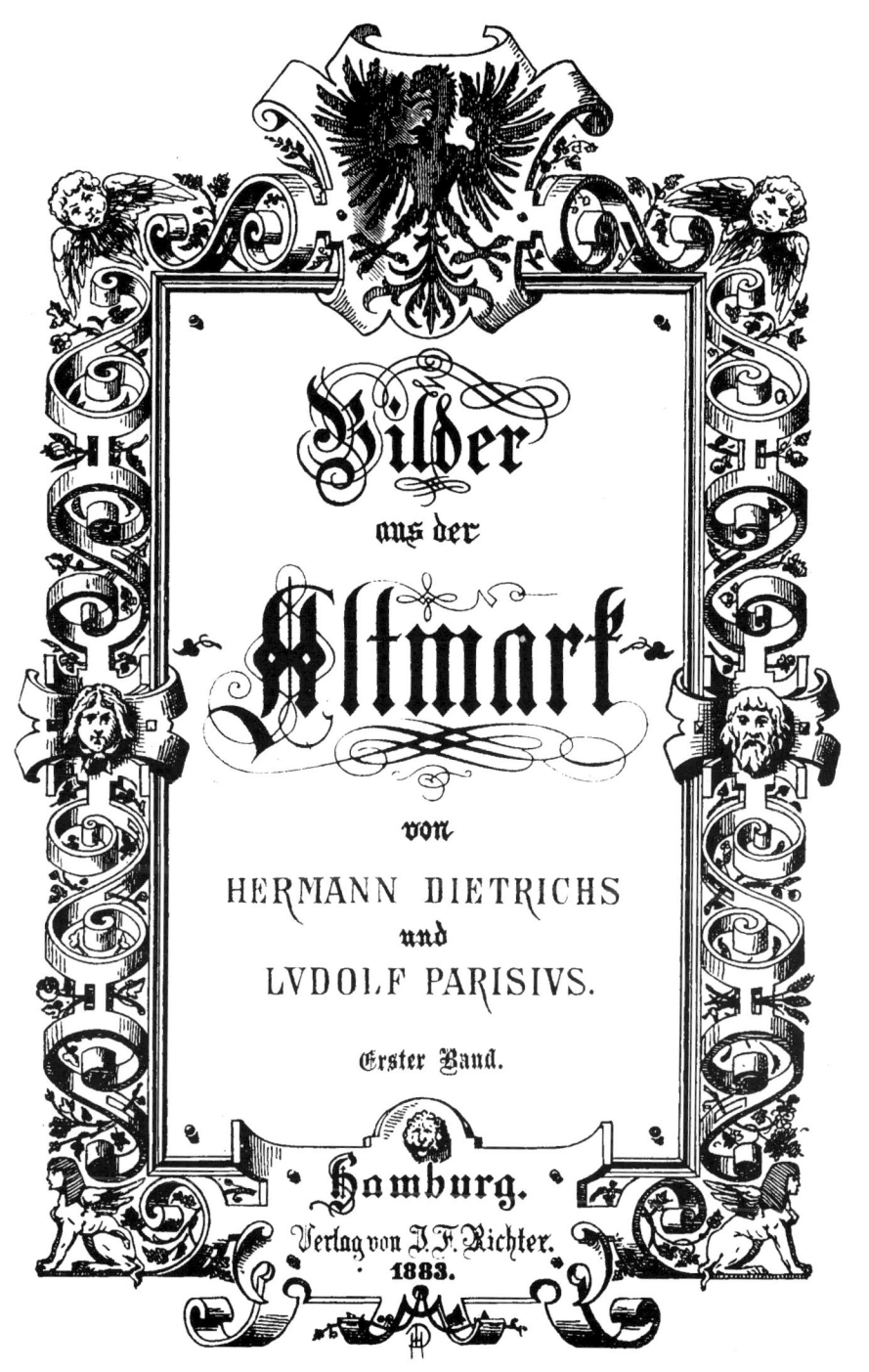

Bilder aus der Altmark

von

HERMANN DIETRICHS

und

LVDOLF PARISIVS.

Erster Band.

Hamburg.

Verlag von J. F. Richter.

1883.

Herausgegeben von
Uwe Gerig

Die Deutsche Bibliothek – CIP – Einheitsaufnahme
Bilder aus der Altmark / Ludolf Parisius. Hermann Dietrichs.
[Hrsg. von Uwe Gerig. Alle Farbfotos: Uwe Gerig]. –
Königstein/Ts. : Gerig, 1994
(Souvenir)
ISBN 3-928275-40-2
NE: Parisius, Ludolf; Dietrichs, Hermann; Gerig, Uwe [Hrsg.]

© Ruth Gerig Verlag 1994
Forellenweg 25, D-61462 Königstein/Taunus
Telefon (0 61 74) 2 20 31, Fax (0 61 74) 2 50 03

Alle Farbfotos: Uwe Gerig. Die schwarz-weiß Illustrationen von Hermann Dietrichs zu den Parisius-Texten sind
zum Teil im Ausschnitt verändert und dem Satzspiegel dieses Buches angepaßt worden. Historische Illustrationen
zum Kapitel Tangerhütte: Archiv Ruth Wolf. Ein Farbfoto Böttcher (S. 43 links).

Druckvorlagenherstellung: Rolf W. Spitznagel, Frankfurt/Main.
Titelgestaltung und Kartenzeichnung: Stefan Schröter, Wiesbaden.
Gesamtherstellung: Arti Grafiche Signoretti, Verona, Italien.

Nachdruck, auch auszugsweise, nur nach vorheriger schriftlicher Genehmigung des Verlages.
Alle Rechte vorbehalten.

Titelfoto: Altmärkische Feldsteinkirche in Buchholz bei Stendal.
Rückseite: Altmärkische Landschaft bei Gardelegen.

ISBN 3-928275-40-2.

Inhalt:

Das unter dem Titel „Bilder aus der Altmark" 1883 im Hamburger Verlag J. F. Richter erschienene Buch ist bis heute die umfassendste und beste historische Darstellung der Altmark. Ludolf Parisius und Dr. Oscar Schwebel schrieben die Texte, Hermann Dietrichs zeichnete die Illustrationen des 570 Seiten starken Werkes. Um 1975 gab es Überlegungen, „Bilder aus der Altmark" im Leipziger Zentralantiquariat als Reprint herauszugeben. Verwirklicht wurde der Plan nicht. Wir haben jetzt die Anregung der Salzwedeler Buchhändlerin Helga Weyhe aufgegriffen und legen mit diesem Buch einen auszugsweisen Nachdruck der über hundert Jahre alten Erstausgabe vor. Aus Platzgründen mußten wir leider auf die sehr ausführlichen Biografien der großen altmärkischen Adelsgeschlechter, der Herren von dem Knesebeck, der Herren und Grafen von Alvensleben, der Bismarcks, der Schulenburgs, der Schenken von Flechtingen, der Treffenfelds und Jagows verzichten. Kleinere Auslassungen im Parisius-Text sind mit drei Sternen ✱✱✱ markiert. Die Illustrationen von Hermann Dietrichs wurden weitgehend übernommen und an den entsprechenden Textstellen eingefügt. Durch behutsame stilistische Korrekturen und die Anpassung der Orthographie an heutige Lesegewohnheiten wurde das Werk geringfügig verändert. Angefügt haben wir eine Geschichte über Tangerhütte, das es 1883 als Stadt noch nicht gegeben hat. Außerdem erscheinen kurze Hinweise auf die heutige Bedeutung der wichtigsten altmärkischen Städte. Die Farbseiten sollen ein aktuelles Bild der reizvollen Ferienlandschaft Altmark widerspiegeln.

Vorwort

Seit der Wiederherstellung des deutschen Reiches richtet sich die Aufmerksamkeit der Freunde der vaterländischen Geschichte mit Recht auf die Anfänge jenes preußisch-brandenburgischen Staates, der Haupt und Kern des neuen Reiches zu werden bestimmt war. Die Altmark, einst von Kaiser Karl dem Großen und seinen Nachfolgern als Militärgrenze an der Elbe gegen die Slawen gegründet, gehört zu den wenig bekannten Landschaften unseres Vaterlandes. Es gab bisher noch keine für weitere Kreise des Volkes bestimmte Schilderung derselben durch Wort und Bild, obschon die von J. H. Strack und F. E. Meyerheim 1833 herausgegebenen „Architektonischen Denkmäler der Altmark Brandenburg", sowie der erste die Stadt Brandenburg und die Altmark umfassende Teil von Adlers berühmtem Werk „Mittelalterliche Backsteinbauten des Preußischen Staates" (1862) auf den Reichtum der Altmark an sehenswerten Bauwerken aufmerksam machten.

Zu Ehren ihrer Heimat haben sich nun zwei Söhne der Altmark zu dem vorliegenden Werk vereinigt. Hermann Dietrichs hat in den Jahren 1877 bis 1882 die Landschaften und architektonischen Bilder an Ort und Stelle und die Portraits nach alten Originalgemälden und Stichen aufgenommen und sämtliche Bilder für das Werk gezeichnet. Ludolf Parisius hatte die geschichtliche Darstellung von Land und Leuten in alter und neuer Zeit allein zu liefern übernommen. Da er indessen durch die Beteiligung an den politischen Kämpfen der Gegenwart mehr in Anspruch genommen wurde, als er vorausgesetzt hatte, so hat ihn auf sein Ersuchen Dr. Oscar Schwebel durch eine Reihe interessanter Aufsätze unterstützt.

Der Inhalt der „Bilder aus der Altmark" ist durch den Gegenstand bedingt. Es waren in Wort und Bild zu berücksichtigen vor allem die sieben Städte mit ihrer reichen mittelalterlichen Geschichte – Tangermünde, Stendal, Salzwedel, Gardelegen, Osterburg, Seehausen und Werben, sodann die Marktflecken, die Klöster und die alten schloßgesessenen Adelsgeschlechter; ferner verdienstvolle Söhne der Altmark aus vergangenen Jahrhunderten; endlich die ländliche Bevölkerung und ihre Wohnstätten in den verschiedenen Teilen der Altmark, – im Hansjochenwinkel mit seinen riesigen Hünengräbern, wendischen Dörfern und sächsischen Bauernhäusern, – im Kalbeschen Werder und in den Hopfendörfern bei Gardelegen und Kalbe an der Milde, – im Drömling mit seinen Moorkulturen und Entwässerungsanlagen, – in der Letzlinger Heide mit ihren Kaiserjagden, – in der Wische mit ihren Einzelhöfen und romanischen Kirchen.

Wer es wagen will, sich unserer Führung in die Altmark anzuvertrauen, dem möge das Titelbild weisen, was er erwarten darf. Folgt er unserem Rat, dann wählt er zum Besuch der Landschaft, deren geschichtliche Bedeutung im Mittelalter liegt, die von manchem deutschen Kaiser befahrene Wasserstraße der Elbe und verläßt das Schiff bei der alten Stadt Tangermünde. Durch das enge Tor, die Roßfurt, steigt er dann steil hinauf zu den Straßen der kleinen Kaiserstadt und erfreut sich der herrlichen Aussicht über die Werder hinüber nach den Türmen vom Kloster Jerichow. Nicht bloß die Kirchen, Rathäuser und Tore der alten Städte bezeugen deren früheren Reichtum, auch Holzschnitzereien, wie die herrliche Mutter Gottes in der Salzwedeler Marienkirche, Metallarbeiten und gewebte Stoffe, Rüstzeuge und Waffen belehren uns, daß in den Werkstätten dieser Städte die Kunst sich hoher Blüte erfreute. Handel und Wissenschaft gediehen, die älteste Buchdruckerei in der Mark Brandenburg, die einzige des 15. Jahrhunderts, war in Stendal. Neben den Bürgern der Städte ein kampfbewährter Adel und tüchtige und tapfere Bauern. Die Fahnen mit der Inschrift: „Wir Bauern von geringem Gut dienen unserm Kurfürsten mit unserm Blut" hängen seit den Schwedenkriegen in altmärkischen Dorfkirchen. Und mitten in Ährenfeldern und grünen Wiesen, oder in Kiefern- und Eichenwäldern, umrankt von Brombeeren und halbverdeckt von Heidelbeer- und Heidekraut, zeigen uns riesige Hünengräber, wie die Altvordern vor einigen tausend Jahren ihre großen Toten ehrten…

Möge denn unser Buch hinausziehen in das weite Vaterland und bei deutschen Männern und Frauen, unter Alt und Jung, Freunde werben unserer lieben Heimat, der ruhmreichen Wiege des preußischen Staates, der halbverschollenen Altmark!

Berlin, 26. Oktober 1882

Hermann Dietrichs. Ludolf Parisius.

Ludolf Parisius

(1827 – 1900) war Jurist, Abgeordneter und ein sachkundiger Erforscher der Geschichte seiner altmärkischen Heimat. In Gardelegen geboren (Vater und Großvater waren dort Pfarrer), besuchte er die Bürgerschule seiner Heimatstadt, dann das Gymnasium in Stendal und studierte ab 1846 in Halle zunächst Mathematik, später Rechtswissenschaften. 1855 wurde Parisius nach bestandenem Examen Assessor am Gericht von Burg. Von 1858 bis 1864 war er Kreisrichter in Gardelegen. Als Landtagsabgeordneter der bürgerlich-liberalen Deutschen Fortschrittspartei wirkte Parisius ab 1861 in der Zweiten Kammer des Preußischen Landtages. Er engagierte sich sehr für die deutsche Einheit auf demokratischer Grundlage. Liberalem Fortschritt und bürgerlicher Demokratie fühlte er sich in seinem Wirken als Abgeordneter stets verpflichtet. Zugleich versuchte Parisius, durch Veröffentlichungen über historische Vorgänge den Nationalstolz zu entwickeln. Sein Werk „Bilder aus der Altmark" ist vor diesem Hintergrund zu sehen. Eine umfassende Sammlung von Volksliedern der Altmark konnte Parisius zu seinen Lebzeiten nicht mehr herausgeben. Er starb am 11. März 1900 in Berlin.

Land und Leute

Die Altmark, die Wiege des preußischen Staates, der älteste Teil der Mark Brandenburg, bildet die nördliche Spitze der Provinz Sachsen und umfaßt auf dem linken Elbufer die landrätlichen Kreise Salzwedel, Stendal und Osterburg, den größeren Teil des Kreises Gardelegen, je sieben Dörfer der Kreise Neuhaldensleben und Wolmirstedt und außerdem auf dem rechten Elbufer die Dörfer Schönhausen und Fischbeck vom zweiten Jerichowischen Kreise.

Die Geschichte der Altmark knüpft an Kaiser Karl den Großen an. Dieser zog mit gewaltigem Kriegsheer um das Jahr 780 bis zur Elbe, schlug sein Lager an dem Einfluß der Ohre in die Elbe auf und berief die diesseits wohnenden Sachsen und die jenseits wohnenden Wenden zu sich, um ihre Angelegenheiten zu ordnen. Um dieselbe Zeit, wenn nicht schon früher, gründete er gegen die Wenden längs der Elbe mehrere Marken, als nördlichste Mark Soltwedel. „Solche Mark war ein noch nicht in das Reich und dessen Gausystem eingereihtes Vorland. Es war eine kriegerische Okkupation in Feindesland mit der Aufgabe immer weiterer Bekehrung und Unterwerfung." Die Mark war demnach in stetem Kriegszustande. Zur Behauptung des schon gewonnenen Gebietes wurden an militärisch geeigneten Stellen Burgen erbaut, in ihnen und um sie herum wurden Kriegsleute mit Lehen angesetzt. Den Befehl über das Markgebiet führte ein Markgraf. Dieser vertrat den unterworfenen und tributpflichtigen Häuptlingen und Stämmen gegenüber die Hoheit des Reiches. Der Mark Soltwedel oder der Nordmark folgte bald die Mark Tangermünde. Beide vereinigt wurden später, im Gegensatz zu den neueroberten Landesteilen östlich der Elbe, die Altmark genannt. In den wüsten Zeiten nach Karl dem Großen

Altmärkischer Bauer

5

konnten die gewonnenen Grenzen und Vorlande kaum behauptet werden. Erst unter Kaiser Otto dem Großen folgte ein neuer gewaltiger Vorstoß gegen die Slawenwelt. Priegnitz und Mittelmark wurden genommen, gingen aber ebenso wie der größere Teil der Altmark seit dem großen Slawenaufstand 983 wieder verloren. Von der Altmark blieb nur noch der Westsaum in deutschen Händen. Sie war, wie die alte Kaiserchronik sagt, „ganz wüste von Volk und stand voll langen Rohres". Mit den Askaniern war die alte Markgrafschaft zurückgewonnen, neu begründet und erweitert.

Bei jeder Burg in der Mark siedelten sich in unmittelbarster Nähe gar bald freie deutsche Männer an, um unter ihrem Schutz Ackerbau und Viehzucht zu treiben und für die übrigen Lebensbedürfnisse der Burginsassen zu sorgen. Handwerker und Handelsleute ließen sich dort nieder, um von geschützter Stelle einen gewinnbringenden Handelsverkehr in die noch feindlichen Nachbarländer zu unterhalten. Sie vereinigten sich zu Genossenschaften und gaben sich Statuten und Gesetze. Bald wurden den Ansiedlern Stadtrechte, Befreiung von des Burggrafen Gewalt und Gericht, und Privilegien, wie Marktrecht, Zollfreiheit, Mühlen- und Braugerechtsame verliehen.

Die Bedeutung der Altmark wuchs mit der Mark Brandenburg bis gegen die zweite Hälfte des fünfzehnten Jahrhunderts. Nachdem der in der Altmark geborene zweite ihrer Hohenzollernschen Regenten den Widerstand der trotzigen Bürger von Berlin und Köln an der Spree gebrochen und eine stattliche Burg auf kölnischem Boden erbaut hatte, um daselbst seine ständige Hofhaltung zu errichten, trat die Altmark mehr und mehr in den Hintergrund. Zuletzt ist die „kleine arme Landschaft", wie sie bereits Sebastian Münster in seiner Kosmographie bezeichnet, so sehr in Vergessenheit geraten, daß, wer von ihr und ihren Schicksalen erzählen will, wohlbedächtig vorweg zu vermelden hat, wo ei-

gentlich das immerhin achtzig Quadratmeilen umfassende Stammland des mächtigen preußischen Staates liege.

Die Altmark gehört der norddeutschen Tiefebene an, ist aber ein welliges Land mit buntem Wechsel zwischen Sand und Lehm, Heide und Moor, Wald, Wiese und Feld. Außer in der Elbniederung, der Wische, ist der leichte sandige Boden vorherrschend. Der Altmärker schätzt seine Heimat über die Maßen hoch, heute wie vor Jahrhunderten. Schon der alte Christoph Enzelt rühmt von ihr in seiner 1579 gedruckten Chronik: „Es ist aber das Land die Alte Mark mit hohen Gnaden und Gaben Gottes gezieret, einer gesunden Luft, ein reich Kornland, schöner Viehzucht, Butter, Käse, Wolle, Honig, Fleisch, Fische, schön Brot, Wildpret, Küchenspeis und Holz. Die Städte brauen darinnen die herrlichsten Biere, man fänget auch an Weinberge zu legen, welche einen ziemlichen Landwein bringen, und wüßte nicht, was dem Lande gebrechen sollte."
Die Weinberge sind gottlob längst wieder eingegangen, der „ziemliche Landwein" soll dem Essig näher gewesen sein als dem Wein. Heiß machte er nicht, denn wie Merian (1652) berichtet, hatte man von ihm das Sprichwort: „Vinum aus der Alten Mark – Calefacit ut Quark".

Sonst aber ist noch heut zu Tage in der Altmark gut und fröhlich zu leben, und die Altmärker rühmen sich, bei ihnen fließe, wenn auch nicht wie im gelobten Lande Milch und Honig, so doch „Speck und Balsam" – zwei lustige Wiesenbächlein – und sie loben und preisen ihr durch die heilige Siebenzahl ausgezeichnetes Ländchen mit seinen sieben Städten, sieben Flecken, sieben Flüssen, sieben schloßgesessenen Adelsgeschlechtern und sieben verkehrten Kirchen, nämlich solchen, deren Türme nach Osten statt nach Westen blicken.
Die besondere Eigenart der sieben Städte schildert ein uralter plattdeutscher Spruch folgendermaßen:

De Stendaler drinken gern Wien,
De Gardeleger wullen Junker sin,
De Tangermünder hebben den Mot,
De Soltwedler hebben dat Got,
De Seehuser dat sind Ebenthür,
De Werbener geben den Weiten dür,
De Osterborger wollten sik räken
Un däden den Bullen för den Bären stäken.

Auch in unserem, der Konservierung von Besonderheiten der Volksstämme wenig günstigen Jahrhundert sagt man dem Altmärker, namentlich dem altmärkischen Bauern mancherlei Eigenart nach. In der Hauptsache handelt es sich dabei wohl nur um die guten und schlechten Eigenschaften, die unseren Brüdern aus Mittel- und Süddeutschland an den Norddeutschen plattdeutscher Zunge auffallen. Nicht die Treue und der tapfere Kriegsmut, die der alte Generallotteriedirektor Wilhelm Bornemann, der Vorläufer von Claus Groth und Fritz Reuter, ein Gardeleger Kind, vor sechzig Jahren in seinen plattdeutschen Gedichten als „Ollmärksche" Stammeseigenschaft hervorhob. In deutscher Treue und deutscher Tapferkeit soll kein Stamm unserer Nation ein Vorzugsrecht behaupten wollen. Aber im zähen Festhalten an Sitte und Brauch, am ererbten und erworbenen Besitz, mag der Altmärker sich vor manchem andern Stamm auszeichnen. Und nicht Unrecht hat eine neuere Darstellung von Land und Leuten, wenn es darin heißt: „Zäh ist der Altmärker in seinem ganzen Wesen, knorrig und langsam, der erst warm werden muß, um tüchtig zuzuschlagen und zuzugreifen, dann aber auch so leicht nicht wieder abläßt." Nicht wetterwendisch und veränderungslustig, nein! langsam und bedächtig im Entschluß, im Lieben und im Hassen, aber dann ohne Schwanken und Wanken – wenn't nich helpt, denn helpt dat nich – dann drist to! – und wenn es sein muß wat 't Tüg holl'n will, – je hiller, je düller, – Dunn'r un Hag'l! Himmel dusent zackr'ment! – das war und das ist so ungefähr altmärkische Art...

Schloß Wolfsburg.

7

Der Kapitelturm Tangermünde

Kurfürst Albrecht Achilles

8

10

14

15

16

Tangermünde: Die Kaiserstadt an der Elbe

Wollte man die Städte der Altmark nach dem Range ordnen, den sie im Mittelalter als Wohnsitze hervorragender Menschen einnahmen, so müßte man weit voran die kleine Stadt Tangermünde stellen. Hier haben Markgrafen und Kurfürsten residiert. Hier baute sich ein prunkliebender Kaiser des Heiligen Römischen Reiches Deutscher Nation ein herrliches Schloß und wohnte darin mit Weib und Kind. Freilich sind seitdem ein halbtausend Jahre vergangen und fast drittelhalbhundert Jahre ist es her, daß das Schloß zerstört wurde, um niemals wieder aufgebaut zu werden.

Wer von Berlin mit der Lehrter Bahn nach der Altmark fährt, erblickt schon lange vor der Elbüberfahrt linker Hand in grauer Ferne einen Trupp Gebäude mit kühnen Türmen in schönem Profil. Von der Elbbrücke aus sieht er es genauer: Es ist die alte, ehrwürdige Kaiserstadt Tangermünde, die sich in der Elbe spiegelt. Die Stadt liegt auf einer steilen Anhöhe, die den mittleren Sommer-Wasserstand der Elbe um vierzig Fuß überragt und gegen die Hochflut durch gewaltige Mauern geschützt ist. Diese uralten Mauern mit verwitterten Zinnen und Türmen haben sich, durch Wind und Wetter zerfetzt und zerbröckelt, hie und da notdürftig ausgeflickt, auf der Elbseite in wenig veränderter Gestalt bis auf unsere Tage erhalten, während an den anderen Seiten mit Mauern, Wall und Gräben, die Schutz gegen feindliche Überfälle gewähren sollten, gerade ebenso verfahren ist, wie in anderen märkischen Städten: Die Wälle wurden abgetragen, die Gräben ausgefüllt, beide in Gärten und Friedhöfe verwandelt, die Mauern und Türme zur Hälfte gestürzt.

Nach Norden stromabwärts steigt die Anhöhe, auf welcher Tangermünde erbaut ist, noch um zwanzig Fuß. Hier liegt, von der Stadt durch den tiefen Einschnitt getrennt, in dem jetzt die erhöhte Straße zur Fährstelle hinabsteigt, der Burgberg. Gegen das Wasser schützt ihn eine steile, sechzig Fuß hohe Futtermauer mit mächtigen Strebepfeilern. Am Nordende der Stadt, stromaufwärts vom Burgberg, ist die Fährstelle. Kurz zuvor mündet der bei Dolle in der Letzlinger Heide entspringende Tangerfluß nach einem Laufe von wenigen Meilen in die Elbe, nachdem er die Strecke längs der Stadt neben dem Strome und nur durch Wiesen von ihm getrennt vollendet hat. Bei Hochwasser bilden Tanger und Elbe und die dazwischen gelegenen Wiesen einen einzigen See. Eine Dampffähre vermittelt jetzt den Verkehr zwischen beiden Ufern des Stromes.

Die Burg an der Tangermündung ist vermutlich von König Heinrich I., dem Vogelsteller, angelegt, gleichzeitig mit zwei anderen altmärkischen Elbburgen, mit Arneburg und Werben, etwa um das Jahr 929. Die Burg Tangermünde hatte die Überfahrtsstelle über den Elbstrom, die wichtigste und bequemste von Magdeburg abwärts, zu decken. Von der ältesten Burganlage ist außer Erdwällen wenig erhalten. Den einzigen Zugang zu ihr gewährt die stadtwärts gelegene Westseite. Die enge Verbindung zwischen der Burg und der als Anhängsel derselben gegründeten Stadt blieb bei Tangermünde, trotz der örtlichen Sonderung beider, deutlich erkennbar. Wer aus dem hochüberwölbten Burgtor getreten ist und die steinerne „Schloßbrücke" über den tiefen trockenen Burggraben überschritten hat, passiert zunächst die Freiheit (Schloßfreiheit), eine vor Zeiten durch das Zingeltor (Außentor) von der Stadt abgeschlossene kurze Straße, deren Häuser einst sämtlich Burglehnhäuser (Freisassenhäuser) gewesen sind. An dem nächsten Hause, gleich rechts am Burggraben, erblickt man zu beiden Seiten der rundbogig gewölbten Haustür zwei steinerne Brustbilder von trefflicher Arbeit. Das Haus, vom Volksmunde „Prinzenhaus" genannt, war Lehnseigentum der angesehenen Patrizierfamilie Krull. Die Brustbilder ergeben durch ihre Umschrift, daß Peter Krull, der Schloßhauptmann, den Bau 1534 begonnen und Georg Krull ihn 1543 vollendet hat. Auch die Schloßapotheke und Schloßkrug werden schon im fünfzehnten Jahrhundert als Häuser auf der Freiheit genannt. Doch nun zunächst zur Stadt.

Die Stadt Tangermünde zählt jetzt in der eigentlichen Stadt und in zwei Vorstädten, dem Hühnerdorf und der Neustadt, 808 Wohnhäuser mit 1354 Haushaltungen und 5177 Einwohnern. Das Hühnerdorf nördlich der Stadt und westlich der Burg, früher von beiden bloß durch die alten Befestigungen geschieden, selbst ohne Mauern und nur durch Palisaden geschützt, war die alte Burgvorstadt, in der Untertanen der Burg wohnten, die keine Feldmark, sondern bei ihren Häusern nur einen Kamp oder eine „Worte" – etwas Garten- und Grabeland – besaßen und davon als Abgabe ein Rauchhuhn, ein raues, befiedertes, ausgewachsenes Huhn zu liefern hatten. Das Hühnerdorf gehört erst seit 1456 der Stadt. Deren Rat kaufte es von dem damaligen Regenten der Altmark, dem Markgrafen Friedrich dem Fetten, ohne den Bewohnern Gleichberechtigung mit den Bürgern einzuräumen. Denn im Hühnerdorf durfte niemand malzen, brauen, backen oder ein anderes Handwerk treiben. Von kirchlichen Gebäuden ist daselbst nur eine aus der Mitte des fünfzehnten Jahrhunderts stammende Kapelle der heiligen Elisabeth vorhanden. Lange Zeit wurde dieselbe als Salzmagazin benutzt. Jetzt ist sie Turn- und Exerzierhaus blaurökkiger preußischer Rekruten. Die Quadern des alten Kirchenschiffes deckt gelber Sand. Kanzel und Kirchstühle sind mit Reck und Barren vertauscht. Statt der feierlichen Klänge der Liturgie und der frommen Worte des Messe lesenden Priesters schallt von den Wänden das zuweilen von unheiligen Flüchen unterbrochene Kommandowort des Unteroffiziers zurück.

Außer der Schloßfreiheit und dem Hühnerdorfe war vor Zeiten auch das unweit des letzteren, nördlich von ihm auf hohem Elbufer gelegene wendische Fischerdorf Kalbau als eine Zubehör der Burg Tangermünde anzusehen. Als in den langen Kämpfen der Wenden mit den Deutschen die letzteren obsiegten, nahmen sie den Wenden von Kalbau ihre Äcker, Wiesen und Weiden fort und begründeten damit das Bauerndorf Deutsch-Kalbau. Die Wenden des alten Dorfes aber wurden Dienstpflichtige des markgräflichen Hofes. Zum Weihnachtsabend und zum Aschermittwoch mußte ein jeder von ihnen mit fünfzehn Neunaugen, und am Sonnabend vor Ostern mit Fischen für je zwei Pfennig Wert in der Burgküche antreten. Ferner mußten sie den Brennholzbedarf der Burg auf der Elbe heranfahren und den Markgrafen und sein Gefolge, so oft es verlangt wurde, über den Fluß setzen. Während der Dienstleistungen wurde ihnen von der Burg Speise und Trank gereicht. So berichtet das Landbuch Kaiser Karls IV. von 1375. Das Bauerndorf Kalbau wurde in den nachfolgenden bösen Zeiten wüst, die Äcker vergrößerten die Stadtfeldmark. Die armen Burghörigen des wendischen Fischerdorfes hielten zäher aus. Sie ließen sich von mehreren Markgrafen die ewige Nutzung einiger Elbwerder, Renten vom Zoll und von der Fähre, Freiheit von der Bede, vom Fährgelde und vom Zoll für Fischereigerätschaften und schließlich den privilegierten Gerichtsstand vor dem Dorfgericht und vor der Schloßbrücke zu Tangermünde zusichern und hoben sich alle ihre Privilegienbriefe – darunter mehrere von Markgrafen aus dem bayerischen und luxemburgischen Hause, von Ludwig vom

Römer 1360, von Otto 1367, vom Kaiser Karl IV. 1377, von Jobst von Mähren 1403 – vorsichtig und sorgsam auf. Trotzdem wurden sie zeitweilig von den Amtleuten des ersten Hohenzollern vertrieben. Wir erfahren dies aus einer Urkunde vom 15. Februar 1426, in der der Markgraf Johann bekennt, daß er seinen vor Zeiten vertriebenen Wenden auf ihre Bitte dasselbe Dorf

Das Hühnerdorfer Tor

zu besitzen, zu beziehen, zu bewohnen geboten habe und ihnen alle ihre Freiheit, Gerechtigkeit und alte Gewohnheit konfirmieren und befestigen wolle. Als die Kurfürsten ihren Hof von Tangermünde nach Köln an der Spree verlegten und deshalb von der Überfahrt über die Elbe und von

den Neunaugen ihrer getreuen Wenden keinen Gebrauch mehr machen konnten, wurde den Fischern von Kalbau statt dessen die Verpflichtung auferlegt, die Zimmer des Schlosses zu reinigen und die Gefangenen des Schloßturms zu bewachen. Bis zur westfälischen Zwischenherrschaft 1807 hielt ein Gerichtsbeamter aus Tangermünde allmonatlich in Kalbau einen Dingtag ab, bei dem ihm der Reiheschulze des Dorfes zunächst einen Trunk aus dem großen zinnernen „Willkommen" bot. Dieser hatte sonst die Bestimmung, in den Gemeindeversammlungen rund umzugehn, wenn die Gemeinde die vom Dorfgericht erkannten Geldbußen, geheiligter deutscher Rechtssittte gemäß, gemeinschaftlich vertrank.

Drei alte Stadttore hat Tangermünde. Das Hühnerdorfer Tor, von Backsteinen erbaut, besteht aus einem weitvorgeschobenen Außentor und einem fast ganz zerstörten Innentor, das von einem seitwärts stehenden noch wohlerhaltenen Torturm gedeckt wird. Professor Adler, der gründliche Kenner unserer mittelalterlichen Backsteinbauten, erklärt im ersten die Stadt Brandenburg und die Altmark behandelnden Teile seines berühmten Werkes (Mittelalterliche Backstein-Bauwerke des preußischen Staates 1862) bei der eingehenden Besprechung der Tangermünder Bauten den Portalbogen des Außentores (auch dieser Portalbogen ist seit einer Reihe von Jahren abgerissen) und den Unterbau des Turmes für Reste der alten Befestigungsanlagen am Schlusse des dreizehnten Jahrhunderts, dagegen seien der Oberbau des Turmes und der nur noch in Fragmenten erhaltene Portalbogen des Innentores in der Mitte des fünfzehnten Jahrhunderts erbaut.

Ein großartiges, mit besonderem künstlerischen Aufwande hergestelltes Bauwerk ist das Neustädter Tor am westlichen Ende der Stadt. Es besteht aus einem Außentor, von dem nur noch Bruchstücke des unteren Baues vorhanden sind, aus der Brücke über den tiefen Stadtgraben und dem inneren, von einem viereckigen und einem runden Turme eingeschlossenen Tor. Außentor, Brücke und der viereckige Turm gehören jener älteren Befestigung von 1300 an, das Innentor und der Rundturm sind spätere Erweiterungen und Verstärkungen der ersten Anlage. Adler erklärt, diese Teile rührten aus der Zeit von 1436 bis 1440 und von demselben Stendaler Meister her, der Chor und Querschiff des Domes und das

Das Neustädter Tor

Ünglinger Tor zu Stendal erbaut hat, und behauptet, daß das Neustädter Tor „eine der höchsten Stufen unter den Profanbauten des Backsteinbaues" erreiche. In diesem Lobe sind selbstverständlich die später angebrachten Dä-

cher zum Schutz der Zinnen nicht inbegriffen. Leider ist vor einigen vierzig Jahren von dem runden Turm ein etwa fünfzig Fuß hoch angebrachter, auf Kragsteinen ruhender, nach oben bedachter Umgang abgetragen worden, der den Fuß des Turmes nach allen Seiten verteidigte. Immerhin ist von dem Tor noch genug übrig, um daran die ganze Schönheit der alten Backsteinbauten mit ihren, dem Auge so wohltuenden tiefen satten Farben zu erkennen.

Der sich hinter dem Tor erhebende Turm gehört nicht zu ihm, sondern zu der dicht danebenstehenden Nikolaikirche. Sie ist die älteste Pfarrkirche der Stadt und vermutlich von Markgraf Otto I. errichtet. Der Glockenturm ist an dreihundert Jahre jünger. Die Kirche wurde seit langer Zeit als Lazarett benutzt. Jetzt befindet sich darin auch die Wache für eine Schwadron des siebenten Dragonerregiments.

Die Neustadt ist von der eigentlichen Stadt und ihren Befestigungen gänzlich geschieden. Sie besaß ihre eigenen Mauern und Gräben, von denen heute fast nichts übrig geblieben ist. Das südlichste Gebäude der Neustadt, nach der Elbseite zu, bilden die Überbleibsel eines Dominikaner- oder Pauler-Predigerklosters, heutzutage „Paulinerkloster" genannt. Die dazu gehörige Kirche Allerheiligen, irrtümlich nach einer in der Nähe vorhanden gewesenen St. Gertraudenkapelle in der Regel St. Gertraudenkirche genannt - ist bis auf ein Stück Kirchenwand und unerhebliche Trümmer des alten Kreuzganges verschwunden. Das Kloster wurde 1438 vom Markgrafen Friedrich dem Fetten bald nach Antritt seiner Regentschaft gestiftet. Die Kirche ist ohne Zweifel von dem vorerwähnten Stendaler Dombaumeister erbaut. Die Klostergebäude sind gegen Ende desselben Jahrhunderts hinzugefügt. Im Dreißigjährigen Krieg (1626) ließ der dänische General Fuchs die Balken aus dem Kirchendach heraussägen, um sie zu einer Schiffbrücke zu verwenden. In Folge dessen stürzten Dach und Gewölbe zusammen. Das Mauerwerk

wurde im letzten Jahrzehnt des vorigen Jahrhunderts an einen Neustädter Schiffer verkauft, der sich daraus ein neues Haus baute. Der Untergang der Klosterkirche wird von Adler beklagt. Technik und Material der aus scharf gebrannten lebhaft roten Backsteinen errichteten Kirche seien vorzüglich und in der Behandlung mit der des herrlichen Ünglinger Tores zu Stendal nahe verwandt gewesen. Das Kloster wurde 1540 vom Kurfürsten Joachim II. aufgehoben und einige Jahre darauf der Stadt zur Umwandlung in ein Hospital überlassen. Dieses hat bis 1829 bestanden. Seitdem sind die Klostergebäude an einen Ackerbürger verkauft, der daraus eine Tagelöhnerwohnung und Viehställe herrichtete. In der Librarei oder der Bibliothek der gelehrten glaubenseifrigen weißen Bettelmönche lagern heute Heu und Stroh und in ihrem Refektorium oder Speisesaale schmauchen und grunzen die Schweine.

Die sonderbare Librarei des Klosters hat neuerdings den Verdacht auf sich gezogen, eines unserer schönsten deutschen Heldenlieder in einem alten Buche für die Nachwelt aufbewahrt zu haben. Die Dichtungen von Otnit, Hugdieterich und Wolfdieterich – die umfassendste Komposition des gothischen Heldenkreises – erzählen, daß Überlieferungen dieser Abenteuer durch ein Buch erhalten worden sind, welches „im Kloster zu Tagemunden" manches Jahr gelegen hat und dann dem Bischof zu Eystett (Eichstedt?) gesandt ist. Der Bischof hat sich an dem Buch bis zu seinem Tode vergnügt. Wenn er verdrossen gewesen ist, hat er sich die Weile mit den seltenen Wundern verkürzt, die in dem Buch beschrieben waren. Nach seinem Tode hat es sein Kaplan gelesen und dann in das Frauenkloster zu St. Walburg getragen. Ludwig Uhland meint nun (Zur Geschichte der Dichtung und Sage Bd.I.S. 424), das Kloster Tagemunden oder Dageminde, wie andere Handschriften meinen, sei noch nicht ausgemittelt, er kenne keinen einigermaßen entsprechenden Ortsnamen als Tangermünde an der Elbe, woselbst sich ein

19

Kloster befand. Uhland hätte diese Vermutung wohl nicht ausgesprochen, wenn er das späte Stiftungsjahr des Klosters gekannt hätte. Das Bild der Klosterruine ist zu einer Jahreszeit aufgenommen, wo der Tanger aus seinen Ufern getreten war. Der im Mittelgrunde sichtbare Turm gehört zur Stadtmauer.

Die Roßfurt oder das Wassertor

Das dritte Stadttor ist das Wassertor oder die Roßfurt. Von der Stadt führt ein dunkler, steiler, von beiden Seiten aufgemauerter und bebauter Hohlweg unter einem hohen Steinbogen hindurch zum Wasser hinab durch ein doppeltes, mit einem siebzig Fuß hohen Turm gekröntes Tor. Hohlweg und Tor – beide „Roßfurt" genannt – sicherten die Verbindung mit dem Elbstrom. Der Torturm ist um 1470 errichtet, das Torhaus

hat man später angebaut, vermutlich, um mehr Platz für eine zahlreichere Wachmannschaft zu gewinnen. Der auf breitem Spitzbogen ruhende Torturm konnte nach der Wasserseite durch Torflügel und Fallgatter geschlossen werden. Über den Steinbogen, der die Roßfurt überbrückt, führt eine Straße. Um zu ihr zu gelangen, geht man eine kleine schmale Treppe in die Höhe. Von oben bietet sich dem Besucher ein anziehendes Bild dar. Vor sich sieht er in der engen Straße auf die dunkeln Mauern und das schwarze Tor. Aber über die Zinnen der Stadtmauer hinweg blickt er auf lachendes Wiesengrün, dazwischen erglänzt die Elbe, oft belebt durch Segelschiffe und Dampfboote. Für Roß und Reiter wurde in alter Zeit durch die Roßfurt die einzige Verbindung auch zwischen Burg und Elbübergang vermittelt. Zu letzterem führte von der Burg kein direkter Weg.

Die alte Stadtmauer, die sich von der Elbseite heute noch recht malerisch präsentiert, gewährte dem Städtchen vor hundert Jahren noch mehr das Aussehen einer mittelalterlichen Veste. Dazumal stand noch an jeder der vier Hauptecken der Stadtmauer ein stattlicher Turm. Während drei derselben seitdem ihre oberen Teile verloren haben, erlitt der westliche Turm, der lange Zeit als „Pulverturm" zur Aufbewahrung des Pulverbedarfs der Stadt benutzt wurde, das eigentümliche Geschick, bis zu 150 Fuß erhöht zu werden. Man verwandelte ihn in eine Schrotfabrik. Im obersten Stockwerk des schlanken „Schrotturmes" wird geschmolzenes Blei durch Siebe gegossen, die Bleitropfen formen sich während des Falls zu runden Kügelchen und werden im untersten Stockwerk in Wasserbottichen aufgefangen.

Südlich vom Wassertor befinden sich an der Elbseite noch mehrere Mauertürme von geringerer Höhe. Aus einem derselben führt eine Treppe aus der Stadt heraus zu einem erhöhten Platze, bei welchem vor Zeiten die Gährhäuser der Lohgerber standen, zum Steigberge. Unweit davon

sind zwei andere Türme dicht neben einander. Durch den einen gelangt man auf steiler Treppe, wie durch eine Notpforte, auf die äußere Seite der Stadtmauer. Der obere dieser Mauertürme enthielt das sogenannte Bürgergehorsam, das Polizeigefängnis für Bürger, im Gegensatz zu

An den Putinnen

Verbrechern, Landstreichern und fahrendem Volk. Neben dem Bürgergehorsam befinden sich Häuser, die Gemeindezwecken untergeordneter Art gedient haben: die Hirtenhäuser mit dem Bullenstall und die alte Reitbahn. Wer jene steile Treppe hinunterklettert, gerät in eine fremdartige Welt. Hier draußen vor den alten Mauerzinnen sind kleine Leute aus benachbarten Hütten in voller Tätigkeit. Rücksichten, die das Zusammenleben in engen Straßen auferlegt, beeinflussen sie hier nicht. Der abgelegene freie Raum ersetzt ihnen Waschhaus und Trockenboden, Küche und Wirtschaftshof. Hier Waschfaß und Kessel, Reisbesen und Kartoffeltopf, auf der Waschleine flattern lustig im Winde zerlöcherte und angestrickte Strümpfe, vielgeflickte Unterröcke, heile und zerlumpte Wäsche für Groß und Klein in bunter Farbenpracht. Alt Mütterchen betrachtet mit liebevollen Blicken ihren alten Plunder. Kläräugig und sorgenlos schaut über die Lande ein kleiner fester Junge mit roten Pausbacken. Er ist einer von der bedächtigen blöden Art, die keine Antwort gibt, wenn man sie fragt, aber dreist hinterherschreitet, wenn man ein Endchen entfernt ist. Aber freundlich grüßend schreitet ein kräftiges Mädchen vorbei, die Wassertrage über den Schultern. Wasser holte sie von dem unweit der Mauer vorbeifließenden Tanger. Die vollen Wassereimer trägt sie die steilen Treppen hinauf zur Stadt. – „Aber wie nennt sich der poetische Steig, der zu holländischem Stilleben hinabführt?" fragen wir unsere tangermündischen Freunde. „Der Name ist heute verklungen," lautet die Antwort, „die ganze Örtlichkeit umfaßten wir in unserer Jugend mit dem Ausdruck der Putinnen: kumm Fritz, up de Putinnen! hieß es." Der Bedeutung des Namens ist man sich jetzt nicht mehr bewußt. De Putinnen kann kaum etwas anderes sein, als de Butentinnen, die Außenzinnen.

Innerhalb von Tangermünde gibt es nur wenige alte Gebäude. Die Stadt ist so oft und so gründlich abgebrannt, daß in ihr, abweichend von anderen altmärkischen Städten, kaum ein einziges merkwürdiges Wohnhaus zu finden ist. Dafür entschädigen einigermaßen Rathaus und St. Stephanskirche. Mitten in der Stadt liegt auf freiem Platz das Rathaus. In den großen Stadtbränden stark beschädigt, besteht es nur noch aus zwei Flügeln, die beide in der zweiten Hälfte des 15. Jahrhunderts, aber nicht gleichzeitig erbaut sind. Der größere zweigeschossige von Osten nach Westen gerichtete Flügel war unten mit-

telst vier breitgespannter Spitzbogen als Gerichtslaube geöffnet. Er soll um 1490 erbaut sein. Namentlich in der Nordfassade, die durch Brände schwer gelitten hatte und durch spätere Anbauten arg entstellt war, ist er vor dreißig Jahren einer gründlichen Restauration in gotischen Formen nach Stüler's Entwürfen unterzogen, so daß auch jetzt das Gebäude von Einheimischen und Fremden mit Recht bewundert wird.

Der erste Band von R.F. Klöden's „Die Quitzows und ihre Zeit" bringt eine getreue Abbildung des Tangermünder Rathauses vor der Restauration. Das dort vorhandene hölzerne Stockwerk enthielt die Dienstwohnung des Kunst- oder Stadtpfeifers. Eine Abbildung der Stadt in Georg Gottfr. Küster's Antiquitates Tangermundenses von 1729 zeigt das Rathaus noch mit einem Turm. Derselbe, erst nach der großen Feuersbrunst von 1617 errichtet, ist 1754 wegen Baufälligkeit abgenommen. Das Innere der von jenem großen Brande verschont gebliebenen beiden Flügel hat später sehr schwer durch eine Pulverexplosion gelitten. Theodor Fontane hat dieselbe in seine herrliche Erzählung „Grete Minde" (1880) mithineinverflochten und zu diesem Behufe um vierzig Jahre zurückverlegt. Sie fand 1646 am 1. November statt, am Tage Allerheiligen. Der damals amtierende Bürgermeister Andreas Ritner erzählt darüber in seinem Altmärkischen Geschichtsbuch wie folgt:

„Ein Dockenspieler (Puppenspieler) hielt beim Rat an, daß er möchte sein Spiel vom jüngsten Gericht mit Kinderdocken oder Puppen spielen, welches ihm nach vorgezeigten richtigen und guten Gezeugnissen, auch fürstlichen Paßbriefen zugelassen wurde. Hierauf versammelte sich etwa des Abends nach vier Uhr gegen die einfallende Nacht eine ziemliche Menge Volks auf dem Rathause. Als nun das Spiel bald zu Ende, ließ er etliche starke Raketen anzünden, die mit ihren Feuerflammen fast alle Winkel auf dem Gewölbe erfülle-

ten, auch endlich durch eine Ritze der Türen auf die Seiten nach der großen Stube fielen, ergriffen daselbst ein seit Anno 1637 niedergesetztes und damals ganz untüchtig erkanntes Pulver, welches, nachdem es entzündet, leider in einem Augenblick zwischen fünf und sechs Uhr eine solche Wirkung tat, daß davon wohl vierzig Personen jämmerlich beschädiget und verbrannt, etliche Menschen, so an den Fenstern gestanden, nebst denselben einer ziemlichen Höhe heruntergestürzet, an Armen und Beinen beschädiget, zwei Kinder aber davon gestorben sein. Und da bei solcher Angst und Not die Leute nach der Tür eileten, wurden im Gedränge drei Kinder erbärmlich erdrücket und tot aufgehoben. Die vorernannte große Ratsstube, nach welcher der andere Schlag gegangen, ist am Gewölbe an etlichen Orten geborsten, alle Fenster sind ausgeschlagen und viele briefliche Urkunden und Register verbrannt."

Das war das traurige Puppenspiel vom jüngsten Gericht, welches mit Feuerwerk in den Ratsstuben abzuhalten der hochwohlweise Rat erlaubte, in denselben Ratsstuben, in denen er ohne Arg mitten im Dreißigjährigen Kriege zehn Jahre lang offene Pulverfässer aufbewahrte! In einer Abschiedspredigt hat der 1716 von Tangermünde verzogene Magister Chr. Matthias Seydel die verunglückten fünf Kinder nach den Kirchenbüchern aufgeführt und dann aus der Begebenheit eine gar fromme Nutzanwendung im Lichte seiner Zeit folgendermaßen gezogen:

„Das heißt: Gott läßt sich nicht spotten. Da solche ernste Gerichte Gottes im Kinderspiel vorgestellt werden, wird dadurch unvermerkt der atheistische und epikuräische Gedanke entweder erregt oder vermehrt, als ob alles, was von Gott und göttlichen Dingen gesagt wird, nur ein Puppenspiel wäre!"

Im Innern des Rathauses wird neben Folter- und Marterwerkzeugen ein hübsches kleines Mes-

singkästchen verwahrt, stark vergoldet, ein Kirchlein mit Bogennischen, Strebepfeilern und Apostelfiguren reich verziert. Es ist ein „Reliquienkästchen". Dieses Kästchen mit heilig gehaltenen Reliquien wurde bei der jährlichen Ratswandelung von dem jüngsten Ratsherrn

Portal der Stephanskirche

jedem neueintretenden vorgehalten, damit er darauf die drei Schwurfinger der rechten Hand lege, während er den ihm von einem Bürgermeister des abtretenden Rates vorgelesenen Eid leistete.

Das einzige, jetzt noch kirchlichen Zwecken dienende Gebäude der Stadt, die Stephanskirche, liegt in der nächsten Nähe der Burg. Von dem

Burgberg trennen sie die alten tiefen Wallgräben und ein kleiner jetzt mit Bäumen bestandener Platz, der vor Zeiten Burgwall gewesen sein soll und später Gerichtsplatz genannt wurde. Vielleicht haben darauf Hinrichtungen stattgefunden. Die dem heiligen Stephan, dem Schutzpatron des Halberstädter Bistums, geweihte Kirche ist um 1180 vom Grafen Heinrich von Gardelegen als Pfarrkirche gegründet und der Propstei des Doms zu Stendal überwiesen. Von dem damaligen Bau ist noch ein Rest in einem Wandstück der Nordmauer vorhanden. Ein vollständiger Umbau scheint durch Kaiser Karl IV. veranlaßt zu sein. Der Grundriß zeigt jetzt „eine dreischiffige Hallenkirche mit zweitürmiger Westfront und einem halbachteckig geschlossenen Tor, um den die Seitenschiffe als Umgang herumgehen". Wie eine alte Inschrift bestätigt, sind die Schiffspfeiler, Arkaden und Gewölbe durch Meinhart von Wolderode von 1376 bis 1398 erbaut. Der Unterbau der Türme ist von 1440 bis 1460 erfolgt. Auf den Bau des Chors und der Oberteile der Türme und gewisser Nebenkapellen soll die Zeit von 1470 bis 1510 verwandt sein. Erst im Jahre 1601 aber wurde eine wegen ihrer Größe und kühnen Bauart weitberühmte, mit Kupfer bedeckte Turmspitze, die höchste in der ganzen Altmark, vom Meister Joh. Weise in Magdeburg aufgesetzt. In dieser Höhe von angeblich 450 Fuß hat der Turm nur wenige Jahre existiert. Bei dem großen Stadtbrand von 1617 ist die Spitze vom Feuer ergriffen und am folgenden Tage mitsamt vier alten Glocken heruntergestürzt. Erst nach 95 Jahren (1712) ist die neue, bei weitem niedrigere Spitze in „welscher Haubenform" errichtet. Die Gesamthöhe des Turmes beträgt jetzt 281 Fuß, während der südliche unvollendet gebliebene Turm nur 130 Fuß hoch ist. Aus der Laterne des ersteren hat man einen prächtigen Rundblick bis in weite Fernen des märkischen Flachlandes. Ein ehernes Taufbecken, von Heinrich Mente 1508 gegossen, ist das einzige mittelalterliche Kunstwerk, das aus jenem Brande der Kirche erhalten ist. Der Hauptschmuck derselben ist das in Eichenholz

geschnitzte „in edlen und reichen Kunstformen der Renaissance durchgebildete" Orgelgehäuse, 1624 von Hans Scherer aus Hamburg angefertigt.

In der Nähe des Hochaltars hängt jetzt ein Holzschnitzwerk, das seit unvordenklichen Zeiten bis

Jungfer Lorenz mit dem Hirsch

1831 in der Nikolaikirche aufbewahrt wurde. „Es ist (wir folgen der Beschreibung von C. Huldreich "Jungfer Lorenz. Eine Märkische Volkssage 1842") ein aus Holz geformtes Bild, welches einen Hirschkopf darstellt, der zwischen seinem mächtigen Geweihe eine weibliche, in ein faltenreiches Gewand gehüllte Gestalt trägt. Diese erscheint in halber Lebensgröße, der Kopf ist

etwas niedergebeugt, die Haltung so, als fürchte sie sich, zu fallen. Die Hände fehlen zwar, doch läßt sich aus dem Ganzen leicht schließen, daß sie zum Gebet zusammengefügt gewesen sind. Gesicht, Kinn und Hals sind von lieblicher Form, und das schlichte, flechtenartig auf Schulter und Brust fallende Haar ist gut gearbeitet. Über dem Gürtel, der das Gewand um den Leib festhält, erscheint dieses zugehäkelt. Ein eiserner Bogen, der die letzten Enden des Hirschgeweihs verbindet, hält eine eiserne, senkrecht durch das ganze Bild gehende Stange, wodurch demselben Festigkeit gegeben wird."

Das Bildwerk der jugendlichen Frauengestalt mag aus dem 14. oder vom Anfang des 15. Jahrhunderts stammen und ist nicht ungeschickt geschnitzt. Dagegen ist der hölzerne Hirschkopf, mit dem ein echtes Hirschgeweih verbunden ist, ganz roh und wohl höchstens zweihundert Jahre alt. Das Bild soll sich auf die Sage von der Jungfrau Emerentia Lorenz und deren Errettung durch einen Hirsch beziehen. Theodor Fontane erzählt sie in seiner Grete Minde folgendermaßen:

„Jungfrau Lorenz, ein Tangermünder Kind, hatte sich in dem großen flußabwärts gelegenen Waldstück, das damals noch die Elbhaide hieß, verirrt, und als der Abend hereinbrach, und noch immer kein Ausweg sichtbar wurde, betete sie zur Mutter Gottes, ihr beizustehen und sich ihrer Not zu erbarmen. Und als sie so betete, da nahte sich ihr ein Hirsch, ein hoher Elf-Ender, der legte sich ihr zu Füßen und sah sie an, als spräch' er: "Ich bin es, besteige mich nur." Und sie bestieg mutig seinen Rücken, weil sie fühlte, daß ihr die Mutter Gottes das schöne Tier in Erhörung ihres Gebetes geschickt habe, und klammerte sich an sein Geweih. Der Hirsch aber trug sie, zwischen den hohen Stämmen hin, aus der Tiefe des Waldes heraus, bis an das Tor und in die Mitte der Stadt. Da blieb er und ließ sich fangen. Und die Stadt gab ihm ein ein-

23

gehürdet Stück Weideland und hielt ihn in Schutz und Ansehen bis an seinen Tod. Und auch da noch ehrten sie das fromme Tier, das der Mutter Gottes gedient hatte, und brachten sein Geweih nach St. Nikolai und hingen es neben dem Altarpfeiler auf. Den Wald aber, aus dem er die Jungfrau hinausgetragen, nannten sie den Lorenz-Wald."

Die Tangermünder Lesart der Sage weicht in mehreren Punkten ab. Danach ist die reiche Jungfer Emerentia Lorenz drei Tage lang im Walde umhergeirrt, und lediglich ihre Wohltätigkeit gegen die Armen war die Ursache, daß ihr der liebe Gott (nicht die Jungfrau Maria) den Hirsch sandte, der sie unversehrt nach Hause trug. Aus Dankbarkeit hat sie das ihr gehörige Lorenzfeld der Nikolaikirche geschenkt. Von dem Bilde sagt die Tradition, Jungfer Lorenz habe es selbst machen lassen und der Kirche St. Nikolai mit der Bestimmung übereignet, daß es dort ewig verwahrt bleibe, so lange noch ein Stein auf dem anderen liege. Deshalb habe es, als die Kirche zu anderen Zwecken bestimmt wurde, an einem der alten Pfeiler rühmlich ausgehalten und jedesmal, wenn jemand sich unterfing, etwas an den Zacken des Geweihes aufzuhängen, Mitternachts so lange einen gewaltigen Lärm gemacht, bis es von der unwürdigen Last befreit war. Geschah dies nicht durch Menschenhand, so fand man die angehängten Gegenstände regelmäßig des Morgens am Boden liegen. Den Zorn des Bildwerks haben namentlich Anno 1806 nach der Schlacht bei Jena die in dem Kirchenlazarett übernachtenden französischen Soldaten erfahren. Diese hatten, der Abmahnung des alten Lazarettwärters spottend, Waffen und Tornister an das Hirschgeweih gehängt. In der Nacht aber entstand ein solches Getöse, daß niemand in der ganzen Nachbarschaft schlafen konnte und die geängstigten Franzosen mitsamt ihrer Bagage Reißaus nehmen mußten. Endlich aber hat man das Bild nach der Pfarrkirche geschafft, wo es gegen Mißbrauch gesichert ist. Hier bemerkte es Professor

Rauch und ließ sich die Sage erzählen. Seine Skizze der Jungfrau Lorenz, eines auf dem stolz dahinschreitenden Edelhirsch sitzenden lieblichen Mägdleins in mittelalterlichem Gewande, wurde von Albert Wolff, dem jetzigen Professor, seinem damaligen Schüler, fertig modelliert. Rauch trug dem König Friedrich Wilhelm III. die Bitte vor, das Werk in großem Maßstabe ausführen zu lassen. Der König lehnte dies in seiner kurzen Weise mit den Worten ab: „Nicht Aberglauben, Brücken bauen!" Nachbildungen des Rauch'schen Kunstwerks haben die Sage allgemein bekannt gemacht und zu dichterischen Darstellungen derselben Anlaß gegeben. ✳✳✳

Andere Kenner der germanischen Sagenwelt bewundern die echt mythologischen Züge in der Sage von der Jungfrau Lorenz. Diese ist die verlassene, vom Licht geschiedene Erdgöttin. Sie ist in den Wald gegangen, das heißt, verstorben. Zu ihr kommt errettend der Hirsch, das Abbild der zurückkehrenden Sonne, das Symbol für die Wiederkehr des Frühlings. Während man so in der Erzählung von der Jungfer Lorenz die Reste eines altgermanischen Mythos erkennen will, hat neuerdings ein gründlicher Geschichtsforscher, Dr. Ludwig Götze, in Abrede gestellt, daß jene Erzählung auf einer alten Sage beruhe: Weder ihrer noch des Bildes sei in irgend einer Urkunde alter Zeit, noch auch nur von den Chronisten des 17. und 18. Jahrhunderts Erwähnung getan. Das sogenannte Lorenzfeld umfasse ein gutes Drittel der ganzen Feldmark von Tangermünde und sei in alten Zeiten nach einem untergegangenen Wendendorfe Doberenz- oder Boberenzfeld genannt. Der Name Lorenzfeld oder Lorenzhufe habe sich erst seit Mitte vorigen Jahrhunderts eingebürgert. Auch die Zusammenstellung „Jungfer Lorenz", die Beifügung des Familiennamens zu der Bezeichnung „Jungfer" sei nach altem Sprachgebrauch unmöglich.

Diese Bedenken sind nicht zu unterschätzen. Sie ließen sich leicht vermehren. Die Beschaffenheit, zum Beispiel des Holzschnitzwerkes, verrät auch

mancherlei. Danach dürfte als wahrscheinlich anzunehmen sein, daß um den Anfang des vorigen Jahrhunderts ein Jägersmann, der einen Sechzehnender erlegt hatte, sich vom Drechsler – just wie die Jäger noch heut zu Tage tun – einen hölzernen Hirschkopf fertigen und darin das Gehörn einschrauben ließ. Derselbige Jägersmann besaß ein altes geschnitztes Bildnis eines Mägdleins. Das Bildnis stammte aus einer der zerfallenen Kapellen vor den Toren der Stadt Tangermünde, oder aus der eingestürzten Kirche Allerheiligen. Des Jägers Vater hatte es aus den verwahrlosten Trümmern eines katholischen Bauwerks als wertlosen Gegenstand mitgenommen und aufbewahrt und auf den Sohn vererbt. Der aber hielt es hoch in Ehren, weil das Mägdlein – mochte es die Jungfrau Maria oder eine Heilige vorstellen sollen – seiner früh verlorenen Herzliebsten glich. Einen Hirsch zu schießen war er an einem Maienabend in den Wald gegangen. Da hatte er das feine Mägdlein gefunden. Ohnmächtig lag sie unter einer alten Eiche. Waldblumen zu einem Kranze hatte sie gepflückt und sich dabei verirrt, und es war Nacht geworden und sie hatte den Heimweg nicht finden können. Er aber geleitete sie sicher nach Hause. Und er traf sie wieder und wieder im Walde und half ihr Blumen pflücken und Kränze winden. Sie versprach sein eigen zu werden, und sie schwuren sich ewige Treue. Aber als der erste Herbstreif fiel, schlief sie in kühler Erde, und er hing einen Kranz von Immergrün und Immortellen an das Kreuz zu Häupten ihres Grabes. Der Jäger hielt der schönen Jungfrau die Treue. Aber wenn er jenes Maienabends gedachte, wo er sie zum ersten Male erblickt hatte, dann kam ihm stets jene fromme Legende in den Sinn, von der noch heute manches Jägerlied Kunde gibt – die Legende vom Schutzpatron der Jäger, dem heiligen Hubertus. Der ging einst in den grünen Wald jagen. Da sprang ein Hirschlein vor ihm auf. Er schoß danach, aber die Flinte versagte. Und als er nochmals hinsah, da trug das Hirschlein auf seinem Haupt zwischen dem Gehörn ein Kreuz. Und Hubertus sank zur Erde und gelobte, niemals wieder im grünen Walde zu jagen – und ging in ein Kloster...

In Erinnerung dieser frommen Legende beliebte es dem treuen Jägersmann, den Drechsler zu beauftragen, das geschnitzte Bild auf dem Hirschkopf zwischen das Gehörn einzuschrauben. So entstand das Kunstwerk der Jungfrau Lorenz zwischen dem Hirschgeweih. Viele Jahre später kam es mit dem Jäger, der als hochbetagter Mann von Wilderern schwer verwundet worden war, nach Tangermünde in die Nikolaikirche und blieb daselbst auch nach seinem Tode. Aber aus den Erzählungen, die der alte Jäger neugierigen Fragern zum Besten gab, entstand die Mär von dem Hirsch, der die verirrte Jungfrau aus dem Walde geführt. So etwa lautet die Geschichte, die wir aus dem Holzschnitzwerk herauslesen. ✳✳✳

Im Original von Parisius folgt das Kapitel „Die Burg Tangermünde heute und unter den Askaniern".

Am Pauliner Kloster.    Burg Tangermünde (rechts).

25

Kaiser Karl IV. und Tangermünde

Karl der Vierte, der Enkel des hochherzigen Kaisers Heinrich VII. von Luxemburg, der Sohn des abenteuerlichen Johann, des blinden Königs von Böhmen, der 1346 in der Schlacht bei Crecy gegen die Engländer in heldenmütigem Kampfe fiel – geboren am 14. Mai 1316 zu Prag – hatte keine der glänzenden Eigenschaften seines Vaters und seines Großvaters geerbt. Schlau und hinterlistig – kein noch so kleinliches oder unedles Mittel zum Zweck verschmähend – stets bedacht, seinem und seines Hauses Nutzen des Reiches Wohlfahrt zu opfern, erreichte er es, Oberpfalz und Schlesien, Oberlausitz und Niederlausitz und zuletzt die Mark Brandenburg mit der Krone Böhmens zu vereinigen. Nicht seinem Mute und seiner Tapferkeit verdankte er diese Vermehrung der Hausmacht, sondern vornehmlich der unter den Fürsten seiner Zeit recht seltenen Kunst, stets bei Gelde zu sein. Von seinem Schwiegersohn Otto, dem letzten brandenburgischen Kurfürsten aus dem bayerischen Hause, erwarb er die Mark Brandenburg. Er belehnte damit seine Söhne Wenzel, den König von Böhmen, Sigismund und Johann und übernahm, da Wenzel erst 12 Jahre alt war, selbst die Regierung. Am 7. September 1373 ritt er, die Huldigung zu empfangen, mit seinen Söhnen und großem Gefolge in das Tangermünder Burgtor ein. Die märkischen Stände drangen auf Einverleibung der Marken in die Krone Böhmens, auf daß die große Vereinigung unauflöslich sei. Auf einer Zusammenkunft böhmischer und märkischer Stände zu Guben im Mai 1374 wurden die Urkunden der Erbeinigung vollzogen und am 29. Juni desselben Jahres zu Tangermünde in feierlichster Weise bestätigt. Eine glänzende Versammlung der höchsten Würdenträger des Reiches, darunter drei Erzbischöfe, sieben Bischöfe, neun Herzöge, zwei Markgrafen, war mit zahlreichem Gefolge erschienen. Burg und Stadt faßten die fremden Gäste nicht. Zelte außerhalb der Stadt mußten vielen von ihnen Unterkommen gewähren.

Karl erkor sich die Burg Tangermünde zum Lieblingswohnsitz. Schon 1373 hatte er begonnen, sie zu einem festen Residenzschloß umzubauen. Die riesige Futtermauer am Elbufer, ein Teil der Ringmauer und der Kapitelturm sind sein Werk. Im Frühjahr 1374 brachte er die Kaiserin, seine Gemahlin, mit, sowie seine Söhne, denen er den Bischof Peter von Lebus zum Erzieher gab. Die Kaiserin und ihre rechten Söhne Sigismund (geboren 1368) und Johann (geboren 1370) und jedenfalls auch ihr Töchterchen Margarethe (geboren 1373), die spätere Gattin des Burggrafen Johann von Hohenzollern, blieben dauernd hier, und auch der Kaiser verweilte oft längere Zeit in Tangermünde. Von seinen großen Plänen für die Stadt weiß die Geschichte zu erzählen: „Der Kaiser, der die Oder und die Elbe schiffbar machte, legte Hand an, an dem mittleren Lauf dieser Ströme zwei größere Handelsplätze zu gründen, den einen bei Frankfurt, den anderen bei Tangermünde, das er besonders liebte und mit Bauwerken schmückte. Der Handel auf der Nord- und Ostsee begegnete sich mit dem Handel von Prag, das wieder seine kommerziellen Verbindungen bis Konstantinopel ausdehnte." So Ranke in der Genesis des preußischen Staates. Seiner handelspolitischen Pläne halber begab sich der Kaiser im Oktober 1375 von Tangermünde aus mit seiner Gemahlin und glänzendem Gefolge nach der mächtigen Hansestadt Lübeck. Die stolze Reichsstadt bereitete ihm, dem ersten Kaiser, den sie seit Friedrich Barbarossa in ihren Mauern sah, den glänzendsten Einzug. Vor dem kaiserlichen Paar wurden die Schlüssel der Stadt und die Reichsinsignien, über ihm goldene Baldachine getragen. Die Geistlichkeit in feierlicher Prozession kam ihnen entgegen. Pfeifen und Pauken begleiteten die geistlichen Gesänge. Frauen und Jungfrauen in festlichen Kleidern bildeten von dem ersten bis zum zweiten Tor den Reigen, durch den der Zug sich bewegte. Die bewaffneten Zünfte mit ihren Bannern schlossen ihn. Am Abend erglänzte die Stadt taghell erleuchtet. Zehn Tage verweilte der Kaiser in Lübeck, zehn Tage voller Festlichkeiten und Ritterspiele auf Kosten der Stadt. Ihm zu Ehren vermauerten die Bürger „auf ewig" das Tor, durch das er eingezogen war. Seinen Plänen aber zeigten sie sich weniger willfährig.

Im Jahre 1376 begründete der Kaiser auf der Burg Tangermünde ein besonderes Domkapitel, dem er die Stephanskirche zuerteilte. Diese ließ er durch Bauleute vom Kölner Dom umbauen. Auf der Burg selbst ließ er, nach dem Muster der auf dem Prager Hradschin eben vollendeten Wenzelskapelle eine Hofkapelle bauen und mit Marmor, Silber und Gold, Perlen und Edelsteinen prunkvoll ausschmücken. Ohne einen Funken wahrer innerlicher Frömmigkeit zu besitzen, hatte er eine abergläubische Sucht, Überbleibsel von Märtyrern zu sammeln. In Ausstattung seiner Lieblingsstädte mit prächtigen Kirchen und berühmten Reliquien verschwendete er ungeheure Summen. Die Hofkapelle der Burg Tangermünde erhielt daher eine große Zahl wundertätiger Reliquien in kostbaren Schreinen. Das Herz des heiligen Georg in goldener Monstranz an silberner Kette, ein Tropfen vom Blut Christi in einem mit roten Edelsteinen verzierten Kristall, ein Holzsplitter vom heiligen Kreuze und ein Stückchen Gehirn Johannis des Täufers, beides in kunstvollen Behältern von gediegenem Golde werden darunter genannt.

Ein sonderbarer Sagenkreis hat sich um des Kaisers Aufenthalt in Tangermünde bei den altmärkischen Chronisten des 16. und 17. Jahrhunderts ausgebildet. Sie berichten von seinem Gefallen an Tangermünde, seiner „Lust zum Flecken Buch von wegen der Einfalt der Bewohner", überhaupt von seiner Vorliebe für die Altmärker. Diese habe er einst an seiner Kaisertafel zu Tangermünde durch den Ausspruch bekundet, die Mark werde zwar des Römischen Reiches Streusandbüchse genannt, allein ihre Bewohner seien ihm lieber, als die Einwohner aller seiner anderen Staaten zusammengenommen. Mit Wohlgefallen habe er aus den Fenstern seines Schlosses auf die unter den Mauern desselben vorbeifließenden Elbe geschaut. Oft sei er jenseits der Elbe „durch die lieblichen Wiesen um des herrlichen Geruchs der Blumen und Kräuter und der schönen Auen halber spazieren gefahren", oder nach Jerichow geritten, in der Klosterkirche zu beten. Um die Sitten der Märker zu verfeinern, habe er zu Fastnachten 1377 auf dem Schloß zu Tangermünde große Abendfeste – Rehahn oder Rehagen genannt - eingeführt. An langen Tafeln saßen und schmausten in bunter Reihe die Frauen und Töchter des Adels und der Bürgerschaft mitten zwischen den Männern. Einem Ehemann war dabei gestattet, des anderen Frau zu küssen und sie sogar, ohne Eifersucht zu erregen, in allen Ehren in sein Haus zu geleiten. Diese neue Mode war nicht von Bestand. Die Folgen schildert der Prediger A.W. Pohlmann in seiner Geschichte der Stadt Tangermünde (1829) nüchtern und hausbacken und mit dem gebührenden Respekt vor Anordnungen der hohen Obrigkeit wie folgt: „Karl verfuhr mit der Einführung des besseren Tones in Tangermünde viel zu rasch, denn die Bürger mißbrauchten bald die gegebene Freiheit. Deshalb wurden bald nach Karls Tode diese den ehrbaren Altmärkern anstößigen Kränzchen von der Obrigkeit wieder abgeschafft und gänzlich verboten." ✳✳✳

Tangermünde an der Elbe.

Im Original von Parisius folgen zeitgenössische Darstellungen über das Wirken von Kaiser Karl IV., anschließend die Kapitel „Die letzten Luxemburger und die ersten Hohenzollern auf Schloß Tangermünde" und „Markgraf Hans von Küstrin".

27

Grete Minde und die Feuersbrunst vom 13. September 1617

Noch heutigen Tages weiß in Tangermünde jedermann, klein und groß, jung und alt, von dem furchtbaren Brande zu erzählen, der vor länger als einem Vierteljahrtausend die reiche und schöne Stadt fast ganz zerstörte. Noch heute wissen sie alle von dem entsetzlichen Weibe zu berichten, welches die Stadt mit Hilfe einer Anzahl angeworbener Genossen in Brand steckte. Auch die alten Chroniken melden von Grete Minden und der großen Feuersbrunst, die am Sonnabend nach Marien, am 13. September des Jahres 1617 die Stadt verzehrte. An mehreren Stellen gleichzeitig ausgekommen, verbreitete sich das Feuer schnell von Straße zu Straße:

„Und wie wohl es an menschlicher Hilfe, die Flamme zu dämpfen, im Anfang nicht gemangelt, hat doch das Feuer in aller Eil erschrecklich um sich gefressen und fast alle Gassen der Stadt erfüllet, ja das Wasserthor oder den Roßfurt an der Kirchen gesperret, daß Jedermann verzagt worden, dem Seinigten zugeeilet und sein und der Seinigen Leben zu erretten aus der Stadt gelaufen.“

Aus Stendal und den Nachbardörfern kam man zu Hilfe. Aber es gelang nur, die Häuser vom Markt bis an die Neustadt zu erhalten. Auch das Rathaus wurde vom Feuer ergriffen, in demselben verbrannten „fast alle alte brieflichen Urkunden, viele Accis-, Schoß- und Kindergelder". Von der schönen Stephanskirche verbrannte die mächtig hohe Turmspitze und fiel am folgenden Tage, einem Sonntage, mit allen Glocken herunter. Im ganzen wurden in der Altstadt und im Hühnerdorf 486 Wohnhäuser und 52 Scheunen voller Getreide und sehr viele Hintergebäude mit Futter durch das Feuer vernichtet. Mitsamt dem, „was sonsten das Feuer an Menschen, Vieh, Geld, Gold, Silber, Kramwaaren, Victualien, Kleidung, Schmuck, Zinnern, Ehren-, Bett- und Leinwerk, auch andern beweglichen und unbeweglichen Gütern erhaschet, ganz geschwinde in wenigen Stunden in einem Haufen geworfen, zermalmt und verzehret," – seien „bei fünf Tonnen Goldes Werth ganz erbärmlich in Staub und Asche gelegt."

So lautet es in einem Bericht des Rates an den Schöppenstuhl zu Brandenburg.

Vom Markte südlich bis zur Neustadt blieben die Häuser unverbrannt, ebenso die Predigerhäuser, die neue, erst 1609 erbaute Schule, sowie einige kleine Fischerhäuser im Hühnerdorf.

„Da sahe und hörte man nichts, denn Schreien, Heulen, Winseln und Wehklagen; ihrer viele redeten gar kleinmüthig und verzagt. Die armen Leute lagen mit ihren kleinen Kindern auf den Ackern und Angern vor der Stadt, und hatte der größte Hauf weder zu beißen noch zu brechen, weil alles im Feuer umkommen war...“

So Andreas Ritner, der von 1637 als Stadtschreiber und Ratsherr und später als Bürgermeister in Tangermünde wohnte, in seinem 1657 in Druck gegebenen Altmärkischen Geschichtsbuche. Als der Winter herbeikam, mußten die meisten Leute in den Kellern wohnen. Im folgenden Jahre wurde die Stadt allmählich wieder aufgebaut. „Etliche tausend Eichbäume" wurden dazu aus dem Stadtbusch verabfolgt. Bald aber geriet man wieder in Furcht, „indem diese Mordbrenner aufs Neue Brandzeichen legten, ja gar durch ihre Bundesgenossen in der Stadt, – welche Bürger waren und sich als Auskundschafter solcher Buben vom Rath hatten bestellen lassen, dieselben aber heimlich verwarneten, inzwischen viele Unkosten erforderten, – abermals bei der Büttelei Feuer einlegten, also daß etliche Häuser davon in Rauch aufgingen. Dannenhero man alle Nacht in Gefahr stehen und durch fleißiges Wachen und andere Anstalt sich vorsehen mußte, bis der liebe Gott die bösen Buben an Tag gegeben, wie in allen Predigten auch umliegenden Örtern drum war gebetet worden."...

Der liebe Gott also ließ die Grete Minden und zwei ihrer Helfershelfer entdecken. Dieselben wurden verurteilt und hingerichtet. Später wurden noch mehrere Helfershelfer erwischt, etliche aber entkamen.

„Hierdurch ist die große Fehde gestillet worden und hat man nach und nach die Kirche und Glocken nebst anderem Kircheornat, dann auch das Rathhaus und den Thurm, und einer und der ander, wiewohl etwas langsamer, sein eigen Haus und Wohnung, so gut er gekonnt, wieder angerichtet, und jährlich auf die Zeit, da das Feuer angegangen, als am Sonnabend nach Mariae Geburt zwischen 4 und 5 Uhr Nachmittags alle Glocken in den Pfarrkirchen zu läuten und des folgenden Sonntags eine Gedächtnißpredigt zu halten angeordnet."

Durch das Glockengeläute und die Brandpredigt werden nun seit zweihundert und einigen sechzig Jahren alljährlich die Bewohner von Tangermünde an die verruchte Grete Minden erinnert. Über ihre Persönlichkeit und die Ursachen ihres Verbrechens war bis 1843 nur das wenige bekannt, was in den alten Chroniken von Kaspar Helmreich und Andreas Ritner darüber zu lesen ist. Letzterer bringt nicht viel anderes als der erstere, der alles miterlebte und sich in seinen versificierten „Annales Tangermundenses" über die Vorgeschichte des Brandes ziemlich breit ausläßt. Wir erfahren daraus folgendes:

Peter von Minden, der Sohn des alten Heinrich von Minden, erschlug im Streit den Krieger zu Bolstorf. Er verließ deshalb Haus und Hof und ging außer Landes unter die Soldaten. In der Fremde nahm er ein „ausländisch Weib", zeugte mit ihr eine Tochter und starb fern von der Heimat. Bald nach seinem Tode kam die Frau mit dem Kinde im Korb und forderte für letzteres das Erbteil aus dem Nachlasse des inzwischen verstorbenen alten Heinrich von Minden. Dem widersprach aber ihres Mannes Bruder, ebenfalls Heinrich mit Vornamen, indem er ihr bestritt, daß sie seines Bruders ehelich Gemahl sei und ihr den Trauschein abverlangte. Sie stellte Klage beim Rat an. Dieser brachte einen Vergleich zustande, von dem später behauptet wurde, Heinrich von Minden habe ihn nicht gehalten. Kaspar Helmreich drückt sich darüber mit Vorsicht aus:

Endlich von einem ehrbaren Rath
Die Sach also verglichen ward:
Daß Heinrich Minden vorgemeldt,
Sollt aus der Erbschaft zahlen Geld.
Ob er's aber hat deponirt
Oder davon sei recht quittirt:
Solches stell ich an seinen Ort,
Und mache davon nicht viel Wort
Wer dabei und drüber gewesen,
Mag Red und Antwort allstets geben.
Ein Jeder spreche nur das Recht
Wider den Herren und den Knecht,
Und achte nicht, obschon seh' saur
Der Edelmann, Bürger und Baur:
Die Sach durch Gunst noch Geld nicht beug
Der Witwen und der armen Leut,
Sondern sei Richter, wie es Gott
In seinem Wort verordnet hat!

Nach Helmreich's Bericht hat nun Grete Minden später vorgegeben, ihr sei Unrecht geschehen, sie müsse aus ihres inzwischen verstorbenen Vaterbruders Gut noch viel Geld bekommen, und weil der Rat ihr nicht Recht sprechen wolle, müsse sie sich durch Brandstiftung rächen. Sie hat fünf oder sechs Gesellen in Brandenburg beim Bier zusammengebracht, die sich mit ihr verschworen haben, Tangermünde mit der Lunte anzustecken. Das haben sie am 13. September 1617 vollbracht...

Helmreich schildert sodann in holprigen Versen den großen Schaden, den das Feuer an Kirche, Rathaus, Wohnhäusern und Scheunen angerichtet hat und erwähnt auch, daß sein eigenes Haus am Markt mit abgebrannt sei. Auf das Strafverfahren gegen Grete Minden geht er nicht ein. Nur macht er ihr in einer Anmerkung Vorhaltungen, daß sie nicht den Weg Rechtens an den Hauptmann der Altmark oder an die Räte der Kurfürstlichen Kammer zu Köln eingeschlagen, sondern die schöne Gestalt der reichen Stadt, welche sie gespeiset und gekleidet, verdorben und zum Steinhaufen gemacht, so viele unschuldige Leute betrübet, sich selbst Herzensangst und Leibesschmerzen bei der ausgestandenen Strafe erwecket und die Freunde ihres Mannes „wegen der immerfort und fest währenden Nachrede mit Schande und Unehre erschrecket" habe. Helmreich war sowohl beim Erbschafts-Prozeß, als bei den späteren Strafprozessen als rechtsgelehrtes Mitglied des Tangermünder Rates beteiligt. Schon 1609 war er mit Peter Asseburg und Jacob Brunne Bürgermeister, während Heinrich von Minden der Jüngere zu den Ratsherren gehörte. Er blieb bis 1659 unausgesetzt im Rat. Das vierte Buch der Annalen, in welchem er jene Mitteilungen bringt, ist 1651 im Druck erschienen, und wohl erst nach der Veröffentlichung der drei ersten Bücher, somit nach 1636, also mindestens 19 Jahre nach dem Brande, geschrieben worden. Helmreich war ein grundgelehrter Jurist. Er soll das erste Buch der Institutionen des Kaisers Justinian in lateinische Verse gebracht und das ganze Corpus juris auswendig gewußt haben. Wenn dieser Mann deutlich zu verstehen gibt, daß auch nach seiner Ansicht Grete Minden von ihres Vaters Bruder, dem Ratsherrn Heinrich von Minden, um ihr Erbteil gebracht sei, so wird man die Richtigkeit dieser Tatsache kaum bezweifeln können.

Grete Minden, die um ihr Erbteil betrogene Patriziertochter, die aus Rache ihre Heimatstadt Tangermünde anzündet, ist vor wenigen Jahren die Heldin einer herrlichen Dichtung geworden. Theodor Fontane läßt in seiner Novelle das arme, von grausamen Verwandten fast totgehetzte junge Weib in wilder Verzweiflung die Stadt anzünden und selbst in der Feuersglut untergehen.

Schon vor vierzig Jahren hat man in Tangermünde die Untersuchungsakten wider Grete Minden wieder aufgefunden. Ein dickes Buch mit zusammengehefteten Protokollen und mit blutrotem Deckel. Man übergab diese Akten dem letzten Chronisten von Tangermünde, dem Pastor emeritus A.W. Pohlmann. Derselbe hat danach ein Büchlein von zwei Bogen geschrieben und es betitelt:

Margaretha Minde oder die Feuersbrunst zu Tangermünde am 13. September 1617. Ein Denkmal menschlicher Verworfenheit. Aus Originalakten gezogen und der werthen Bürgerschaft zu Tangermünde gewidmet vom Verfasser und Verleger. (Tangermünde 1843. Verlag der Georg Doeger'schen Buchhandlung.)

In der Vorrede versichert Pohlmann, aus den Akten alles mitgeteilt zu haben, „was wesentlich zur Sache gehört und den Stempel der Glaubwürdigkeit enthält". Zugleich empfiehlt er die Schrift – doch wohl den Geistlichen? – als Vorbereitung zur sogenannten Brandpredigt. Seine Mitteilungen aus den Akten sind dürftig. Er nimmt ohne alle Kritik dasjenige als wahr und erwiesen an, was die Angeklagten auf der Folter gestanden haben. Grete Minden, das „verwilderte Frauenzimmer", die würdige Tochter „nichtswürdiger Eltern" ist ihm „ein Auswurf des Menschengeschlechtes". Ihre Greueltaten würden, so lange Tangermünde steht, ein ewiges Denkmal bleiben, wie tief Menschen sinken können.

Ich kann nicht behaupten, daß ich mit besonderer Neugier das alte, mir durch die Güte des Tangermünder Magistrats zugänglich gewordene Aktenstück mit dem blutroten Deckel in die Hand nahm, um den zum Teil schwer lesbaren Inhalt der vergilbten Blätter durchzusehen. Was konnte darin anderes zu finden sein, als eine wüste Verbrechergeschichte aus einer der traurigsten Zeiten deutschen Elends? In einer linden stillen Sommernacht durchflog ich die leider unvollständigen, willkürlich zusammengehefteten Akten – zu Anfang mit müden schläfrigen Augen. Bald aber schwand die Müdigkeit, mit gespannter Aufmerksamkeit las ich weiter und weiter, bis der Morgen graute. Von Stunde zu Stunde trat mir lebendiger das Bild der vielen, an dem blutigen Drama in der unglücklichen Trümmerstadt beteiligten Personen vor die Augen. Immer klarer und deutlicher erkannte ich, daß an Grete Minden ein grausiger Justizmord verübt worden ist. Ihre Schuld an der Brandstiftung war durch nichts erwiesen - im Gegenteil war es ihr gelungen, durch unanfechtbare Zeugen den Beweis zu führen, daß sie Wochen lang vor und nach dem Brande, viele Meilen von Tangermünde entfernt, krank gelegen hatte. Heute würde in keinem Lande Europas ein Staatsanwalt zu finden sein, der einem solchen Alibi gegenüber eine Anklage zu erheben wagen möchte... Bei den ersten Strahlen der Morgensonne warf ich das rote Buch mit dem traurigen schaurigen Inhalt beiseite, ganz erschrocken über meine Entdeckung... Nein, nein! alter Kaspar Helmreich, „immerfort und festwährend" wie Du ankündigtest, soll denn doch „die Nachrede in Schande und Unehren"

der armen, durch den Unverstand und Aberglauben gelehrter Juristen grausam hingemordeten Grete Minden nicht bleiben...

Zur Ehrenrettung des unglücklichen Weibes sei hier ihre Lebens- und Leidensgeschichte streng aktenmäßig erzählt.

Margarete von Minden – Grete Minden – stammte aus märkischem Patriziergeschlecht. Hans von Minden, der Tangervogt, der markgräfliche Oberaufseher (Oberförster) über die Tanger, einen großen sich vom Dorfe Angern bis zur Gardeleger Heide, $2\frac{1}{2}$ Meilen Weges erstreckenden Forst, bewohnte 1568 eines der Freihäuser vor dem Schlosse Tangermünde. Vermutlich war der ältere Heinrich von Minden sein Sohn. Von dessen beiden Söhnen Peter, dem Vater der Grete, und Heinrich, der sich in den Besitz des Nachlasses seines Vaters gesetzt hatte, ist schon die Rede gewesen. Der jüngere Heinrich von Minden gehörte von 1609 (aus früherer Zeit fehlen die Nachrichten) bis zu seinem 1616 erfolgten Tode zum Rat der Stadt Tangermünde.

Von Gretens Jugend wissen wir nicht viel. Sie muß auch die Mutter früh verloren haben. Nach deren Tod diente sie eine Zeitlang in Tangermünde. Vielleicht lernte sie hier ihren späteren Mann kennen. Sie klagte einmal, er habe ihr vorgeredet, viel Geld zu besitzen, darum wäre sie mit ihm „davongegangen". In Stendal war es, wo sie im Sommer 1616 Antonius Meilahn – Tonnies Meilahn – heiratete. Die Trauung verrichtete Diakonus Schaller von St. Nikolaus, vom Dom, der spätere Generalsuperintendent, im Hause von Joachim Linow und dessen Hausfrau Ilse Vilitzen, bei deren Schwager Hans Jürgen Gericke, der Fähnrich in Schweden gewesen war, Tonnies „für Junge", als Soldatenjunge gedient hatte. Die Hochzeit war klein, man brauchte zum Hochzeitsschmaus bloß eine Viertel Tonne Bier. Sie wurde bei Lorenz Kuhtz gefeiert, bei dem die jungen Eheleute eine Zeit-

lang wohnten. Tonnies, wahrscheinlich von Gardelegen gebürtig, war ein junger schlanker Kerl, nur klein von Statur, mit langen blonden Haaren. Grete war arg verliebt in ihn. Auf Anraten der Frau Kuhtz hatte sie ihm eine Totennadel durch die Kleider gestochen. Dadurch, behauptete jene – werde sie bewirken, daß er sie wieder liebe und heirate. Späterhin entschuldigte sie sich, sie habe an die Kunst nicht geglaubt und es nur aus Scherz getan. Ihren Trauschein führte Grete stets bei sich. Sie wollte ihn, um ihn ja nicht zu verlieren, in ihr Brusttuch nähen, damit es ihr nicht wie ihrer Mutter ergehe. Sie vielmehr den Schein vorlegen könne, falls ihr etwa in künftiger Zeit einer vorwerfen wolle, sie wäre ihrem Manne nicht zur Ehe gegeben.

Tonnies, der früher auch mal bei Jürgen von Itzenplitz als Kutscher gedient hatte, war für ein armes Mädchen keine ganz schlechte Partie, da er sich damals als selbständiger Berufssoldat auftun wollte. In jenen Tagen galt der Soldat etwas. Denn überall wurde zum Kriege gerüstet. Auch in brandenburgischen Landen war dieserhalb durch kurfürstliches Edikt vom 30. April 1616 allen Untertanen verboten, in fremde Dienste zu gehen. Ein tapferer Soldat aber zog noch immer nach Landsknecht Art mit Weib und Kind in den Krieg:

Der in den Krieg will ziehen,
Der soll gerüstet sein;
Was soll er mit ihm führen?
Ein schönes Fräulein,
Ein langen Spieß, ein kurzen Degen.

Tonnies Meilahn trug wie ein echter Landsknecht einen gelben Koller und ein gefranztes Wams. Aber richtige Soldaten waren nicht auf seiner Hochzeit, die wollten „ihn nicht gern bei sich haben, weil sie ihn nicht für einen redlichen Soldaten geachtet". Und mit Recht. Einen Dienst suchte er nicht. Zunächst lebte er mit seiner Grete vergnüglich im Wirtshause bei Kuhtz in Stendal. „Allda hatte sie", klagte Grete später,

„alle ihre stattlichen Korallen und was sie sonst, namentlich an Betten gehabt, verkaufen müssen." Auch nach Tangermünde kamen die jungen Eheleute und wohnten dort einige Zeit bei Jahns. Der blondlockige Tonnies stolzierte in buntem Wams und bunten Hosen mit einem Degen an der Seite und einem Feuerrohr über die Schulter durch die Straßen. Vergeblich versuchte hier Grete, noch einmal etwas von ihrem Erbteil zu erhalten. Nun kam die Not. Tonnies ging auf „die Gart". Er gesellte sich zu jenen Scharen Gardebrüder, die als herrenlose Landsknechte „unterm Schein ehrlicher Kriegsleute" umherliefen und bettelten. Gerade damals (6. Dezember 1616) erließ Kurfürst Johann Sigismund ein Edikt „wider den Mutwillen und die Gewalt derer Gardenden, auch wie es mit den vagirenden Soldaten zu halten, und daß keinem, auch nicht gutwillig, gereicht werden solle". Er klagte darin, daß alle die vielen Edikte, Satzungen und Ordnungen wider das gardende herrenlose Gesindel nichts geholfen hätten. Noch niemals sei es so grob gemacht, wie jetzt. In Haufen von vierzig und mehr zögen sie oft umher, erbrächen dem armen Bauersmann seine Häuser mit Gewalt, schlügen ihm und den Seinigen Arme und Gliedmaßen entzwei, durchmausten die Häuser, nähmen, was ihnen passe und schlügen das übrige in Stücke. Manche behaupteten, Befehl vom Kurfürsten erhalten zu haben, auf ferneren Bescheid zu warten. Aber dergleichen Edikte seien nicht mehr in Gültigkeit. Manchmal sei unter einem Haufen Placker und Bauernschinder kaum einer, der einmal unter einem Fähnlein gestanden, die anderen seien Lumpelgesindel…

Im nächsten Sommer (1617) hatte Grete nicht bloß für sich allein zu sorgen, ein Knäblein war geboren. Zur Erntezeit kam dies Ehepaar und eine starke Magd, die das Kind in einem Sack trug, auf dem Durchmarsch von Gardelegen nach Salzwedel durch Apenburg. Bald darauf kehrten sie ohne die Magd dorthin zurück. Tonnies brachte zwei Gänse und einen Hammel-

braten mit. Grete war krank und blieb mit dem Kinde viele Wochen da. Von schwerer Krankheit genesend, mußte sie anfänglich auf Krücken gehen. Ihr Mann hatte sich zuletzt gar nicht mehr blicken lassen. Als sie mit dem Knaben Apenburg verlassen hatte, zog sie lange Zeit allein umher. Sie war eine „Landfahrerin" geworden. „Planetenlesen" und „Handbeschauen" war ihr Gewerbe, sie wahrsagte den Leuten und verkaufte ihnen Kräuter und Arzneien: Göldrian, Enzian, Gallian, Veilchenwurzel, Bibergeil, ein Kinderpulver und andere Hausmittel. Auch hatte sie „etliche Padden (Frösche) abgezogen und ihnen von Kückelkörnern Angesichter gemacht" und bot sie den Bauern als Alräunichen oder Galgenmännlein feil, „daß sie sollten mit ihrem Vieh und anderem groß Glück haben". Aus Not, sagte sie später, habe sie es tun müssen, weil sie sich sonst nicht ernähren konnte und ihr Mann ihr nicht viel gab. Den Leuten hätte es ja freigestanden, ihr die Alräunichen abzukaufen oder nicht. „Wäre doch die Welt als eine Heumiete, der eine pflückt etwas davon, der andere auch."

Jahr und Tag nach dem Brande war Grete nicht zu der in Trümmern liegenden Stadt gekommen. Traf sie in anderen Orten Tangermünder an, so erkundigte sie sich, wie weit der Wiederaufbau vorgerückt sei und was ihre Verwandten, die Mindenschen, machten, von denen sie noch Geld zu fordern habe, und Claus Richert, der ihr Betten und Hausgerät vorenthalte. „Sie haben mir wehgetan, Gott vergebe es ihnen!" sagte sie im Kruge zu Groß-Mangelsdorf. Mit ihrem Mann war sie wenig zusammen. Der war ein ganzer Lump geworden. Im Herbst 1618 zog er, wie schon früher, einige Wochen lang mit vier „Jungen" umher, er „als Junker, der den andern Fressen und Saufen schaffen mußte". Es waren keine tugendhaften Knaben, die mit ihm zogen. Neben Paul und Hans Hornborg aus Magdeburg, lernt man zwei Schuhknechte kennen, Hans aus der Prignitz, der die Kunst sich festzumachen verstand und „Hartmacherbriefe" schreiben konnte

und dem schwarzhaarigen Broß aus dem Vogtlande, der zum Hartmachen in einem aus rotem und weißem Tuche genähten Beutel etliche mit Zirkeln bemalte Dinger von Papier, etwa einen Taler groß, bei sich führte, dann den Barbiergehilfen Jürgen von Aken, der auch ein gelbes Bärtlein, gelbe krause Haare und einen gelben Koller trug. Ferner Martin Emmert, der sich Merten von Burg oder Merten von Ziesar nannte, einen gelernten Müllerknecht, gar fertig im Schreiben. Im Kruge zu Mangelsdorf malte er ein mit einem Pfeil durchbohrtes Herz an die Wand, und schrieb darin die Worte:
„Allen alten Soldaten Feind, und den jungen Mädchen Freund!" Endlich den Soldatenjungen Peter Fricke, bei Kalbe a.d. Milde gebürtig, einen Hirtensohn, mit ledernen Kleidern angetan, der für freie Kost und Zeche und einen Pfennig täglich Meilahn den Riffert nachtrug und den Sack zur Beute. Vor fremdem Eigentum hatte diese Gesellschaft wenig Respekt. So nahmen sie bei Stendal „auf kaiserfreier Landstraße" einem „Theerführer" einen Tobel (Kober) vom Wagen, darin waren Lichte, die sie verkauften, um das Geld zu vertrinken. Auch andere Hausierer, die Kram-, Semmel- und Branntweinträger, wurden zuweilen angehalten und geplündert. Bei Jerichow begegneten sie einem blinden „Briefträger", einem Landfahrer, der „gemalte Briefe" mit Liedern feilbot, und zwei Weiber mit sich führte. Dem nahmen sie seine Briefe und sein Geld ab, und prügelten ihn fort, indem sie ein Weib, eine Sängerin, zurückbehielten, weil es „kein Brauch bei den Soldaten sei, zwei Weiber zu haben".

Bei diesen Räubereien war Grete nicht zugegen. Dahingegen sah sie mit zu, als ihr Mann mit zweien seiner Gesellen bei Gruetz im Jerichowschen, einen Küster, ebenfalls auf kaiserfreier Landstraße, ausplünderte, ihm die Kleider auszogen und Geld und Lebensmittel, die er bei sich führte, fortnahm.

Nach Neujahr 1619 kam Grete wieder zu ihrem Mann und mit ihm nach Tangermünde. Dort war zum Wiederaufbau der Stadt allerlei Gesindel zusammengeströmt. Vergeblich hatte man sich bemüht, die Urheber des großen Brandes zu ermitteln. Wiederholt wurden neue „Fehdebriefe" oder „Feindesbriefe", Brandbriefe gefunden. Man nahm an, einer Verschwörung von Mordbrennern gegenüberzustehen. Eine die Entdeckung der Frevler betreffende kurfürstliche Bekanntmachung wurde überall öffentlich angeschlagen. Von auswärts kamen mancherlei Anzeigen. In Salzwedel hatte einer erzählt, ein in Thorn strangulierter Missetäter habe eingestanden, die Stadt Tangermünde „selbviert" in Brand gesteckt zu haben. Auf dem Havelberger Stadtkeller hatte ein Mäusefänger mit rotem Barett, der sich David von Wittenberge nannte, bei hellem lichten Tage von der Schuld der Herren von Tangermünde gesprochen, wie sie hausgehalten hätten mit Stoltenborger, den sie von Stendal geschlossen nach Tangermünde gebracht und unschuldig „mit 13 Zügen" gefoltert, ebenso mit dem gefangenen Erdmann Lempke u. dgl. Im Kruge zu Räbel bei Werben hatten Mäusejäger, Gaukler und Spielleute sich rotwelsch unterhalten. Wenn die Tangermündschen auch zwei oder drei der Brandstifter kriegten und umbrächten, so wären doch noch genug übrig. Wenn man der armen Leute nicht gedächte, würde die Stadt schon wieder in Flammen gestanden haben.

Der Verdacht wies endlich auf drei Personen hin, entweder daß dieselben das Feuer selbst angelegt, oder daß die Duldung ihrer Missetaten die Rache armer Leute herausfordere. Es waren dies der „alte Nagelschmidt", der ein anrüchiges Wirtshaus vor dem Hühnerdorfer Tor an der Schloßfreiheit unterhielt, der Markmeister, das ist der oberste Polizeimann, und der ihm untergebene Stadtknecht Joachim Stolle. Auf dem Ratskeller zu Tangermünde hatte der „Freischlächter" (Abdecker) Drohungen gegen den alten Nagelschmidt ausgestoßen, der aus der Stadt müsse. Man fand Fehdezettel dahin lautend:

„Joachim Stolle, den Markmeister, den alten Nagelschmied schafft ut der Stadt, or (oder) wi willen balle kommen! Cito, cito, cito, cito, cito, cito."

Der Rat meinte, den Schreiber dieses Fehdezettels unter der eigenen Bürgerschaft suchen zu müssen und durch Vergleichung der Handschrift ermitteln zu können. Alle Tangermünder, die, wenn auch nur ihren Namen, schreiben konnten, mußten eine Probe liefern. Nicht weniger als 210 Schreibproben befanden sich in den Akten. Endlich am 3. Januar 1619 fand man im Schloßgraben einen langen Fehdebrief in Versen, worin die Bürger der Gemeinde, arme und reiche, aufgefordert wurden, endlich die drei aus der Stadt zu jagen. Der Brief trug eine Adresse:

Dese Bref tokome den Börgern von Tangermünde,
De jagen de Schelm ut de Stadt un beholden ere Fründe...

Nach der Handschrift zu urteilen, hat ihn ein Gelehrter geschrieben. Die Befehder selbst geben sich darin seltsame Namen:

Hans von der Priegnitz bin ich genannt:
Alle Bubenstreich sind mir wohl bekannt,
Matz von Leipzig ist mein Namen
Ik kann auch mitkommen;
Christoffel von Rüdewitz,
Ik lope in dem Lande mit der Plitz;
Hans von Amsterdam aus der See,
Ik thu auch manichem weh,
Die andern will ich sparen...
Da to Stendal oder Garleben in der Helle
(Straßennamen)
Dar finden sich noch gute Gesellen
Oder to Leipzig uf der Misse,
Da findet man sie gewisse.
Cito, cito, cito, cito...

Nach Neujahr 1619, also genau um dieselbe Zeit, wo die Bürgerschaft über die neuen Fehdebriefe

in Aufregung geraten war, traf Grete in Tangermünde mit ihrem Mann zusammen. Sie hatte es noch immer nicht aufgegeben, von ihrem Vermögen etwas zu erlangen. Auf ihr Andrängen scheint sie diesmal, gleichsam wie ein Almosen, fünf Taler erhalten zu haben. Am 16. Januar ging sie zum Bürgermeister Kaspar Helmreich und erhielt von ihm die Vertröstung, er wolle ihrem Mann die Stelle eines Stadtknechts verschaffen. Sie nahm dies Versprechen dankbar an und teilte es freudig ihrem Mann mit. Warum sollte der Rat nicht einem Soldaten, der die Enkelin eines angesehenen Ratsherren geheiratet hatte, die Stelle eines städtischen Polizeibeamten gewähren? Tonnies Meilahn bekam die Stelle nicht, stattdessen wurde er an demselben Tage verhaftet. Die Ursache der Verhaftung ist aus den Akten nicht zu ersehen. Von einem Verdacht der Brandstiftung war keinesfalls die Rede. Auch sonst lagen keine erheblichen Tatsachen gegen ihn vor, als daß er angeblich vor ein paar Jahren mitsamt seiner Frau außer Landes verwiesen sein sollte. Der Rat von Tangermünde beantragte beim Schöppenstuhl zu Brandenburg gegen Tonnies Meilahn die scharfe Frage – die Tortur.

Schon am 20. Januar sprachen die Schöppen beider Städte Brandenburg vor Recht:

„wofern sich ermeldeter Gefangener nicht anderer und besserer Gestalt in Güte erklären wollte, aus was Ursachen er nach geschehener Landesverweisung sich bei Euch wieder finden lassen? was er hin und wieder böses verübet? wo er die Sachen, so er verkauft, genommen? was vor Gesellschaft er gehabt? wie dieselben mit Namen heißen? wo sie sich aufhalten? was er mit ihnen begünstigt? wann? wo? mit was Gelegenheit und Umständen? und dergleichen:
so mag er zur Ergründigung der Wahrheit der scharfen Frage, doch verantwortlicherweise unterworfen und deshalb wie auch seines ganzen Lebens, Handels und Wandels halben

Bitte lesen Sie weiter auf Seite 49

Tangermünde

Die Kleinstadt an der Elbe (1994: 10 900 Einwohner) ist nicht nur wegen der vielen historischen Türme, der fast vollständig erhaltenen mittelalterlichen Stadtmauer, der Pfarrkirche St. Stephan mit dem riesigen Dach und dem 94 Meter hohen Turm, dem weltbekannten gotischen Rathaus und den verwinkelten Gassen ein beliebtes Touristenziel, sondern seit mehr als 150 Jahren auch ein wichtiger Industriestandort in der Altmark. Bis zum Zweiten Weltkrieg war für das Wirtschaftsgeschehen in Tangermünde die zuckerverarbeitende Industrie bestimmend. In der Stadt befand sich die größte Raffinerie Europas. Später wurde der Industriestandort Tangermünde geprägt durch Betriebe der Holzverarbeitung (Spanplatten, Telegraphenmasten, Rebpfähle), der chemischen Industrie (Düngemittel, Knochenperlleim, Fliesenklebstoffe), Nahrungsgüterindustrie (Süßwaren, Marmelade, Pflaumenmus), durch metallverarbeitende Betriebe und durch die Hafen- und Werftindustrie. Nach 1990 siedelten sich zahlreiche Investoren im neuerschlossenen Gewerbepark „Stendaler Straße" (13 Hektar) an. Ein weiterer Industriepark „Nord" (zirka 12 Hektar) wird erschlossen. Für Touristen wurden mehrere Hotels, Pensionen und Restaurants eröffnet.

Wuchtige Mauern: die Roßpforte oder das Wassertor.

33

Reichverzierte Inschriften schmücken viele Häuser.

34

Die Rückseite des Rathauses von Tangermünde.

Stadtmauer und Wassertor.

Salzwedel

Die ehemalige Hansestadt, bis 1989 im Abseits nahe der innerdeutschen Grenze gelegen, hat sich zu einem pulsierenden Wirtschaftszentrum der westlichen Altmark gemausert. Im Stadtzentrum wurden historische Bauten gründlich saniert und moderne Geschäfte eingerichtet. Nicht unumstritten sind bei den Einwohnern einige architektonische Extravaganzen und das klotzige Einkaufszentrum am Stadtrand. Durch seine vielen Parkanlagen und historischen Sehenswürdigkeiten wird Salzwedel immer mehr zu einem beliebten Ziel für Touristen.

Die Stadtmauer mit Wehrturm (oben). Inschrift an der Propstei (unten).

36

Portal des Adam-und Eva-Hauses.

Detail der Marienkirche.

37

Der streng gegliederte Giebel der Mönchskirche.

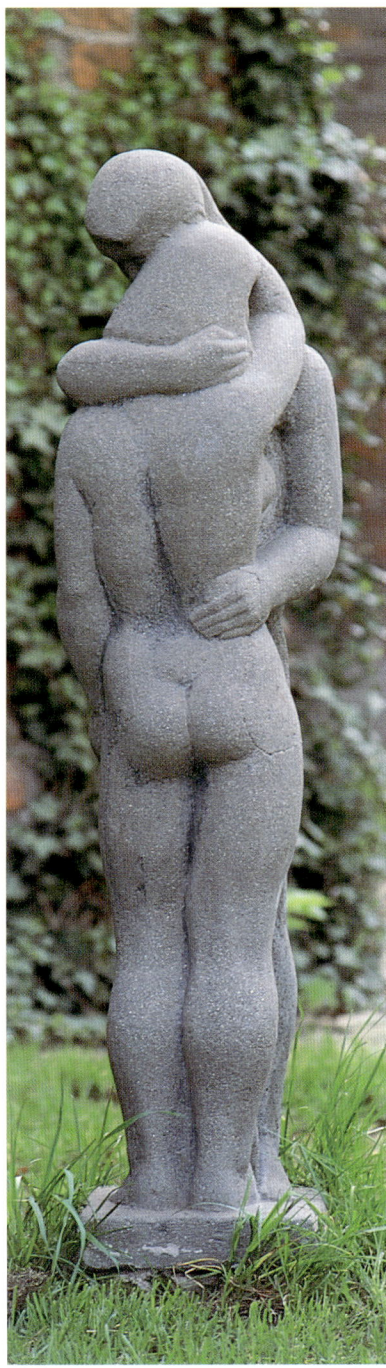

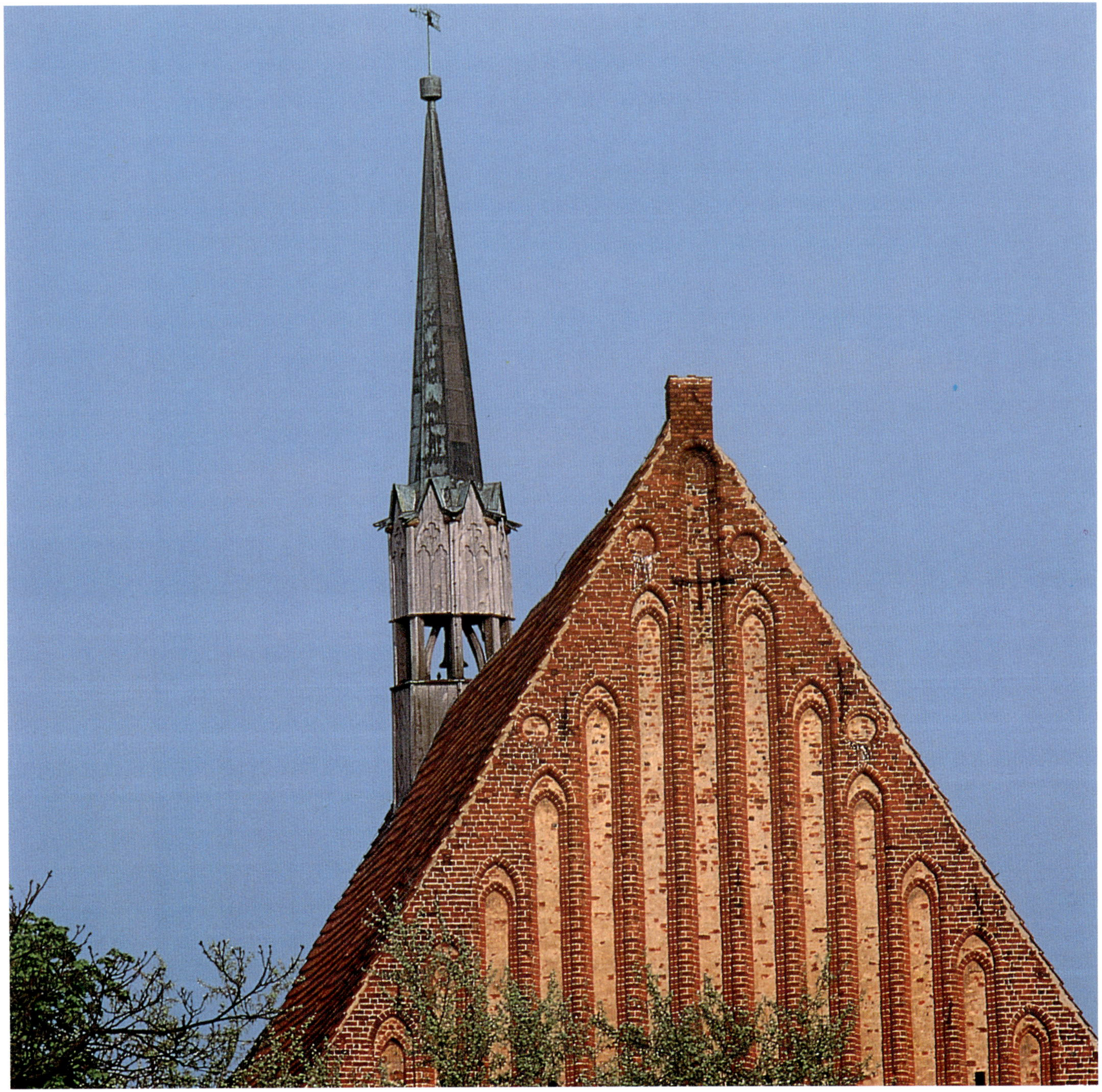

Moderne Skulptur.

Die ehemalige Propstei.

Das Hochständerhaus in der Schmiedestraße (oben). Stiller Winkel an der Katharinenkirche (unten).

Baumkuchen – Geschichten

Der weltbekannte Salzwedeler Baumkuchen – Ludolf Parisius lobte ihn bereits in seinem Werk – hat eine wechselvolle, interessante Geschichte. Luise Lentz, eine talentierte Bäckerin und Köchin, erbte von ihrem Großvater, dem Küchenmeister König Friedrich Wilhelm II., das Rezept für die Herstellung von Baumkuchen. Um 1800 wurde das wohlschmeckende Gebäck im Salzwedeler Ratskeller (später „Schwarzer Adler") angeboten. Hoffähig wurde der Baumkuchen 1841 durch den Besuch Seiner Majestät Friedrich Wilhelm IV. in Salzwedel. Der Baumkuchen mundete dem hohen Gast so sehr, daß er die nichtverzehrten Reste für seine Gemahlin einpacken ließ. So machte das Gebäck in Berliner Hofkreisen die Runde. Bestellungen aus Berlin, Wien, Petersburg und anderen Residenzen trafen in Salzwedel ein. 1842 übernahm Andreas Fritz Schernikow von seinem Vater das Konditoreigeschäft mit Kaffestube in der Holzmarktstraße. Als König Wilhelm I. im November 1865 Salzwedel einen Besuch abstattete, fertigte Konditormeister Schernikow aus diesem Anlaß einen prächtigen Tafelbaumkuchen, reich verziert, an. Dieser Baumkuchen fand großen Anklang bei Seiner Majestät, und nach kurzer Zeit ließ der König wissen, daß Konditormeister Schernikow zum Königlichen Hoflieferanten ernannt worden war. Für viele Feste und Empfänge mußte der Salzwedeler Konditormeister seine Baumkuchen liefern. Schernikow starb 1875 hochgeehrt und geachtet. Sein Neffe, Fritz Gerecke, übernahm das Geschäft. Der Sohn seines Bruders, Emil Schernikow, gründete 1875 eine Konkurrenzfirma am Schulwall. Anläßlich der Jagdausflüge Kaiser Wilhelm I. in der Letzlinger Heide lieferte Emil Schernikow einen reichverzierten und mit dem preußischen Adler versehenen Baumkuchen. Diese ausgefallene Geste an die Majestät hatte zur Folge, daß Schernikow zum Hofkonditor und Hoflieferanten avancierte. Durch erstklassige Qualität und umfangreiche Werbung verhalf Emil Schernikow dem Salzwedeler Baumkuchen zum Weltruhm. Spätere Besitzer des traditionsreichen Unternehmens waren die Herren Kohfal und Fritz Kruse. Kruse vereinigte 1928 die wichtigsten Produktionsstätten in seiner Hand. Bis zum Jahre 1939 verließen monatlich etwa zwei bis drei Tonnen Baumkuchen die Fabrik. Nach Kriegsausbruch ging der Umsatz rapide zurück, bis 1958 das endgültige „Aus" für den Schernikow-Baumkuchen kam. Der Besitzer wurde enteignet, das Vermögen eingezogen. Ein „VEB Nahrungsmittel" und der Konsum produzierten fortan Salzwedeler Baumkuchen. 1984 verstarb die letzte Angehörige der Familie Kruse, Gertrud Kruse. Das traditionelle Baumkuchenrezept hinterließ sie dem Bäckermeister Oskar Hennig und seiner Frau Hanni. Seit 1990 läßt Familie Hennig den weltbekannten Schernikow-Baumkuchen nach dem traditionellen Rezept von 1808 in alter Produktionsweise, auf einer Holzwalze im gemauerten Steinofen gebacken, wieder produzieren. Die Baumkuchenmasse wird vom Bäcker mittels einer Kupferkelle auf die sich drehende Holzwalze aufgekellt und schichtweise abgebacken. Etwa zehn Schichten muß der Bäcker auftragen, bis der Baumkuchen seinen endgültigen Umfang erreicht hat. Der Backprozeß dauert zirka 20 Minuten, dann ist ein Baumkuchen-Rohling fertig und muß auskühlen. Die Rezeptur für den einzigartigen Schernikow'schen Baumkuchen ist bis heute ein streng gehütetes Geheimnis.

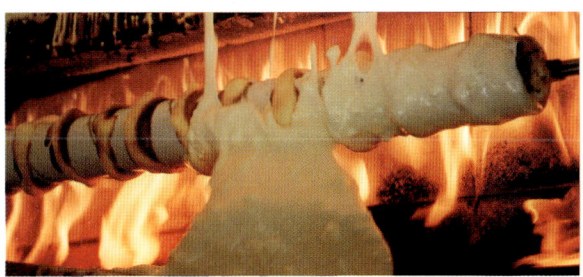

Stendal

Die größte Stadt der Altmark (1994 48 000 Einwohner) ist auch ein wichtiges Industriezentrum. Für Touristen bietet die Stadt viel Interessantes: das Altmärkische Museum mit seinen wichtigen Sammlungen, das Winckelmann-Museum und die Kunstschätze von Dom und Marienkirche. Die größte deutsche Rolandsfigur kann man vor dem Rathaus bewundern. Das Uenglinger Tor (1450/60) gehört neben dem Holstentor in Lübeck zu den schönsten mittelalterlichen Befestigungsbauwerken im Stil der norddeutschen Backsteinbauweise.

Roland der Ries' am Rathaus von Stendal.

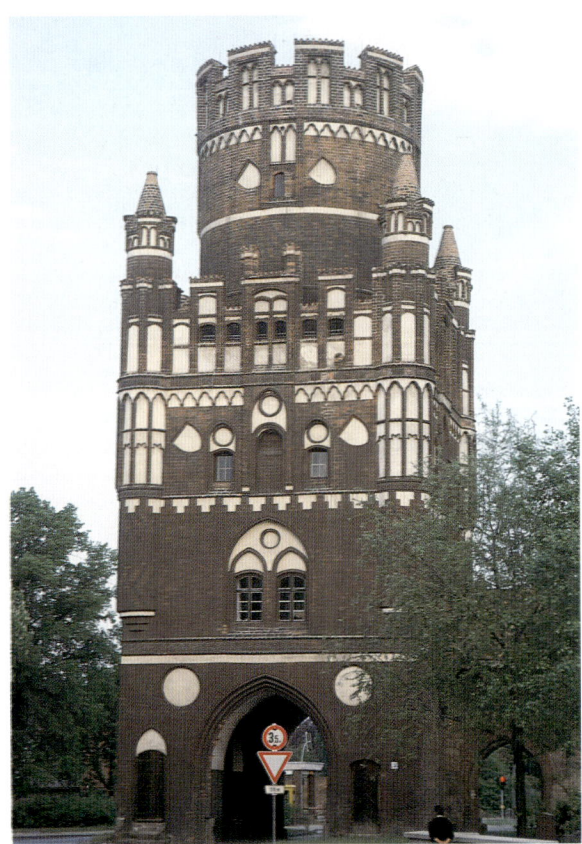

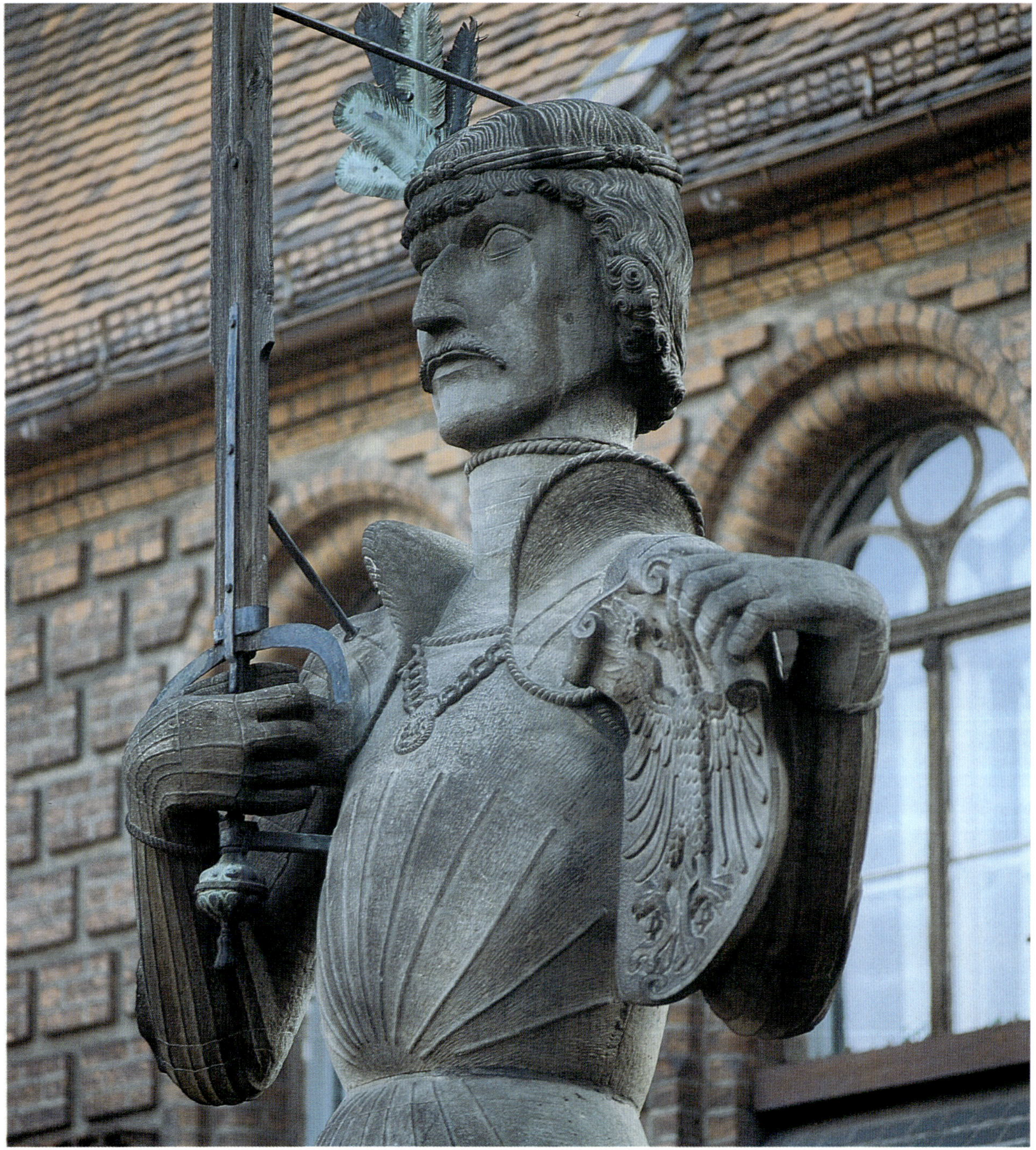

Winckelmanns Geburtshaus (oben). Blick auf die Dächer der Altstadt (unten).   *Die Marienkirche am Marktplatz.*

43

Seehausen

Von weitem sind die Türme der St. Petri-kirche sichtbar. Neben dem Gotteshaus steht auf dem Kirchplatz das Gebäude der alten Lateinschule. In dieser Schule war der berühmte Altertumsforscher Johann Joachim Winckelmann von 1743 bis 1748 als Konrektor tätig. Reste der ursprünglich im 14. Jahrhundert etwa vier Meter hohen Stadtmauer findet man noch in der Petri- und Fabrikstraße. Das Beu-stertor ist das letzte guterhaltene von einst vier Stadttoren. Es wurde als spätgotischer Back-steinbau mit doppelten Toren errichtet. Daneben steht die Salzkirche. Es ist eine Hospitalkirche aus dem 15. Jahrhundert. Das Rathaus wurde 1882 erbaut und steht an gleicher Stelle wie das erste Rathaus der Stadt. Der Ratskeller war ursprünglich das Haus der Gewandschneider-gilde. Das Amtsgericht wurde 1860 gebaut und bis 1879 als Kreisgericht, danach als Amtsge-richt genutzt. Es steht unmittelbar am Markt-platz, dem Mittelpunkt der Stadt. Hier kreuzten sich früher die Handelsstraßen. Die Umgebung von Seehausen wird von der waldbestandenen Hochfläche und der Wischeniederung geprägt. Die Barsberge und die Rossower Berge sind be-liebte Ausflugsziele. Im nahegelegenen Dorf Priemern befindet sich ein Gutspark mit altem Baumbestand. Auf dem Weg von dort nach Drüsedau liegen Findlingsblöcke eines ehemali-gen Großsteingrabes in Steinbusch. Die feuchten Gründlandflächen in der Wische haben Bedeutung als Brut-, Rast- und Überwinterungsplätze vieler Vogelarten. Unmittelbar an der Elbe liegt Wah-renberg, das storchenreichste Dorf der Altmark.

Die Türme der St. Petrikirche von Seehausen.

Das Beustertor.

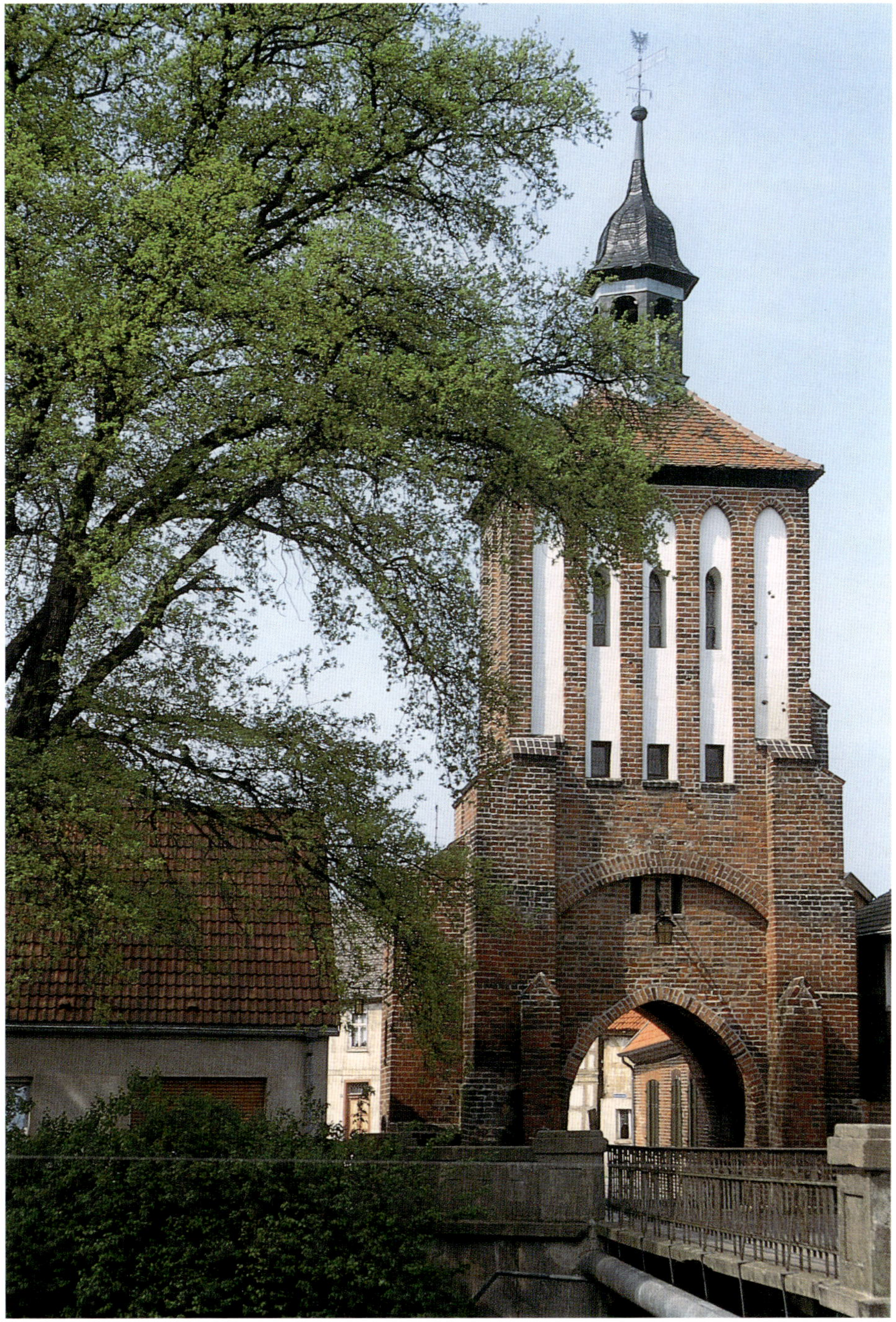

Die 62 m hohen Türme der St. Petrikirche.

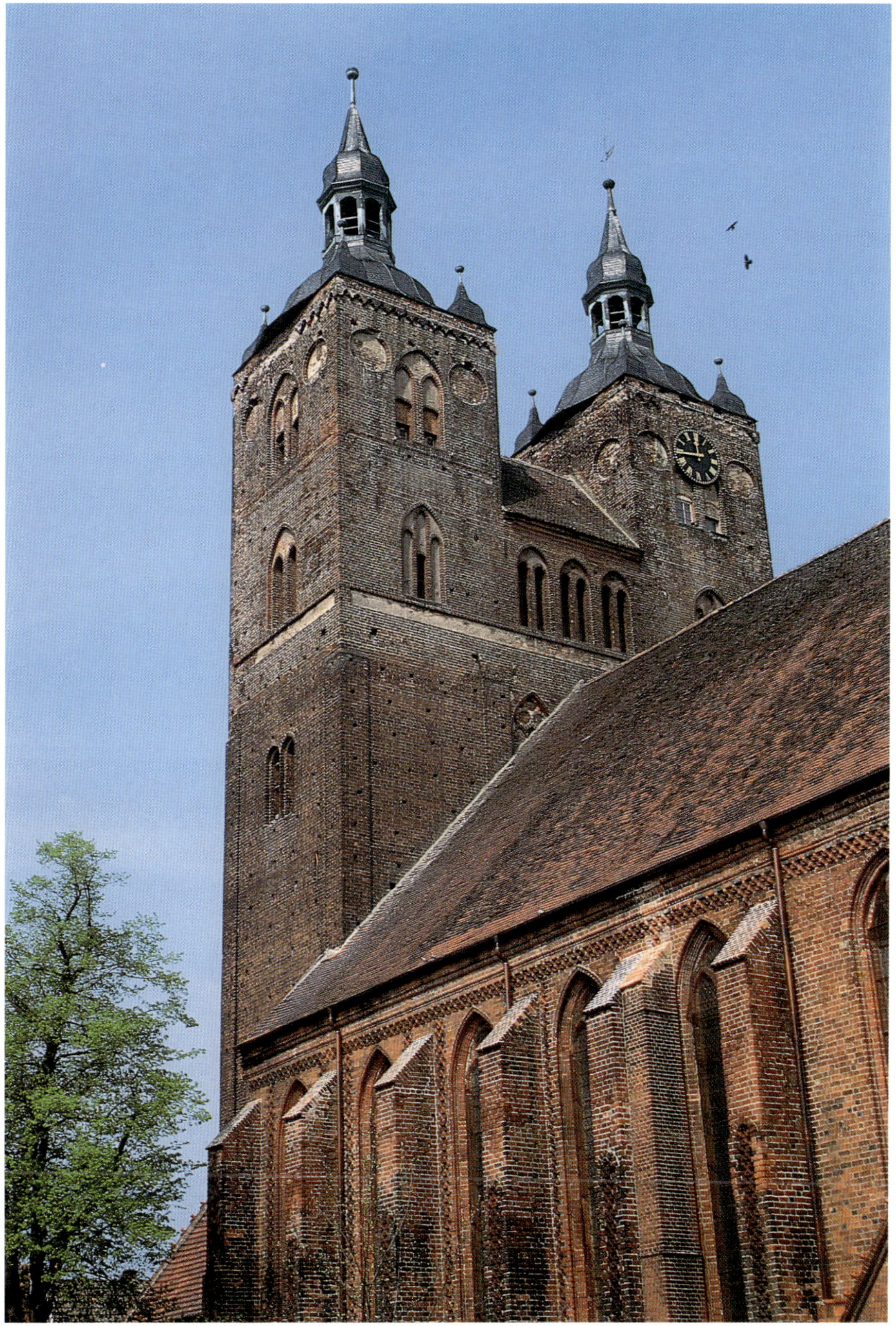

Osterburg

Seit 1994 ist Osterburg nicht mehr Kreisstadt. Ein wichtiges Siedlungs- und Gewerbezentrum bleibt der Ort aber weiterhin. Am Stadtrand sind zahlreiche neue Firmen angesiedelt worden. Kleinstädtische Beschaulichkeit prägt das Zentrum rings um die gotische Nikolaikirche. Verwundert registriert der Fremde neben der Kirche einen Neptunbrunnen. Diese italienische Arbeit aus dem 19. Jahrhundert wurde nach dem Zweiten Weltkrieg aus dem Park des Rittergutes von Rönnebeck nach Osterburg umgesetzt. Im Museum kann man sich über die nord-östliche Altmark informieren.

Die Nikolaikirche von Osterburg.

Stadtwappen am Rathaus.

Beschaulicher Winkel in der Altstadt.

Gardelegen

Nicht nur Ludolf Parisius ist in der Stadt geboren worden, sondern auch einer der bekanntesten deutschen Kabarettisten, Otto Reutter (1870 – 1931). Architektonisches Wahrzeichen Gardelegens ist das Salzwedeler Tor aus dem 16. Jahrhundert mit den zwei großen runden Batterietürmen. Mit einem Mahnmal vor den Toren der Stadt an der ehemaligen Isenschnibber Feldscheune wird an ein Verbrechen der Nazis erinnert. Am 13. April 1945, wenige Tage vor Kriegsende, wurden dort von der SS 1016 KZ-Häftlinge aus zwölf Ländern ermordet.

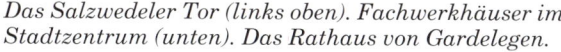

Das Salzwedeler Tor (links oben). Fachwerkhäuser im Stadtzentrum (unten). Das Rathaus von Gardelegen.

47

Werben

Die Kleinstadt an der Elbe ist durch zahlreiche alte Bauten sehenswert. Erhalten geblieben ist das 1460 erbaute prachtvolle Elbtor mit dem Rundturm (Heimatmuseum). Von der oberen Plattform kann man die Stadt und das Niederungsgebiet der Elbe überblikken. In der spätgotischen St. Johanniskirche (Marienaltar, Glasmalereien an den Fenstern) finden regelmäßig gut besuchte Konzerte statt. Vor dem Rathaus (gotisches Kellergewölbe von 1450, Erdgeschoß von 1793, Obergeschoß 1908) erinnert ein 1931 errichtetes Denkmal an den schwedischen König Gustav II. Adolf, der während des Dreißigjährigen Krieges 1631 bei Werben ein befestigtes Lager bezogen hatte. Andere Sehenswürdigkeiten in Werben sind die kleine St. Spiritus Kapelle von 1313 und viele Fachwerkbauten am Marktplatz, in der Kirchstraße und in der Seehäuser Straße. Von den ehemals acht Wind- und zwei Bockwindmühlen, die sich im 19. Jahrhundert auf den Feldern am Stadtrand drehten, kann man heute noch die 1824 errichtete Bockwindmühle als Museum besichtigen.

Storchennest auf der Kapelle St. Spiritus.

48

fleißig befraget, und die sonsten mögliche Erkundigung angestellet werden, was er alsdann gestehen und sich befinden wird, darauf ergehet hiernach ferner was Recht ist. Von Rechts wegen."

Mit dieser gewichtigen Urkunde beginnt das rote Buch.

In jener grauenvollen Zeit der Hexenprozesse war die Tortur das wichtigste, ja fast das ausschließliche Beweismittel für alle schweren Verbrechen. Eine jede Beschuldigung war beinahe sicher tödlich, sobald sie an einen Richter gelangte, der auf sie die Anwendung der „scharfen Frage" zuließ. Nur wenige überstanden die Tortur, ohne alles dasjenige zuzugestehen, was der Untersuchungsrichter von ihnen herausbringen wollte. Tonnies Meilahn war kein Held. Am 21. Januar auf die Leiter gelegt, gestand er zunächst Diebstähle und Straßenräubereien ein. Man begann ihn über den großen Tangermünder Brand und die Fehdebriefe zu befragen. Bald hatte er genug gestanden, um sich selbst, seine Frau und alle Genossen, deren man habhaft werden konnte, in den Tod zu liefern. Mit ganz besonderem Eifer warf er die Hauptschuld auf seine unglückliche Frau. Sie habe ihn nur geheiratet, damit er sie an den Tangermünder Rat, der ihr nicht zu ihrem Vermögen verholfen habe, rächen und die Ratsherren meuchelmorden („auf die Plunnen schießen") oder die Stadt niederbrennen solle. Die Entstehung und die Taten des großen Mordbrennerbundes schilderte er ganz anschaulich. In einem Keller zu Brandenburg ist beim Trunk die Verschwörung gestiftet. Dort erzählt Martin Emmert, daß er in des Nagelschmidts Haus zu Tangermünde sich mit dem alten Nagelschmidt geschlagen, der Nagelschmidt hätte die Stadtdiener, den Markmeister und Joachim Stolle rufen lassen und diese hätten ihn weidlich mißhandelt und mehrmals unter die Bank gestoßen. Dann klagt Grete Minden über die Mindenschen, die ihr ihr Vermögen, eine ganze Hufe Land vor der Stadt und einen

beschlossenen Garten, und über Claus Richert, der ihr Betten und Hausgerät vorenthalte. Bald ist man einig, Grete und fünf Kerle – Tonnies, Merten, Jürgen, Paul Hornborg und Hans Hornborg – trinken Brüderschaft und verschwören sich, die Stadt Tangermünde zu befehden und anzustecken. Grete gießt Bier auf den Tisch, Merten sagt einen Eid vor. Jeder stippt mit den Fingern in das Bier und spricht mit aufgehobenen Fingern den Eid nach. Der Eid geht dahin, daß sie beieinander stehen und halten wollen, so fest als Gottes Wort hält und wollen Leib und Gut dransetzen, die Stadt anzustecken. Nun gilt es zunächst „Feindesbriefe" zu dichten und zu schreiben. Martin Emmert kauft Pulver ein, fertigt aus Schwefel, Fett und Pulver lange Lunten, die viele Stunden brennen. Mit diesen wird nach Gretens Unterweisung die Stadt an mehreren Stellen zugleich angesteckt. Beim alten Nagelschmidt, bei dem Kantor, der eine Schwester der Mindenschen zur Frau hat, bei den Mindenschen usw. Dann zieht die Bande aus der Stadt. Draußen von Kalbau sehen sie das Feuer aufgehen. Am folgenden Tage legen Merten und Hans Hornborg drei Pfund Pulver in einen hohlen Eichbaum des Stadtbuschs, um diesen zu verbrennen, damit kein Bürger daraus Bauholz zum Wiederaufbau erhalten könne. Hierauf wandern sie alle über Stendal nach Gardelegen zu und verabreden vor der Trennung, wenn jene drei Leute nicht aus der Stadt gejagt würden, bei künftigen Lichtmessen Stadt und Stadtbusch noch einmal anzuzünden, auch die Neustadt zu verbrennen und von der Altstadt nicht bloß die stehengebliebenen, sondern auch die neu aufgebauten Häuser.

Dieses Geständnis gab nun den Rahmen ab für die umfassende Tätigkeit, die der Rat von Tangermünde bei Fortführung der Untersuchung entwickelte. Zunächst suchte er schleunig der Genossen Meilahns habhaft zu werden. Schon am folgenden Tage reisten Bürgermeister Kaspar Helmreich und Ratsherr Gert Köhns nach Brandenburg, wo Hans Hänekenmacher verhaf-

tet war. Dieser, eigentlich Hans Meyer mit Namen, leugnete, der Verfasser von Fehdebriefen zu sein und wußte glaubhaft nachzuweisen, daß er sein Lebtag weder lesen noch schreiben gelernt habe. Tonnies Geständnis enthielt hier also eine falsche Beschuldigung. Tonnies, zur Rede gestellt, erklärte, er habe die Hänekenmacher „ex errore" irrtümlich genannt: Merten Emmert habe die Fehdebriefe gedichtet und geschrieben, darauf wolle er leben und sterben.

Merten Emmert wurde schon am 27. Januar in seiner Vaterstadt Burg verhaftet. Derselbe, ein gelernter Müller, Sohn des verstorbenen Tagelöhners, Klickers, Holzhauers und „Kuhlengräbers" gleichen Namens, gestand ein, vor Weihnachten einige Wochen mit Tonnies umhergezogen zu sein. Durch einen Brettschneider wollte er erfahren haben, Tonnies sei verhaftet, weil er „Einen ausgezogen". Die Frau desselben kenne er nicht von Person. Sie sei eine Planetenleserin, Anna Wiesel mit Namen, und ihrem Manne entlaufen, da der gedroht, ihr einen Arm abzulösen. Merten erbot sich aus freien Stücken, mit nach Tangermünde zu gehen, sich dort zu verantworten und „Unschuldige zu retten". In Tangermünde wurden Tonnies und Merten konfrontiert. Sie machten sich wechselseitig schwere Vorwürfe wegen ihrer vorjährigen Gardenfahrten. Auf das Entschiedene bestritt Merten jede Teilnahme an der Brandstiftung. In des Nagelschmidts Haus war er schon, aber es sei ihm dort nichts Böses widerfahren.

Inzwischen wurde auch Grete verhaftet. Mit Entrüstung äußerte sie sich gegen ihres Mannes Anschuldigungen. Er sei ein loser Schelm, der ihr solches übersage und überlöge. Übrigens habe sie zu der Zeit des Tangermünder Brandes in Apenburg beim Kuhhirten krank gelegen. Tonnies verblieb unter feierlichen Versicherungen bei seinen Beschuldigungen. Höhnisch rief er aus: „Sie wird schon bekennen, wenn sie auf die Leiter gebracht wird!" ***

Parisius weist auf den folgenden Seiten nach, daß an Grete Minde ein grausamer Justizmord verübt worden ist und eine Unschuldige hingerichtet wurde. 49

Buch an der Elbe

Unweit Tangermünde liegt unmittelbar an der Elbe das Dorf Buch, heute ein einfaches Bauerndorf, einst ein Städtchen mit einer festen Burg, von der nur noch ein Wall erhalten ist. Die Burg war eine der ältesten der Altmark. Vermutlich wurde sie gleichzeitig mit den benachbarten kleineren Burgen zu Jerichel und Grieben errichtet, bald nachdem Kaiser Heinrich der Erste die Burg Tangermünde zur Deckung des Elbübergangs erbaut hatte. Im Anschluß an die Burg Buch entstand ein Städtchen mit Marktplatz und Rathaus, mit Magistrat und Gerichtsbarkeit und deren Wahrzeichen, dem Roland, vor dem das Gericht gehegt ward. Von der Burg nannte sich ein altmärkisches Geschlecht, das den askanischen Markgrafen mehrere hervorragende Staatsmänner und der deutschen Wissenschaft einen vorzüglichen Rechtslehrer geliefert hat. ***

Wer heute nach Buch kommt, findet fast nichts, was an die ruhmvolle Vergangenheit des Ortes erinnert. Wie die Burg, so sind auch das Rathaus und die Tore der alten Stadt verschwunden. Der Rathausturm stürzte 1660 ein und zertrümmerte die Rolandssäule. Aber dieses letzte Erinnerungszeichen vergangener Größe wollten die Bucher nicht entbehren. Die Rolandssäule wurde erneuert und als ein Menschenalter später eine Feuersbrunst den Kopf des neuen Roland zerstörte, wurde auch dieser Verlust schnell ersetzt. Mächtige Locken, ein zierliches Schnurrbärtchen und ausdruckslose gelangweilte Gesichtszüge sind die Eigentümlichkeiten dieses neuesten Rolandskopfes.

In unserem neunzehnten Jahrhundert ward Buch von schwerem Unglück heimgesucht. Eine Feuersbrunst legte 1844 das Dorf in Asche, 76 Feuerstellen brannten nieder. Was das Feuer nicht zerstörte, ward im nächsten Frühjahr von der Wasserflut beschädigt. Am 2. April 1845 brachen die Elbdeiche bei Grieben und setzten Feldmark und Dorf Buch tief unter Wasser. Beide Begebenheiten sind von Buch'schen Dichtern in ausführlichen Liedern besungen, die der Kantor und erster Lehrer des Ortes A.F.L. Felke in seiner 1860 im Druck erschienen Chronik der Nachwelt überlieferte. Das Lied von der Feuersbrunst, gedichtet von dem Tagelöhner Güldenpfennig, beginnt mit folgenden sinnigen Strophen:

In des Abends Kühle
Saß voll seliger Gefühle
Blickend auf der Kinder Kreis
Still der hochbetagte Greis.
Es ist hohe Wonne,
Wenn die liebe Sonne
In des Abends Meer sich taucht
Und man dann sein Pfeifchen raucht.

Höheren Schwung entfaltet der Sänger der Wassersnot, Andreas Stürmer, dazumal Hütejunge in Diensten des Schulzen. Er läßt den alten Roland selber das Klagelied anstimmen, um das Unglück des Dorfes zu schildern:

Ich grauer Held, ich großer König,
Ich bin von lauter Stein gemacht,
Mit meinem hölzern Säbel schlag' ich
Die Feuerflamm und Wasserkraft usw.

Besonders ergreifend beklagt der alte Roland das Los der Pflegebefohlenen des Dichters:

Mich dauert nur das arme Vieh,
Wo stand es jemals nasser?
Nur wenig stand bis an die Knie,
Sonst bis zum Bauch im Wasser.

Die Jugend von Buch hält die Rolandssäule hoch in Ehren. Erblickt sie doch in ihr ein Abbild von Jung Roland, dem tapferen Helden und geliebten Neffen Karls des Großen, des Kaiser Karl, der nach ihres Lehrers Chronik die Veste Buch als Missionsstation gegen die heidnischen Wenden errichtet haben soll. Pfingsten, wenn ringsum in den Dörfern die Burschen und Mädchen in Lebenslust und Freude ihr Maienfest feiern, dann marschiert in hergebrachtem Festzuge das junge Volk von Buch zum Roland. Der auserwählte Bursch klimmt in die Höhe und setzt dem Roland den grünen Efeukranz, den die Mädchen gewunden haben, auf sein steinernes Haupt. So hat sich im einzigen Dorfe, das einen Roland besitzt, noch etwas vom alten Rolandsspiel erhalten, von dem uns alte Städtechroniken melden, daß es vor sechshundert Jahren zu Pfingsten neben dem Gral und der Tafelrunde und anderen Ritterspielen die Jugend norddeutscher Städte bei Tanz und Lustbarkeit erfreute.

Arendsee

Ja, es ist wahr, in „selten schöner Lage" erhebt sie sich an dem hohen und steilen Südufer des gleichnamigen Sees, die ehrwürdige Klosterstiftung des Markgrafen Otto I. Dies idyllische Benediktinerinnen-Stift der heiligen Jungfrau, St. Johannes und St. Nikolai, das Kloster Arendsee, ist freilich abgeschieden von den großen Straßen des Verkehrs, aber gerade darum noch heute von klösterlichem Geiste umweht, so nüchtern praktisch auch die Neuzeit ihre Einrichtungen in und um Arendsee getroffen hat. Denn durchaus modern ist jenes kleine Städtchen Arendsee, über welches die Straße zu den poetisch-schönen Überbleibseln des Klosters hinführt. Ein furchtbarer Brand hat im Jahre 1831 fast alle jene alten Fachwerkhäuser, an denen noch manch' frommer Spruch, manch' altbürgerlicher Name in dem Gebälk prangte, vernichtet, und Fabrikschornsteine in ziemlicher Anzahl beweisen, daß die gewerbliche Tätigkeit der Neuzeit siegreich auch bis hierher vorgedrungen ist. Innerhalb des alten Klosterbezirkes treffen wir sogar ein Remontedepot an. Aber selbst

der letztere Umstand hat nicht vermocht, den Reliquien der alten Zeit, diesem stillen Klosterhofe hoch über dem spiegelnden, leuchtenden See, völlig die Weihe zu nehmen, die Weihe, die der Geist der Geschichte und die gütige Hand der Natur ihnen verliehen hat!

Der Arendsee selbst gehört zu den Perlen der alten Mark und hat in der unpoetischen Zeit der zwanziger Jahre dieses Jahrhunderts selbst den begeisterten Sänger dieser mit wechselnden Reizen geschmückten Ufer, dieser bald leuchtenden oder blendend weiß schimmernden, bald tiefgrünen oder dunkelschwarzen Fluten gefunden. Im Norden sind die Ränder des Sees mit altem Walde bestanden, so zum Beispiel liegt namentlich das Dorf Ziessau hinter dunklen, mächtigen Eichbäumen versteckt, bei der Stadt Arendsee schmücken Gärten die Ufer. An anderen Stellen freilich tritt der nackte Sand- und Tonboden hervor. Aber auch an solchen Orten fehlt der malerische Reiz nicht, wenn die Uferwand von den Fluten wie zerfressen und ausgehöhlt erscheint, so daß hoch oben am Rande die nackten Wurzeln der Bäume in die Luft hinausragen. Hier und dort liegt an Ufers Rande, halb oder ganz von den leise brandenden Wogen umspült, ein erratischer Block. An anderem Orte treten grüne Werder halbinselartig in den See hinein. Einst hat nicht bloß die Eiche, die Birke, die Kiefer dieses Sees Ufer geschmückt, nein, auch der würzige Duft des blühenden Weinstocks ist in der Johanniszeit über die dunkelnden Fluten dahingezogen, als dort auf den Höhen im Süden noch die Feuer der Sonnenwende erglühten und bei dem Läuten der Klosterglocken die versunkenen Schätze auftauchten und blühten, als noch Heilkraft nach dem Volksglauben das Wasser des Sees durchströmte, und für eine kurze Stunde auch die Opfer der Fluten sowie die vom Glockenklange gebannten Geister der Tiefe zu neuem Leben erwachten.

Denn geheimnisvoll ist insonderheit das Wesen dieses Gewässers, von Rätseln umgeben sein Werden, sein Wachsen! Wir beschränken uns darauf, das tatsächliche darüber anzugeben, ohne irgendwie eine geologische Erklärung versuchen zu wollen. In den „Fränkischen Annalen" heißt es beim Jahre 822: „In einem Theile des östlichen Sachsen und zwar da, wo dasselbe die Grenze des Sorbenlandes berührt, schwoll in einer wüsten Gegend am See, welcher der Arnsee genannt wird, das Erdreich während einer einzigen Nacht in Art eines erhabenen Dammes auf und bildete ohne Einwirkung von Seiten des menschlichen Geschlechtes eine hohe Einfassung von wallähnlicher Gestalt in der Länge einer gallischen Meile." Eine Erhebung des Erdreichs also am Arnsee, das heißt dem Adlersee, mit welcher zugleich eine Senkung anderer Stellen, vielleicht ein Hinabsturz des Uferlandes in die Flut des gefräßigen Wassers eintrat! Ein zweiter Erdsturz erfolgte am 25. November 1685 zwischen 2 bis 3 Uhr nachmittags. Wir haben zuverlässige Nachrichten über denselben. Man wollte am Morgen ein Erdbeben verspürt haben. „Zu jener Stunde sah man plötzlich die Bäume am Ufer immer niedriger werden und endlich verschwinden." Wie Berge traten die Fluten hervor, das Land verschlingend. Wassersäulen spritzten hoch in die Luft. Ein furchtbares Krachen, und ein Landstück von 2000 Schritt Umfang, eine Windmühle tragend, war in den Fluten versunken. Es mag sich hierauf jene etwas kindliche Tradition beziehen, welche den etymologisch völlig klaren Namen Arendsee von dem staunenden Ausruf: „Arend, seh!" – den Worten eines biedern Weibleins zu ihrem Ehemanne – ableitet! Ob die Tiefe nunmehr ausgefüllt, ob der See gesättigt ist, wer will's sagen? Aber des Wunderbaren weiß man auch noch heute genug von ihm zu erzählen. Wenn das Wasser gefrieren soll, „raucht" der See. Man vernimmt ein Prasseln, ein Heulen und Krachen hoch in den Lüften, was sich wiederholt, sobald Tauwetter eintritt. Das Brausen des Sees verkündet ferner nahen Sturm. Oft soll die Brandung alte, unkenntliche Münzen ausgeworfen haben. Auch die Fischer, denen er Nahrung und Unterhalt gewährt, trauen dem See nicht recht. Oft werden ihre neuen Netze mürbe, sie wissen nicht, wie! Natürlich fehlt auch hier das versunkene Schloß nicht, und wenn irgendwo, so hat hier diese Sage eine Berechtigung. Als einmal der Vorwitz die Tiefe des Sees ergründen wollte, welche sich wohl auf 20 bis 30 Klafter beziffern mag, zogen die Fischer an einem Senkblei einen Pergamentstreifen herauf, dessen Schriftzüge die Mahnung aus dem Buche Hiob enthielten: „Willst du der Welt Lauf achten? Die Ungerechten sind untergegangen und das Wasser hat ihren Grund hinweggewaschen!" Man will endlich bemerkt haben, daß das Wasser des Sees Harz zu Bernstein verwandele. Jedenfalls – darin geben wir unserem, auf seine Heimat überaus stolzen Arendseer Gewährsmann Recht – ist der weite Wasserspiegel eine der größten Naturmerkwürdigkeiten auf norddeutschem Boden.

Ein Kleinod märkischer Baukunst aber erhebt sich über seinem Spiegel. Es ist die Kirche des ehemaligen Benediktinerinnen-Klosters, welches Markgraf Otto I. im Jahre 1184 hier gestiftet hat. Die Kirche wenigstens hat eine wohlgelungene Restauration erfahren, während die übrigen Klostergebäude mehr oder minder in Trümmer gesunken oder sogar gänzlich verschwunden sind.

In wenigen Worten ist das Geschichtliche über dies Kloster gegeben: Otto begründete dasselbe zum „Dankeszeichen für den Ruhm und den Glanz, mit welchem die göttliche Vorsehung seine Regierung geschmückt hatte". Die Osterburger Grafen und der Adel der Umgebung ließen es an frommen Gaben nicht fehlen. Schnell wuchs der Convent, und gar wohl verstanden es die Pröpste, das Besitztum des Stiftes zu arrondieren. Einmal, im Jahre 1481, befanden sich sogar 70 Ordensschwestern in dem Kloster. Der Papst hatte dieses Stift mit besonders reichem Ablasse ausgestattet, für welchen die römischen Kommissarien, so zum Beispiel Herr Nikolaus de Insula im Jahre 1394, reiche

Geschenke an Gold und Kostbarkeiten auf die Romfahrt mitnahmen. Nach der Reformation zogen die Klosteramtleute Seiner Gnaden des Kurfürsten von Brandenburg ein. Die evangelischen Fräulein aber blieben noch bis in unser Jahrhundert hinein in dem alten Stifte wohnen, still von ihrem sehr mäßigen Einkommen lebend, bis der Tod die Augen der letzten, müden Conventualin von Arendsee schloß.

Das alles ist herkömmlich und farblos. In hervorragender Weise aber geht uns die Poesie des Klosterlebens auf, diese friedliche und versöhnende Poesie, wenn wir inmitten der Überreste dieses Stiftes stehen, dessen Bewohnerinnen, obwohl sie nur schwache Frauen waren, doch auch an ihrem Teile mutig gekämpft haben für den Sieg des deutschen Pfluges in diesen Gegenden. Wer etwa in der Abendstunde auf diesem kleinen Klosterfriedhof von Arendsee gestanden hat, vor sich den in den letzten Sonnenstrahlen wie Gold und Purpur aufleuchtenden Spiegel des Sees, hinter sich das edelschöne, in den vortrefflichsten Maßen erbaute Gotteshaus der Benediktinerinnen – rings umher tiefe Stille, nur dann und wann das Zwitschern eines dem Neste zufliegenden Vogels – durch dessen Geist muß es geklungen haben gleich einem leisen, beruhigenden Akkord, gleich jenem wundersam ergreifenden Hymnus:
„O schweige nun, Seele, mit Klagen", der auch zuerst in einem Benediktinerinnen-Kloster gesungen worden ist. Doch es ist Zeit, daß wir den künstlerischen Nachlaß der alten Klosterfrauen betrachten.

Auch dieses Kloster war einst von stattlichen Umfassungsmauern umgeben, von denen die westliche, vom See heraufführende, zum Teil noch heute vorhanden ist, die Fundamente aus Granit, der obere Teil aus Backsteinen aufgeführt.

Zwischen der Ostseite dieser Mauern und dem Flecken Arendsee, dessen Entstehung sicher auf die Tätigkeit der Benediktinerinnen zurückzuführen ist, lag die jetzt mit Häusern besetzte „Haworth", ein Baumgarten. Hier im Osten befindet sich heute noch die Klosterpforte. Welch reiche Fülle von Baulichkeiten muß, nach den vorhandenen Resten zu schließen, in alter Zeit das Heiligtum des Klosters, seine Kirche umringt haben. Wie anziehend muß sich das Bild des Stiftes mit seinem Propstei- und Conventhause, mit Refektorium und Dormitorium, mit dem Kreuzgange und den mannigfachen Wirtschaftsgebäuden, stattlich gleich einer kleinen Stadt, dem Fremden dargestellt haben. Es ist uns wenig genug von der alten Herrlichkeit übrig geblieben. Aber an dem alten Refektorium, dem Untergeschoß des nördlichen Flügels der Klosterbaulichkeiten, können wir uns künstlerisch noch herzlich erfreuen, und gern bevölkert die Fantasie den kühlen, anheimelnden Raum mit den Nonnen in den schwarzen Kleidern, den schwarzen Schleiern und den weißen Skapulieren. Es ist oft genug gar fröhlich in diesem Saal zugegangen. Gar manches Tönnlein Bier ist in diesem Raume ausgestochen worden. Wenn ein Nönnlein zu ihrem „Uleken", dem festlichen Weißbrode, an einem Fasttage sechs Eier, einen Krug Bier und noch verschiedene andere gute Dinge bekam, so läßt uns das nicht gerade auf jene gebrochenen Herzen schließen, mit denen auch selbst ein Uhland noch die deutschen Klöster bevölkern wollte. Die Gemeinsamkeit des Lebens half gewiß auch manchem altmärkischen Fräulein zu Arendsee über getäuschte Hoffnungen und bittere Lebenserfahrungen hinweg. Die Ruhe des Klosters heilte, der sichere Pfort war erreicht. Das fühlen wir Kinder einer bewegten Zeit, die wir in Klosters Frieden stehen, wohl jenen lang Entschlafenen nach, die dort unter dem grünenden Nonnenkirchhofe inmitten des fast völlig zerstörten Kreuzganges ruhen.

Doch wir haben uns der Kirche der Benediktinerinnen von Arendsee zuzuwenden, dem wertvollsten Bau, der hier aus alter Zeit erhalten geblieben ist. Gleichviel, ob wir dem turmlosen, nur auf der Vierung mit einem zierlichen gotischen Dachreiter geschmückten romanischen Bau im Westen oder im Osten entgegentreten, er macht hier wie dort den Eindruck edler Einfachheit und harmonischer Schönheit. Besonders eigentümlich erscheint im Westen jener mächtige, wie ein gewaltiges, vermauertes Tor sich öffnende Bogen unter den gekuppelten romanischen Fenstern des Giebels. Und im Osten der hohe Chor mit den zierlichen Backstein-Ornamenten, sowie die zwei Nebenchörlein, wie klar, wie einfach und edel ist das alles angeordnet.

Das Innere des Gotteshauses bildet eine romanische Pfeilerbasilika von maßvoller Schönheit, sehr guten Verhältnissen, aber von nur einfacher Ausschmückung. Auch hier begegnet uns eine Nonnen-Empore. Sie befindet sich im südlichen Seitenschiff und ist neuerdings restauriert worden. Im allgemeinen darf man sagen, daß die Klosterkirche von Arendsee den vorzüglichen Bauten der Altmark zuzuzählen ist. Sie zeigt in ihrer erneuerten Gestalt, die ihr allerdings auf Kosten manches interessanten alten Schmuckes gegeben worden zu sein scheint, den Charakter einer feierlichen Einfachheit. Kein Rankengewinde an diesen ernsten, streng gezeichneten Säulen. Kaum ein Blattschmuck an diesen gedrungenen Pfeilern. Nur der Hochaltar strahlt von Gold und Farbenschmuck. Er zeigt uns eine Krönung Mariä in gotischem Stil, daneben die Apostel, in den Predellen die Köpfe von Heiligen, denen die Benediktinerinnen die besondere Ehre zuerteilt hatten, Schützerinnen ihres Ordens zu sein. In alter Zeit befand sich, dem ernsten Charakter des Ortes völlig entsprechend, auf dem Altar nur ein tragbarer Cruzifixus, der zum Beispiel bei Trauungen stets auf jenen Altar gesetzt wurde, vor dem die Feierlichkeit stattfand. Trauungen aber in einer Stiftskirche? Gewiß, es ist den Himmelsbräuten nicht erspart geblieben, die Wonne irdischen Glückes auf den Zügen anderer Jungfrauen zu sehen, denn nur im Kloster Arendsee wurden die Trauungen der

Eingepfarrten verrichtet, und eine Leuchte brannte dann, wie wir aus den Urkunden wissen, vor jenem Kreuz.

Verschwunden sind schon seit langer Zeit aus Kirche und Kreuzgang die Grabsteine der Pröpste und Äbtissinnen. Wir suchen vergeblich auf den Fliesen des Gotteshauses jene todesstarren und doch so friedlichen Gestalten mit Kelch und Palmenzweig. Aus späterer Zeit sind indessen einige Epitaphien vorhanden. So am Eingang zur Kirche die des ehrbaren Ratsherrn Johannes Wippe von Arendsee und seiner Frau, so der des Klosteramtmannes Balthasar Striepe – sämtlich dem 17. Jahrhundert angehörig – so der des 1568 verstorbenen Edlen Jürgen von Veltheim. Für die Geschichte des Klosters Arendsee bieten sie uns keine Ausbeute dar.

Und diese Geschichte ist ja auch, wie wir bereits oben erwähnten, ziemlich gleichmäßig und ruhig verlaufen. Auch über das innere Leben des Convents von Arendsee sind uns nur wenige authentische Zeugnisse übriggeblieben. Indessen dürfen wir keineswegs glauben, daß die gesamte Tätigkeit der Nonnen von Arendsee in dem Dienst an der geweihten Stätte aufgegangen sei, die wir, durch ein prächtiges romanisches Portal hindurchtretend, jetzt verlassen. Es gab genug auch sonst zu tun. Wie wir aus einer Urkunde von 1232 wissen, in der eine Nonne Hildeswindis als Scholastika der Klosterschule zu Arendsee erwähnt wird, wurden hier die Töchter edler Geschlechter der Umgegend unterrichtet. Welch freundlich Bild an dieser lieblichen Stätte, wenn wir uns die ältere Ordensschwester in dem kleinen Kreise ihrer Schülerinnen vorstellen, wie sie zur Sommerszeit in dem schattig kühlen Kreuzgange ihnen Unterricht erteilt, sie die goldenen Fäden durch den Purpursammet ziehen lehrt, freundlich die kleineren anweist, wie man die Nadel führt, und ihnen dabei aus einem buntausgemalten Buche, einer vita sanctorum, das Erbaulichste mahnend vorträgt. Und wenn ein zur Jungfrau heranreifendes Kind das Auge sehnend hebt zu dem blauen Himmel, der durch die engen Fenster des Kreuzganges hereinleuchtet. Auch die Lehrerin versteht dies Sehnen nach Gottes freier Luft, dies Verlangen nach Freiheit und Glück, und freundlich streicht sie der Schülerin über den goldblonden Scheitel.

Zu müßiger Beschaulichkeit aber war in Kloster Arendsee keine Zeit. Das Stift besaß außer seinem geschlossenen Besitz hier um den See herum noch andere, fernere Begüterungen. Da war ein Hof in der Wische zu bewirtschaften, den einst Frau Oda, die Gemahlin eines Grafen von Osterburg, dem Kloster geschenkt hatte. Sah auch ein Klostermeier nach dem Rechten, eine Nonne mußte doch einmal hinüber und in der einfachen Weise der alten Zeit ihm unverhofft die Rechnung abnehmen. Da hatten die Gebrüder von Plotho den frommen Schwestern 42 Hufen Land in Netzeband bei Neu-Ruppin verliehen. Nach so wichtigem Besitz begab sich die hochwürdige Domina wohl in hocheigener Person. Selbst bis in die reiche Gegend der Stadt Malchin im Mecklenburger Lande erstreckten sich die Ländereien des Klosters, während nach einer anderen Himmelsgegend hin selbst Anteile von den Einkünften der Salzpfänner zu Lüneburg Eigentum der Nonnen zu Arendsee waren. Die Klosterverwaltung war keine leichte Sache, das sieht man wohl. Und sicherlich hat manche von den wirtschaftlich angelegten Naturen unter den Nonnen den Herrn Propst wirksam in derselben unterstützt. Das eine wissen wir genau, daß in der Fastenzeit Klosterfrauen, die besonders rüstig waren, nach dem Wendlande, der Gegend von Wustrow und Lüchow, fuhren, um die dort fälligen Hebungen einzuziehen. Das war eine sehr beschwerliche Reise, und der Herr Propst Kukenbiter, der freundliche Mann mit dem kulinarischen Namen, gestattete den Klosterfrauen für diese Fahrt sogar eine außerordentliche Entschädigung. Er ließ für gewisse Hebungen einige Tonnen Fische, Heringe und Rotflossen zu besserer Verpflegung der Nönnlein ankaufen.

Die heilige Maria von Arendsee war demnach keine ungütige Herrin und sie brauchte dies auch nicht zu sein, denn an irdischer Habe und reichen Vorräten fehlte es ihr nicht. Der Klosterhof, auf dem wir stehen, mochte an manchem Tage eher einem Marktplatz denn dem Vorhofe zum Heiligtum gleichen. Während der Erntezeit, in der von den Klosteruntertanen Hand- und Spanndienste getan werden mußten, waren auf demselben Hunderte von hungrigen und durstigen Arbeitern zu versorgen. Es ward manche Tonne Bier aus den kühlen Kellern heraufgewunden. Es mußte manch' liebes Besitztum aus dem Viehstand geopfert, manch' Wispel Mehl verbacken werden. Wir zweifeln nicht daran, daß in der sangesfrohen alten Zeit vor so heiligen Ohren manch' ein Erntesang, ja, selbst manch' Schelmenlied erklungen ist. Die mittelalterliche Kirche hier zu Lande wußte wenig von Askese und unfreiem Sinn. Dazu stand sie dem ungebundenen Adel der Marken zu nahe. Es ist in Wahrheit so: das Leben in den altmärkischen Stiften hatte wenig Klösterliches an sich. Was mußten die Bischöfe nicht an Briefen über die Beobachtung der Ordensregel erlassen! Und wie wenig half schließlich das alles!

Doch auch Edleres wissen wir den alten Benediktinerinnen nachzurühmen, und auch an diese, des Klosters würdigere Tätigkeit erinnert ein Gebäude auf dem geweihten Bezirke von Arendsee. In dem Klostergarten nördlich von der Kirche steht noch heute, inmitten der freundlichen Anlagen, die sich an Chor und Sakristei anlehnen und von dort bis zu der Umfassungsmauer am See sich herabziehen, ein Haus mit spitzbogiger Tür. Hier befand sich das Infirmarium, die Krankenstube des Klosters. Wie gemütvoll, dieselbe in einem Garten anzulegen. „Vielleicht war's", so sagt einer der neueren Beschreiber der Klosterbaulichkeiten, „eine Heimatstätte für alte und schwachgewordene Nonnen", die nicht mehr zu Chore dienen konnten und denen hier in blühender Umgebung die letzten Tage hinzubringen gestattet wurde.

Doch der schwächer und schwächer werdende rosige Schein im Westen mahnt uns, von der anziehenden Stätte zu scheiden. Wir prägen uns noch einmal die Denkmäler des Ortes ein, die an seine Vergangenheit erinnern. Einen Blick vor allem dem neben der Kirche befindlichen Glockenturm. Dort oben, in den Nischen desselben, stehen die heilige Jungfrau von Arendsee und St. Johannes der Evangelist. Wie ist es so bezeichnend für den Sinn Otto's von Brandenburg, der drüben im Osten in den verwüsteten und verschütteten Grüften von Lehnin ruht, daß er gerade diese beiden liebenswertesten Gestalten der Heiligengeschichte zu Patronen von Arendsee erhob. Gewiß, ihr Beispiel sollte den Nonnen den Weg zeigen zu wahrhafter Frömmigkeit!

Zur Seite einer Schallöffnung dieses Glockenturmes erblickten wir zwei Wappenschilde. Auf dem einen prangt das uralte Abzeichen altsächsischen Adels, jenes Rad, das die Uchtenhagen, Stülpnagel, Jagow, Wedell u.a. führen. An dieser Stelle erinnert dasselbe an eine Äbtissin Anna von Jagow, die im Jahre 1481 den Turm erbaut hat. Es muß eine tatkräftige, rührige, kirchliche Verwaltung wohl kundige Dame gewesen sein, diese Äbtissin. Auch muß sie einen echt künstlerischen Geschmack besessen haben, denn wir zweifeln nicht, daß der prächtige mittelalterliche Altar der Klosterkirche von ihr aufgerichtet worden ist.

Durch das schöne Tor noch einen Blick in diese hinein. Ja, sie ist von künstlerischem Geist geweiht, diese Stätte! Man wagt wohl heute nicht mehr, die tatsächlich sehr unrichtige Behauptung auszusprechen, daß dies Brandenburger Land keine edlen oder großartigen Kirchenbauten besäße.

Die Alten hatten Sinn für kirchliche Kunst. Wenn nur die Nachkommen pietätvoller das Erbe der Vorfahren geachtet hätten! Wie schmerzlich haben wir hier zum Beispiel das Fehlen älterer Denkmäler empfunden. Und dennoch, obwohl die Grabsteine der alten Äbtissinnen dem leidigen wirtschaftlichen Bedürfnisse haben weichen müssen und zu Türschwellen benutzt worden sind, füllt sich im Geist vor uns der hohe Chor von Arendsee. Dort, dort stehen sie, die frommen, weltflüchtigen Frauen aus den Geschlechtern der Knesebeck, Garthow, Königsmark, Eickstedt, Bülow! Vor dem Kreuz auf dem Hochaltar kniet in weißem Gewand eine Novize, die Prozeß tut. Der Propst von Neuendorf weiht sie, indem er die Hände auf ihr Haupt legt. Wir vernehmen die leise gemurmelten Worte des Priesters nicht, aber wir müssen an das gewaltig bindende, antike: „Te, amatam, capio!" – „Ich wähle dich, Geliebte!" – denken. So unverbrüchlich wie diese Formel soll ja auch jenes Wort des Gelübdes gelten, das jetzt in der dämmernden Kirche ausgesprochen wird. In dem Seitenschiff des Gotteshauses stehen zwei geharnischte Vasallen der Altmark. Es sind jene Brüder von Garthow, die soeben, wie die Urkunde sagt, „ihre geliebte Schwester dem Hause der heiligen Maria" übergeben haben, vielleicht, weil ihr eigen Haus zerfallen, weil es ihr Wille ist, in fernen Landen Kriegsdienste zu suchen. Die Dämmerung der Kirche breitet mitleidig ihren Schleier auch über das feuchte Aufblitzen im Auge des Jüngeren von ihnen. Wir schließen leise die Pforte, wie Chorgesang tönt es uns nach.

Und nun wandern wir in der Abendluft zur Klosterpforte zurück. Tiefe Stille ruht auf dem grünenden Kloster-Kirchhof. Da ist er wieder, der rätselhafte See mit den anmutigen Ufern und der unheimlichen, der Sage nach nimmer zu ergründenden Tiefe. Wie gleicht er jenen Schönen, deren Auge Lächeln, deren Kuß Verderben beut, jenen rätselhaften Wesen deutscher Mythologie. Die Poesie des Wassers hat sich uns nimmer so ergreifend verkörpert als am Arendsee. Jetzt lagern tiefe Schatten auf ihm, und er selber ruht, wie wir langsam an seinem Rande nach dem Städtchen Arendsee hinwandern.

„Kennen Sie die Sage von der klugen Nonne zu Arendsee?" fragt mich mein Begleiter. Ich mußte verneinen. „Es waren einmal", so fängt der ehrsame Herr an, wohl kundig in seines Landes Geschichten, „schwere Kriegszeiten in die Altmark gekommen. Die hat sie leider oft genug gehabt. Auch an's Klostertor pochten die fremden Völker und waren lüstern nicht allein nach des Klosters Schätzen, sondern nach holderem Besitze. Da erlangte endlich auf vieles Bitten die Domina Allheide von Eickstedt die Erlaubnis, unter ihren Chormantel fortzubringen, was sie darunter bergen könnte. Den breitete die Domina nun über die neun jüngsten Klosterfräulein, die allein die rohe Lust der Kriegsknechte zu fürchten hatten! Solch' Bild hing einst in der Kirche." ✳✳✳   O. S.

Salzwedel: Die alte Burg Salzwedel

Mitten im Wiesengrunde der Jeetze liegt die alte Stadt Salzwedel. Verhältnismäßig spät durch die Eisenbahnverbindung in den modernen Verkehr aufgenommen, hat sie nächst Tangermünde unter den Städten der Altmark am meisten äußerlich und innerlich den alten Charakter bewahrt. „Diese gleich bei ihrem Erscheinen in der Geschichte im Jahre 1112 schon als „antiqua urbs" bezeichnete Stadt hat während des ganzen Mittelalters eine ausgezeichnete und hervorragende Stellung unter den Schwesterstädten der Altmark behauptet. Aus der uralten Burg, der Alt- und der Neustadt erwachsen und durch zwei Vorstädte – den Perver und den Bockhorn – erweitert, besaß die umfangreiche und wohlbefestigte Stadt am Schluß des Mittelalters drei Pfarrkirchen, drei Klosterkirchen und vier Kapellen, ferner zwei Rathäuser, die Burg und die mit Mauer- und Tortürmen besetzte Ringmauer. Diese seltene Fülle von Bauwerken, die das Alter, den Reichtum und die politische Stellung der mittelalterlichen Stadt so bestimmt bezeichnete, ist leider im Laufe der beiden letzten Jahrhunderte sehr wesentlich verringert worden." Immerhin ist noch heute die Bedeutung, die die Stadt Salzwedel im Mittelalter hatte, aus der großen Zahl öffentlicher Gebäude sofort demjenigen erkennbar, der sie aus der Entfernung vom geeigneten Standpunkt überblickt. Hervorragend erscheinen vor allem anderen die Marienkirche mit ihrem schmucklosen achteckigen 275 Fuß hohen Turm und die durch das sonderbar hohe und steile Dach sich auszeichnende, nur mit einem Dachreiter versehene Kirche des alten Franziskanerklosters, die Mönchskirche. Links von der Marienkirche befindet sich die Propstei. Das spitze Türmchen zunächst rechts von der Marienkirche gehört zum Altstädter Rathaus. Dann folgt der feste runde Turm der alten Burg Salzwedel. Rechts von der Mönchskirche schließen sich Rathaus und Rathausturm der Neustadt Salzwedel und hierauf die Katharinenkirche, das Altperwertor und das Neuperwertor an.

Die letzten Überbleibsel der alten Burg Salzwedel liegen in unmittelbarem Anschluß an die Stadt, aber von einem ziemlich hohen und steilen, noch mit Trümmern der alten Ringmauer gekrönten Wall umgeben. Mitten in der ganzen Burganlage im öden Burggarten steht der äußerlich wohlerhaltene runde, aus gebrannten Ziegeln erbaute, ansehnliche Turm, an hundert Fuß hoch mit 12 Fuß dicken Mauern. Im Innern desselben befindet sich zunächst unten ein großer hoher mit Kuppelgewölbe versehener Raum, der wohl zur Vorratskammer diente, so lange die oberen Räume noch bewohnt waren, und später als Gefängnis benutzt wurde. Vierzig bis fünfzig Fuß über dem Boden ist die alte Türöffnung ohne irgendeine Verzierung, aber durch einen Rundbogen begrenzt. Südlich von der Tür befindet sich ein Kamin mit Schornstein. Einige zwanzig Fuß höher im Gewölbe ist ein Absatz mit mehreren viereckigen nicht durch die Mauern gehenden Löchern. Hier muß vor Zeiten eine Balkenlage die Decke des ersten und den Boden des zweiten Stockwerks gebildet haben. Auch die gleichen Spuren einer zweiten Balkenlage als Boden eines dritten Stockwerks sind vorhanden. Im zweiten Stock waren drei, im dritten Stock vier gleichgestaltete viereckige Maueröffnungen, die sich als Erweiterungen früher ganz schmaler Öffnungen erkennen lassen. An die Ostseite des Turmes muß sich der Giebel eines Gebäudes angelehnt haben, das den Übergang zu dem in geringen Trümmern noch vorhandenen Hauptgebäude der Burg bildete. Vor anderthalb Jahrhunderten beraubte ein Sturmwind den Turm seiner Spitze und seines kegelförmigen Daches.

Dem völligen Untergang schien er geweiht zu sein, als nach der unglücklichen Schlacht bei Jena das Stammland des brandenburgisch-preußischen Staates von demselben getrennt wurde. Man beschloß, ihn ganz abzubrechen. Allein der Turm wehrte sich. Der Mörtel widerstand. Nachdem das ehrwürdige Bauwerk um fünfzehn Fuß verkürzt war, gab man die Arbeit auf.

Der Ursprung der alten Burg Salzwedel fällt zusammen mit der Gründung der Nordmark oder der Mark Soltwedel. Karl der Große teilte das Sachsenland 781 in drei Bistümer und bestimmte ihre Grenzen. Der nördliche Teil der Altmark gehörte zum Bistum Verden, der südliche zum Bistum Halberstadt. Da der Bischof von Verden bis 786 seinen Sitz in dem eine Meile von Salzwedel gelegenen Kuhfelde hatte, so mußte dieser Ort bereits durch eine Burg geschützt sein. Daraus folgern wir mit Danneil (Danneil, Geschichtliche Nachrichten über die königliche Burg zu Salzwedel im 15. Jahresbericht des Altmärkischen Vereins 1865), daß die Burg Soltwedel um das Jahr 780 gegen die Wenden angelegt ist. Die Burg lag inmitten eines Sumpfes auf einer Anhöhe, zu der nur von der westlichen Seite ein Zugang möglich war. Ein Burggraben wurde ausgehoben und durch die nahe vorbeifließende Jeetze bewässert, so daß der Burgplatz zur Insel wurde. Sodann wurde zur besseren Befestigung der Westseite ein zweiter Arm des Flüßchens Dumme von Tylsen eine Meile weit hergeleitet, um in der Vereinigung mit der Jeetze einen weiteren äußeren Burggraben herzustellen. Die ganze Anlage muß gemacht sein, bevor die Altstadt Salzwedel vorhanden war, die erst weit später durch andere Wasseranlagen geschützt wurde. Die alten Burgmannen erhielten Freihäuser und Burglehen. Bald kamen aus Nah und Fern Handwerker und

57

Kaufleute und siedelten sich zunächst südlich der Burg an. Es entstand eine Stadtgemeinde mit einer kleinen eigenen Kirche, der Lorenzkirche. Dieselbe war seit 1602 Salzniederlage, ist sodann vor einigen zwanzig Jahren der katholischen Gemeinde veräußert und von dieser wieder als Gotteshaus hergestellt worden.

Ob die ersten Markgrafen viel auf der Burg Salzwedel verweilt haben, wissen wir nicht. Als Markgraf Wilhelm von Walbeck 1056 in der unglücklichen Schlacht bei Werben gegen die Wenden sein Leben gelassen hatte, gab Kaiser Heinrich III. das Lehn der Nordmark an Graf Udo von Stade. Die Markgrafen aus diesem Hause verlegten ihren Wohnsitz nach Salzwedel, förderten hierdurch das Aufblühen der Stadt und gaben Anlaß zur Entstehung des Namens Mark Salzwedel. Die erste urkundliche Nachricht, aus der wir über Existenz und Bedeutung der Stadt erfahren, betrifft die Belagerung derselben durch Kaiser Heinrich V. Friedrich, der Enkel einer an der Küste der Grafschaft Stade gestrandeten Engländerin, war vom Markgrafen Ludger Udo 1095 zum Statthalter dieser Grafschaft ernannt. Er geriet in Streit mit Markgraf Rudolf, dem Vormund des minderjährigen Markgrafen Heinrich. Der Kaiser versuchte eine Versöhnung herbeizuführen, aber Rudolf kümmerte sich nicht darum, verhaftete den Statthalter, führte ihn zur Burg Salzwedel und warf ihn in das Burgverließ. Darob ergrimmte Kaiser Heinrich, berief eine Fürstenversammlung nach Goslar (Weihnachten 1111), ließ Rudolf in die Acht erklären und seiner Würde entsetzen und ernannte Heinrich von Plötzkau an seiner statt zum Vormund des unmündigen Markgrafen. Da sich Rudolf nicht unterwarf, entschloß sich Kaiser Heinrich, selbst die Acht zu vollstrecken. Er zog 1112 gen „Saltwidele" – so nennt es der Annalist Saxo – und begann die Belagerung. Bald aber verglich man sich. Rudolf gab den gefangenen Friedrich heraus und wurde wieder in sein Lehn eingesetzt. Der Kaiser blieb noch einige Zeit in Salzwedel. Er stellte hier zu „Salzwitele" unter dem 16. Juni 1112 eine Urkunde aus über einen Tausch, den die Erzbischöfe von Magdeburg und Mainz vornahmen. Da ein Erzbischof, sechs Bischöfe und eine große Zahl von Grafen diese Urkunde als Zeugen unterzeichneten, so muß der Kaiser ein stattliches Heer mit sich geführt haben. Salzwedel aber muß eine ansehnliche Stadt gewesen sein, wenn sie ein solches kaiserliches Heer beherbergen konnte, während gleichzeitig die Burg eine zum Widerstand gegen dasselbe ausreichende Besatzung besaß.

Zwanzig Jahre später fiel auf der Romfahrt des Kaisers Lothar in einem Gefecht unweit Bologna der letzte Markgraf aus dem Hause Stade, der durch Schönheit und Ritterlichkeit ausgezeichnete Markgraf Conrad, genannt die Sachsenblume, in voller Jugendblüte, unvermählt und ohne Leibeserben. Lothar belehnte mit der Nordmark seinen tapferen Kampfgenossen Albrecht den Bären von Ballenstedt. Diesem ersten Markgrafen aus dem Hause der Askanier gelang es, die Macht der Wenden zu brechen. Die Vorlande auf dem rechten Elbufer, die Priegnitz und die Mittelmark, wurden ihnen für immer entrissen. Von da an trat die Burg Salzwedel vor den östlicheren Burgen zurück. Zur Hauptresidenz der Markgrafen war sie nicht mehr geeignet. 1170 wurde durch Beschluß des Landtags Brandenburg zur Hauptstadt der ganzen Mark erklärt. Bereits früher hatten Albrecht und seine Söhne sich Markgrafen von Brandenburg genannt. Der Name der Mark Soltwedel war erloschen. Seither zogen sich die Burgmannen von Salzwedel mehr auf ihre Landgüter zurück oder gingen weiter gen Osten.

Inzwischen waren die ersten Baulichkeiten der Burg erneuert. Der noch heute vorhandene Turm gehört nicht mehr zur ersten Burganlage. Lediglich aus Backsteinen aufgeführt, kann er nicht über das Jahr 1150 zurückreichen. Vielleicht nicht zu Unrecht nennt mithin der Volksmund den alten Turm die Burg Albrechts des Bären. Sonderbar verknüpft die Sage die Siege Albrechts über die Wenden noch heute mit den Trümmern der Burg. Man zeigt an dem alten Mauerwerk eine Stelle, an der das Blut ermordeter Wendenfürsten ewig sichtbar bliebe. Albrecht habe vierzig Wendenfürsten, die sich nicht unterwerfen wollten, zu Unterhandlungen auf die Burg geladen. Nachdem diese fruchtlos verlaufen, habe der Markgraf mit ihnen geschmaust und gezecht und sie trunken gemacht, die Trunkenen aber durch seine Mannen überfallen und samt und sonders ermorden lassen. Das Blut, durch Verrat der Gastfreundschaft geflossen, sei durch keine Farbe und durch keinerlei Putz- oder Tünchmittel zu verdecken.

Nur selten taucht die Burg Salzwedel wieder in der Geschichte auf. Als der Enkel Albrechts des Bären, Markgraf Albrecht II., in kräftigstem Mannesalter gestorben war (1220), zog sich seine Gemahlin mit ihren minderjährigen Kindern auf diese Burg zurück. Ihre Söhne, die Markgrafen Johann I. und Otto III., die 1226 die Regierung antraten, waren nicht bloß ausgezeichnete Regenten, sondern auch eifrige Förderer der Stadt Salzwedel. Sie gründeten das Hospital und nachherige Kloster zum heiligen Geist vor Salzwedel, vermutlich um das Jahr 1240 nach der Schlacht bei Gladigau, in der Markgraf Johann das Heer der Bischöfe Ludolf von Halberstadt und Willebrand von Magdeburg auf das Haupt geschlagen und ersteren gefangen genommen hatte. Die Vorliebe jener Fürsten förderte ohne Zweifel auch die 1247 durch Heinrich von Mahlsdorf und Bernhard erfolgte Gründung der Neustadt Salzwedel, der einzigen altmärkischen Stadt, die nicht aus Ansiedlungen bei einer Burg hervorgegangen ist.

Etwa einhundert Jahre später bringen die Urkunden wieder etwas von der Burg. Dem falschen Waldemar hatten die altmärkischen Städte sofort die Tore geöffnet. Die meisten von ihnen hielten bis zuletzt bei ihm aus. Die Mannen der Burg Salzwedel aber, vorweg, wie es scheint, die Knesebecks und Schulenburgs, standen treu zu den Bayern. Darob gab es Streit und Kampf mit den Bürgern. Diese belagerten die Burg, zogen Gräben und zerstörten Mauern und Gebäude auf derselben. Als jedoch der Urteilsspruch des von Kaiser Karl IV. eingesetzten Schiedsgerichts gegen Waldemar ausfiel, unterwarf sich Salzwedel auf Vermittlung des Herzogs von Lüneburg lange vor den übrigen Städten der Altmark. In einer Urkunde vom 4. Februar 1351 wurde den weisen und bescheidenen Leuten, den Ratsmannen, Gildemeistern und gemeinen Bürgern sowie den biederen Leuten, so in den Landen zu Salzwedel gesessen sind, für alles, was sie getan haben „wegen dessen, der sich Markgraf Waldemar nennt", volle Verzeihung zu Teil:

„Und was sie gebauet haben und geebnet an Gräben oder niedergebrochen an Bauten oder an Mauern an der Burg daselbst, das wollen wir nimmer einem vor dem andern gedenken, und sie sollen von uns und unseren Erben darum ohne alle Wette und Schuld bleiben, und wir haben ihnen das gänzlich und lauter vergeben und wollen ihr huldreicher Herr sein und sie sollen uns und unseren Erben ewiglich getreue Leute bleiben."

Im Mai desselben Jahres kam Markgraf Ludwig nach Salzwedel, ließ sich daselbst, wie vordem Markgraf Otto mit dem Pfeil, in die Gewandschneidergilde aufnehmen und blieb bis in den Juni hinein dort, die Mannen der Vogtei, die Alvensleben, Knesebeck, Schulenburg, Schenk von Flechtingen usw. um sich versammelnd. Der alte Markgraf Waldemar trat 1355 mit allen Würden seines hohen Standes vom Schauplatz der Begebenheiten. „Im freundlichen Lande Dessau lebte noch mehrere Jahre ein alter Ritter, der ward fürstlich gehalten und die Herren von Anhalt ehrten ihn als einen Vater." So schreibt Willibald Alexis vom falschen Waldemar in seinem vaterländischen Roman, der uns so treue und farbenreiche Bilder jener wüsten Tage vor die Augen führt. Eine Hauptperson dessel-

Die Burg Albrecht des Bären

ben, der Teufel von Soltwedel, der Oberste der Stellmeisterbanden, ist nicht lediglich ein Fantasiegebilde des Dichters. In den Urkundensammlungen jener Zeit befindet sich ein Vergleich des Markgrafen Ludwig des Römers mit der Neustadt Salzwedel vom 11. April 1357: Den lieben getreuen Ratmannen und gemeinen Bürgern der Stadt wird es verziehen, daß sie einen verfesteten Mann, namens Düvel, gegen des Markgrafen Hofleute in Schutz genommen haben. In Ergänzung der Urkunde erzählt die Sage, die Neustadt habe eine namhafte Summe Geldes zur Strafe erlegen müssen, weil sie den berühmten Räuber Schewenschütt, mit dem Beinamen des Düvel von Soltwedel, in ihren Mauern geduldet, ja sogar in Verwertung seines Raubes unterstützt habe.

Ludwig der Römer versprach im Jahre 1362 den altmärkischen Städten feierlich, fürder keine Verpfändungen derselben vorzunehmen. Aber schon zwei Jahre darauf befanden sich Burg und Vogtei Salzwedel im Pfandbesitz von Mitgliedern der schloßgesessenen Familien von Alvensleben, von Bartensleben und von der Schulenburg. Meistens verpfändet und nur zeitweilig eingelöst, um bald wieder verpfändet zu werden, war die Burg auch unter den ersten Hohenzollern bis zum Jahre 1490. Inzwischen waren ihre Einkünfte durch kurfürstliche Veräußerungen allmählich an Klöster, Städte, Edelleute und Bürger übergegangen. Gegen Ende des 17. Jahrhunderts verlor sie ihre Selbständigkeit, insofern sie den unter dem Namen „Amt Salzwedel" aus dem säkularisierten Kloster zum heiligen Geiste vor dem Perver gebildeten kurfürstlichen Domänengute als Zubehör zugeschlagen wurde. Dann aber ging sie, nur noch eine wüste Trümmerstätte, in die Hände von Privatpersonen, zunächst als Lehnseigentum und später als freies Privateigentum über. Einer der Besitzer, General von Roel, erbaute 1746 das gegenwärtig noch dort befindliche dreistöckige massive Wohnhaus, indem er dazu auch Kellereien und altes Gemäuer früherer Baulichkeiten benutzte.

Im Jahre 1765 kaufte die Burg der um die brandenburgisch-preußische Geschichte so hochverdiente Philipp Wilhelm Gercken, geboren am 5. Januar 1722 in der Neustadt Salzwedel, wo bereits der Vater seines Urgroßvaters Bürgermeister gewesen war, gestorben zu Worms am 26. Juni 1791. Unter seinen Besitznachfolgern wurde die kleine, der heiligen Anna geweihte Burgkapelle, das älteste kirchliche Gebäude der Altmark, niedergenommen (1800) und die Zerstörung des Burgturms erfolglos versucht, auch ein erheblicher Teil des Gartens und der Burgfreiheit an die Besitzer angrenzender Hausgrundstücke veräußert. Endlich am 10. November 1864 verkaufte der letzte Eigentümer, Kreisgerichtsdirektor a. D. von Hitzacker, die Burg Salzwedel mit allem Zubehör unter Vorbehalt des lebenslänglichen Nießbrauchs für 17 000 Taler an den Staat Preußen. „Und so ist", sagt Danneil, der treue Geschichtsschreiber der Burg, „diese Wiege des preußischen Staates wieder in die Hände des ursprünglichen Besitzers, des Landesherrn, übergegangen, um sie als ein ehrwürdiges historisches Denkmal vor gänzlicher Zerstückelung zu bewahren".

Anfänglich war die Neustadt Salzwedel keineswegs in unmittelbarer räumlicher Verbindung mit der Altstadt. Zwischen beiden blieb längere Zeit ein beträchtlicher Raum unbebaut. Altstadt und Neustadt Salzwedel bildeten zwei völlig getrennte Städte, jede mit eigener Gerichtsbarkeit, eigenem Rat, eigener Geistlichkeit und eigener Schule. Aus der Altstadt führten zwei Tore nach dem unbebauten Zwischenraum. Von dem einen derselben ist heute noch ein Bogen vorhanden, das Siel. Sieltor ist gleichbedeutend mit Zingeltor. Die Ilsenbrücke am Lohteich hieß früher Zingelbrücke. Schon unter den bayerischen Markgrafen entstand zwischen beiden Städten Streit und Feindschaft wegen jenes niedrig gelegenen sumpfigen Zwischenraumes, jetzt Lohteich, Ilsen- und Kramstraße. Endlich kam 1365 durch den

Schiedsrichterspruch des Markgrafen Otto ein Ausgleich zustande. Inhalts desselben sollte die Mauer beider Städte vereinigt und über die dazwischen fließende Jeetze eine Brücke errichtet werden. Die Neustadt übernahm die Verpflichtung, den Eingang der Jeetze in die Stadt durch

Am Lohteich

eine Bretterwand, eine Planke zu befestigen, diese aber mit einer Pforte zum Durchlaß von Wasserfahrzeugen zu versehen und der Altstadt freie Gewalt über den Gebrauch der Pforte zu bewilligen. Nunmehr wurde der Lohteich bebaut. Namentlich wurde um 1427 das Hospital Elisabeth hart an der Sielbrücke errichtet. Die Brücke nannte man seitdem Ilsenbrücke.

Seit Bebauung des Lohteiches waren beide Städte räumlich ein mit Mauern umschlossenes Ganzes, dennoch aber wurden noch Jahrhunderte lang die beiden Zingel- oder Sieltore jeden Abend verschlossen. Eine Verordnung von 1428 besagt, der Rat von beiden Städten habe sich einträchtiglich mit den Gemeinden und Gilden vertragen, daß des Abends und des Nachts nach der Wächterglocke (nach 8 Uhr), wann die Zingel zwischen beiden Städten geschlossen sind, niemand soll daraus gelassen werden „he en sy denn ein Börger edder Börgersche edder ein Börgers Kind und gah mit apenbaren Lüchten" – ausgenommen also die Bürger und die Bürgersfrauen und Bürgerskinder, aber auch nur dann, wenn sie eine Laterne hatten.

Zwischen Altstadt und Neustadt Salzwedel hat es niemals an Reibereien gefehlt. Nur gegen gemeinschaftliche Feinde standen sie fest und treu beieinander. Bei Erbauung der Warten und „Burgfreden", die die Bürger in der traurigen Periode nach Markgraf Waldemars Tode zum Schutz gegen die Räubereien des ausländischen und inländischen Adels anlegten, fand auch eine Verständigung statt.

„Zu dieser Zeit", sagt Danneil, „entstanden die Wartthürme und die Burgfreden, die an der Grenze der Feldmark angelegt, besonders dazu dienten, die auf dem Felde beschäftigten Arbeiter und die Hirten von der Ankunft der Räuber in Kenntnis zu setzen und die Viehherden in ihre umwallte Burg aufzunehmen. Die Stadt Salzwedel hatte nach jeder der vier Himmelsgegenden eine solche Warte, die auf den rings um das städtische Gebiet gehenden Landwehren errichtet waren. Gegen Osten und Westen waren es bloße Wartthürme, von beiden sieht man noch die Überreste und beide führen den Namen des rothen Thurms... Beide waren viereckig. Gegen Norden und Süden waren Burgfreden errichtet, d.h. kleine Burgen oder Schlösser mit Wall und Graben umgeben, die zur Sicherheit und zum Schutz dienten."

Der nordwärts gelegene Burgfreden ist auf Grund des noch in Urschrift vorhandenen Vertrags vom 18. April 1373 von beiden Städten auf gemeinschaftliche Kosten vor der Furt von Lübbau am Lüneburgischen Grenzgraben gebaut. Zu den Bau- und Unterhaltungskosten hatten die Bürger beider Städte beizusteuern, für jede Kuh, werde sie sonderlich geführt oder gehe sie vor dem Hirten, vier Pfennig, von jedem Pferde, das jährig ist und die Weide dort gebraucht, sechs Pfennig, von jedem Schwein oder Schaf einen Pfennig, von jedem Fuder Heu, was auf den Wiesen jenseits des neuen Weges gewonnen wird, einen Pfennig. Es wurde auch bestimmt, daß diejenigen, die den Burgfreden bewohnen, Achtung darauf geben sollen, daß niemand mähe und begrase der Stadt Weide, noch Holz haue in dem gemeinen Holz ohne Erlaubnis und sie sollten Übertreter pfänden mit zwei, beziehungsweise vier Schilling. Zwei Ratmänner, einer aus jeder Stadt, sollten dem Burgfreden vorstehen und die Einnahmen verwenden. Aber mit der Brüche im Elsenholz, im Eichenholz und im Heinholz solle es bei dem bleiben, wie es von Alters gehalten ist. Dieser Burgfreden wurde später die sogenannte Hoyersburg, es blieb von ihm längst nichts übrig als die Stadtförsterwohnung dieses Namens.

Der zweite Burgfreden im Süden der Stadt vor dem neuen Tor gehörte der Altstadt und hieß in alter Zeit Bethsure. Er ging auf die Ackergilde über, die dort bis in die neuesten Zeiten Stallung für das Vieh besaß, das auf der sogenannten Wartefreiheit fett gemacht wurde. Zuletzt wurde daraus ein beliebter Vergnügungsort, „die Warte". Im Innern des Gebäudes steht ein Rest des viereckigen Turmes, der als Keller genutzt wird.

Schon die ersten hohenzollernschen Markgrafen stellten vergeblich an die Bürger die Forderung, beide Städte Salzwedel zu einer Stadt zu vereinigen. (Befestigungskunde der Markgrafen Friedrich und Johann vom 7. Dezember 1434.) Die Abneigung der Bürger war zu groß. Noch im

61

16. Jahrhundert kamen Verheiratungen von der einen zur anderen Stadt selten vor. Erst die Vereinigung der Magistrate beider Städte (1713) und beider Gymnasien (1744) führten die allmähliche Verschmelzung herbei. Jedoch behauptet Danneil, daß die wohlhabenden Altstädter noch immer mit geringschätzenden Blicken auf die ärmeren Neustädter herabsähen. Ja, er erzählt, in seiner Jugend von einer alten reichen Brauersfrau gehört zu haben, sie sei nur ein einziges Mal in ihrem Leben auf der Neustadt gewesen, denn von dort sei ja nichts zu holen.

Zur Altstadt Salzwedel gehören zwei Vorstädte, das Bockhorn und der Perver. Beide bestanden aus kleinen nebeneinander gebauten niedrigen Hütten, die zusammen eine lange Straße bildeten, ohne Feldmark. Der Perver muß schon längst existiert haben, bevor das vor demselben belegene Hospital, spätere Kloster zum heiligen Geist, begründet wurde. Der Perver wird in Urkunden des 14. und 15. Jahrhunderts auch Judaeoram vicus oder Judendorp benannt. Da nun das hebräische Wort Parvar Vorstadt bedeutet, so ist anzunehmen, daß der Perver ursprünglich von Juden erbaut und bewohnt worden ist und deshalb einen hebräischen Namen bekommen hat. Am Ende des Pervers liegt an der Heerstraße auf altstädtischem Grund und Boden das St. Georgen-Hospital, das Hospital für die von der Miselsucht, von der Seuche des Aussatzes behafteten Kranken, für die das Lateranische Konzil im Jahre 1179 besondere Kapellen, Priester und Kirchhöfe verordnet hatte. Die Kapelle zum Hospital stammt aus dem 13. Jahrhundert. Der kleine Bau ist nach Adler besonders deshalb interessant, weil er das späte Vorkommen einer romanischen Strukturform, der Apsis, neben dem ganz entwickelten gotischen Struktursystem (Rippengewölbe und Strebepfeiler) bezeugt.

Am Eingang zur Vorstand Bockhorn, unmittelbar vor der Stadt gegen Westen, lag ein Hospital mit einer Kapelle, der heiligen Gertrud gewid-

met. Es war nicht für die Städter, sondern für arme Pilger bestimmt, die in demselben beherbergt wurden. Da bei der Reformation der Zweck fortfiel, wurden die Gebäude niedergenommen und der Raum zum Kirchhof verwendet. Die Kapelle, nach Adler wahrscheinlich 1460 errichtet, blieb bestehen und wurde zu Leichenpredigten benutzt.

Das Steintor

Von den vier alten Toren der Altstadt ist bloß noch der zur Deckung des inneren Altpervertors bestimmte Rundturm vorhanden. Der backsteinerne Turm ist mit Blenden geschmückt, die gemeißelte Wappenschilde der Stadt Salzwedel und der sieben deutschen Kurfürsten enthalten. Die Bauzeit fällt in das Jahr 1460.

Von den drei Toren der Neustadt besteht noch das Neupervertor und aus einer 1530 bis 1546 bewirkten Verstärkung der Befestigung das Steintor. Dasselbe ist in den zierlichen Formen der Spätgotik erbaut und als ein „Schlußbau des Mittelalters" zu betrachten.

Von den beiden alten Rathäusern ist das der Altstadt Gerichtshaus geworden, das der Neustadt der städtischen Verwaltung verblieben. Das letztere, um 1370 zuerst erwähnt, ist ein stattlicher dreigeschossiger mit Giebeln in Renaissanceform durchgeführter Bau, vermutlich im 14. Jahrhundert begonnen, später erneuert und erst 1618 vollendet. Es hat ein hübsches altes Sandsteinportal mit Wappen und Inschriften. Durch die breite Straße vom Rathaus getrennt steht der 1585 erbaute malerische Rathausturm. Derselbe zeigt am Abschluß des vorletzten als Übergang zu dem letzten Stockwerk einen sandsteinernen auf großen Konsolen ruhenden Umgang. Darüber hinaus ragen langgestreckte regenspeiende Drachenköpfe. Sie kommen hervor aus der hellgrünen kupfernen Bedachung, die in der durchbrochenen Laterne die Glocken der Uhr trägt. Vom Umgang hat man einen hübschen Rundblick auf Dächer und Türme der alten Stadt. In halber Höhe des Rathausturmes zieren ihn an den Ecken zwei lebensgroße in Stein gehauene Männer, von denen der eine das

Das altstädtische Rathaus

Stadtwappen, den halben Adler mit aufrecht stehendem Schlüssel, der andere das brandenburgische Wappen in Händen hält. Köpfe und Leiber der steinernen Männer und die Wappenschilde sind ganz durchlöchert. Als im Januar 1635 der Herzog Franz Karl von Sachsen-Lauenburg an der Spitze eines kaiserlichen Reiterregiments in Salzwedel einrückte und sein Hauptquartier im Neustädter Rathause errichtete, belustigten sich seine Offiziere damit, aus den Fenstern desselben die steinernen Wappenträger am Rathausturm zu zerschießen, namentlich aber das kurfürstliche Wappen zu zertrümmern. ✳✳✳

Das altstädtische Rathaus mit vielen hohen Giebeln und Wappenblenden und einem kleinen achteckigen Glockentürmchen macht in seinen einfachen ruhigen Formen einen guten Gesamteindruck. Es scheint in der gegenwärtigen Gestalt aus einem 1509 vollendeten Umbau herzurühren. Vermauert zwar, aber noch erkennbar, ist unten die alte Gerichtslaube. Im Innern befindet sich ein altertümlicher Gerichtssaal, dessen Wände Darstellungen des jüngsten Gerichts enthalten. Neuerdings hat man dieses Rathaus restauriert und daneben ein großes Gefängnis errichtet. Dem Rathaus gegenüber hat sich vor einigen Jahren ein Kaufmann durch einen tüchtigen Fachmann aus Backsteinen ein Wohnhaus in bestem gotischen Stil zur Zierde des ganzen Marktplatzes aufführen lassen.

Im altstädtischen Rathaus gab der Rat der beiden Städte Salzwedel dem Markgrafen Albrecht Achilles am 22. November 1471 ein Huldigungsfest. Es liegt darüber der urkundliche Bericht eines Salzwedeler Zeitgenossen vor. Der Markgraf wünschte von Herzen, die Altmark wohlhabend zu sehen und der Altmärker Vertrauen zu erwerben, damit sie fähig und willig seien, ihm widerrechtlich geforderte Steuern zu zahlen. Aber er irrte sehr, wenn er meinte, in den üblichen Empfangsfeierlichkeiten mit Glockengeläute, Prozessionen und weißgekleideten Jungfrauen den Beweis zu erblicken, daß man „ihn gern habe". Einem so habsüchtigen Regenten gegenüber war die Vorsicht der Stendaler durchaus berechtigt. Diese ließen sich nicht eher auf eine Huldigung ein, bevor sie nicht die Konfirmation, die Urkunde über Bestätigung ihrer Privilegien in Händen hatten. ✳✳✳

In der Fortsetzung erzählt jener biedere Salzwedeler die weiteren Verhandlungen zwischen dem gnädigen Herrn und den auf ihre Rechte und Freiheiten pochenden Städten der Altmark über Bierziesen, Landbede und Tonnengeld und wie Seiner Gnaden den Städten „mit arger List" Zoll auflegte und zu ihnen Zöllner aussandte. So leicht aber unterwarfen sich die Städte nicht. Geistlichkeit und Ritterschaft hatten nachgegeben. Der Kampf des Bürgertums gegen neue, dem Landesherrn bequeme, von selbst anwachsende indirekte Steuern, gegen das „Ungeld", für Beibehaltung der alten direkten Steuer, der „landbede" ward fortgeführt. Der Markgraf suchte die Widerspenstigen durch Urteile von Schiedsgerichten zu zwingen, aber die Städte erkannten deren Kompetenz nicht an. Er ließ die Urteile vom Kaiser bestätigen, die Städte „verachteten" die Bestätigung und blieben „harthörig". Schließlich zahlten sie wohl die Rückstände der zur Tilgung der Landesschulden erforderlichen Quoten, allein die indirekten Steuern, die Bierziese – ein Groschen für jede Tonne Bier, die gebraut wurde und ein Groschen für jede verkaufte oder einzeln verzapfte Tonne Bier – und das Tonnengeld – drei Groschen für jede Tonne solcher Waren, die in Tonnen verfahren wurden, namentlich Heringe und andere Fische, Wein, Honig, Schmalz, Talg, Teer (mit alleiniger Ausnahme des Biers) – wurde, so lange Markgraf Albrecht lebte, nicht bezahlt...

Die Hauptkirche der Stadt Salzwedel, die Marienkirche, vor der Reformation „Unserer lieben Frauen Kirche" genannt, liegt in der Altstadt nahe der Stadtmauer. „Sie besteht aus einem fünfschiffigen Langhaus, das nach Westen hin kapellenartig erweitert, den runden Glockenturm umschließt, während jenseits des Querschiffes der einschiffige polygon geschlossene Chor die Bauanlage im Osten vollendet." Fünf Bauzeiten will Adler erkennen. Das älteste Stück der Kirche ist unzweifelhaft der in Granitquadern hergestellte Unterteil eines kolossalen Rundturms, der durch Größe und Baumaterial auf die Gestalt der ältesten Pfarrkirche, welcher er als westlicher Glockenturm angehörte, schließen läßt. Von diesem altertümlichen Bau, der dem Anfang des 12. Jahrhunderts anzurechnen ist, ist nur der Unterbau bis auf eine Höhe von zehn Fuß erhalten. „Unmittelbar darüber setzen die Umfassungsmauern ab, und der achteckig gebildete Turm steigt, in Backsteinen erbaut und mit einer hohen achteckigen Spitze abgeschlossen, bis zu einer Höhe von 245 Fuß empor." Der größere Teil dieses Turmes soll ebenso, wie die Umfassungsmauern des Chors in die Zeit von 1225 bis 1240 fallen. Adler weist endlich nach, daß nach einer Erneuerung des oberen Teils der Schiffsarkaden und Obermauern um 1340 ein großartiger Umbau der ganzen Kirche um 1450 bis 1460 stattgefunden hat und daß gegen Ende des 15. Jahrhunderts nochmals das Westhaus umgebaut und erweitert und dabei der alte runde Glockenturm in die Kirche hineingezogen ist.

Von der inneren Ausstattung der Kirche ist noch viel Altes erhalten. Zwölf lebensgroße Statuen, uralte Heilige und Bischöfe aus Sandstein, sehen von den Säulen nachdenklich auf die Kirchgänger herunter, von denen sie mit kaum ausreichendem Respekt angestaunt werden. Hier und da noch Nischen und Unterbau als Überbleibsel der vielen einst reich ausgestatteten Altäre. Von ihnen sind nur zwei erhalten geblieben. Der eine vor dem Triumphbogen, unter dem sich auf einem Querbalken ein mit prachtvollem spätgotischem Maßwerke ausgestattetes Kruzifix mit Maria und Johannes befindet, dient zu den regelmäßigen Gottesdiensten und ist einfach und ohne Verzierungen. Der andere ist der Hochaltar im Abschluß des Chors und mit einem ungewöhnlich großen und reichen Aufsatz versehen. Derselbe besteht aus einer einen Fuß hohen Staffel und drei acht Fuß hohen Schreinen, von denen die beiden Seitenschreine als Flügel dienen. Die sämtlich im Hintergrund tapetenartig vergoldeten 31 Felder der drei Schreine zeigen in schöngeschnitzten reich vergoldeten Figuren die Lebens- und Leidensgeschichte Christi. Im Hauptfeld, Christus am Kreuz darstellend, befinden sich nicht weniger als 42 Figuren, einschließlich acht Pferde. Alle Figuren sind aus Lindenholz geschnitzt, mit einem Kreidegrund überzogen und dann mit Ölfarben und reichem Gold übertragen. Über dem Hauptschrein steht in einer Mondsichel das lebensgroße Bild der Jungfrau Maria mit dem Christuskind, umgeben vom goldenen Strahlenkranz, eine Bildsäule von seltenem Kunstwert. Die Künstler dieses herrlichen Werkes sind nicht bekannt. „Nach einer alten, aber nicht gleichzeitigen Nachricht, soll ein Kaufmann Andreas Berthold den Aufsatz geschenkt haben. Sein und seiner Frau in Stein gehauenes Bild zeigt man in den Fensternischen zunächst dem Hochaltar knieend, die Gesichter gegen den Altar gewendet." (Danneil).

Auf dem Altar steht das älteste Kunstwerk der Kirche, ein in Eichenholz geschnitztes Lesepult, dessen altertümliche romanische Formen, Tierfiguren von Ranken umschlungen, eine Arbeit aus der Mitte des 12. Jahrhunderts erkennen lassen. Der um die Erhaltung märkischer Altertümer hochverdiente Konservator von Quast fand es bei einer Besichtigung der Kirche unter altem Gerümpel auf dem Kirchenboden. Er veranlaßte, daß es gereinigt und ausgebessert und seinem alten Platz und seiner ehrwürdigen Bestimmung zurückgegeben wurde.

Zu beiden Seiten des Hochaltars stehen, nicht minder schön als dieser, noch heute zwei alte Kirchenstühle, der Markgrafenstuhl und der Propststuhl. Der dreisitzige Markgrafenstuhl soll dem 14. Jahrhundert angehören. Der Propststuhl, eine in der reichsten und edelsten

Form durchgeführte Schnitzarbeit, soll gleich dem Hochaltar aus der zweiten Hälfte des 15. Jahrhunderts stammen. Von diesen alten Stühlen bis zum Abschluß des Chores laufen auf beiden Seiten schöngeschnitzte, in den Rücksitzen mit Bildern von Aposteln und Propheten

Die Katharinenkirche

geschmückte Chorstühle. Außerdem ziert den an alten Kunstwerken so reichen Raum noch das reichgestaltete bronzene Taufbecken, das unter einem von vier zierlichen Säulchen getragenen Baldachin steht und von einem bronzenen Gitter umschlossen wird. Die Taufe mit der Krone wurde 1520 aufgestellt. Am Sonntag Rogate war sie von Nürnberg gekommen und am Sonnabend

vor Pfingsten wurde sie feierlich geweiht. Sie ist ein Werk des Nürnberger Künstlers Hans von Köln. Eine Schrift lautet: „Joachim und Sancta Anna baten Gott um eine Frucht auf Erden. Da gab ihnen Gott Maria zart, die behüt' uns auf dieser Fahrt. Hans von Köln macht mich."

Das Innere der Marienkirche

Auf dem Geländer des Gitters, das von demselben Künstler und seinem Gesellen Matz (Matthias) zwei Jahre später gesetzt ist, steht am Eingang die heilige Anna mit der Maria auf dem Arm. Joachim kniet auf der anderen Seite. An dem Gitter befinden sich Namen und Wappen von neun Bürgern, die wahrscheinlich das Werk geschenkt haben.

Schöne Chorfenster, reich mit Glasmalereien verziert, vervollständigen den würdigen Eindruck, den das hohe Chor macht. Die Kirche besitzt eine kunstvoll geschmückte Kanzel und eine vorzügliche Orgel. Wände und Decke sind mit Farbe und Kalk übertragen. Hin und wieder lugt daraus ein übertünchtes uraltes Heiligengesicht hervor. Wappen und Bilder mit erblichenen Inschriften suchen das Andenken vergessener Geschlechter zu bewahren.

In einer Seitenkapelle der Marienkirche befinden sich seit 1860 die wertvollen Sammlungen des seit 1837 bestehenden Altmärkischen Geschichtsvereins, die namentlich reich an Urnen und anderen Grabaltertümern aus alter Heidenzeit sind.

In der Umgebung der Marienkirche befinden sich mehrere Wohnhäuser mit reicher Holzarchitektur. Hervorragend ist die mit Tor und Mauern dicht an die Kirche herantretende Propstei, ein reich durchgeführter, in den beiden oberen Geschossen mit trefflicher Schnitzarbeit gezierter Fachwerkbau des Propstes Johann Verdemann vom Jahre 1474, leider durch einen Umbau am Schluß des 16. Jahrhunderts wesentlich verändert. Die Propstei war bis zur Reformation der Wohnsitz eines hochgestellten Prälaten mit glänzendem Einkommen. Bei der Reformation betrachtete Kurfürst Joachim II. die Propstei als markgräfliches Eigentum, verwandelte sie in ein Staatsgut, das zunächst der bisherige Propst Wolfgang von Arnim, der in Brandenburg als Domherr lebte, als bloße Sinekure ohne irgend ein geistliches Geschäft erhielt. Im Jahre 1565 verlieh der Kurfürst das reiche Gut als weltliches Mannlehn dem Dompropst zu Havelberg und Domdechanten zu Magdeburg Levin von der Schulenburg und dem Landeshauptmann der Altmark gleichen Vor- und Zunamens. Wahrscheinlich waren sie Gläubiger des verschwenderischen Kurfürsten. Seitdem blieb die Propstei im Besitz der Familie von der Schulenburg.

Der Bettelorden des Franziskaner, erst 1223 vom Papst bestätigt, war schnell in die Altmark eingedrungen. In Salzwedel erbaute er sich an der Grenze der Stadt gegen die eben gegründete Neustadt in der Zeit von 1250 bis 1280 von dem erbettelten Gelde ein stattliches Kloster mit einer schönen Kirche. Die bettelnden und predigenden, Bildung und Gelehrsamkeit verachtenden grauen Brüder, die Jahr aus Jahr ein ohne Kopfbedeckung, mit der Kapuze an der Kutte, mit dem siebenknotigen Strick um den Leib, umherzogen, müssen in Salzwedel schnell zu Einfluß und Vermögen gelangt sein. Sie kauften ein bedeutendes Grundeigentum zusammen.

Die Franziskaner Klosterkirche, die Mönchs-Kirche, „auffallend groß, über 200 Fuß lang, besteht aus dem sechsjochigen Langhaus, mit dem an der Südseite ein ebenso langes Seitenschiff verbunden ist und dem einschiffigen dreijochigen Polygon (in sieben Seiten des Zwölfeckes) geschlossenem Chor" (Adler). Vom Gründungsbau sind nur noch Mauerreste an der Nord- und Westseite übriggeblieben. Ein bedeutender Erweiterungsbau, von dem der schöne Chor erhalten ist, wurde nach einer Inschrift durch Magister Heinrich Reppenstorf von 1435 bis 1453 ausgeführt. Von einem ferneren Erweiterungsbau, durch den das Kirchengebäude um 20 Fuß erhöht und das Seitenschiff in der Breite der alten Kirche hinzugefügt wurde, rührt das weiträumige Langschiff her. Er ward nach einer Inschrift 1493 durch den Gardian (Klostervorsteher, Custos) Bruntz und den „Murman" (Mauermann, Maurer, Baumeister) Simon Breslau begonnen. Im Jahre 1514 endlich ward der Turm, ein Dachreiter, vom hohen Tor nach dem Kirchendache verlegt. Der Baumeister des Turmes hieß Johannes Möller und war ein aus Lüchow gebürtiger „Slawe" (Wende). Eine in den Turmknopf gelegte Urkunde rühmt die Einwohner der Stadt wegen der zum Turmbau geleisteten Hilfe. Alle Innungen waren dabei tätig, nur die Schneider der Altstadt schlossen sich aus: sed in antiqua civitate fuerunt sortores frivoli –

sie waren leichtfertig und gottlos! Bei der Reformation wurde die altstädtische Schule, das spätere Gymnasium, in das Kloster verlegt. Im Innern der Kirche ist neben schönen Holzschnitzereien am hohen Chor das Altarblatt bemerkenswert. Es enthält ein Bild, zwar nicht von Lucas Cranach, wie man allgemein glaubt, aber von einem Schüler oder Nachahmer desselben – einen Weinberg darstellend, der durch einen Fluß in zwei Teile geteilt ist. Rechts sind der Papst Leo, Kardinäle, Bischöfe, Mönche und Nonnen beschäftigt, den Weinberg zu zerstören, die Weinstöcke auszugraben und zu verbrennen, den Zaun niederzureißen, in den Brunnen Steine zu schütten. Über dem Papst steht unter anderem der Vers: „Sobald der Grosch' im Kasten klingt, Sobald die Seel' gen Himmel sich schwingt." Links sind Luther, Melanchthon und ihre protestantischen Freunde in voller Arbeit, den Weinberg zu reinigen und zu pflegen. Luther harkt Ablaßbriefe zusammen, Melanchthon schöpft Wasser, andere Geistliche und Gelehrte behacken die Weinstöcke, binden lose Reben an und beschneiden sie und bessern den Zaun aus. Ganz im Vordergrund wandelt Christus mit seinen Jüngern. In deutschen Versen wird weitläufig dargetan und erläutert, daß der Weinberg die christliche Kirche sei, und was für bös' und fromme Leute die zween Hauf bedeuten.

Der Kanzel gegenüber liegt ein Grabstein mit der Inschrift: „Im Jahre 1642, den 3. Februar ist der weiland Hochedelgeborne gestrenge und mannfeste Herr Joachim Ludwig von Seckendorf von Oberzeen in Franken selig in dem Herrn verschieden, seines Alters im 51. Jahre… Herr lehre uns bedenken, daß wir sterben müssen, auf daß wir klug werden. Herr kehre dich wieder zu uns und sei deinen Knechten gnädig."

Der Leichenstein verrät mit keinem Wort, daß hier ein schwedischer Oberst begraben liegt, der wegen verräterischer Unterhaltung mit dem Feinde auf dem altstädtischen Markt öffentlich mit dem Schwert enthauptet worden ist.

Am 17. Januar 1642 war General Torstenson, der an Stelle des inzwischen verstorbenen Generals Banner das Oberkommando über die schwedischen Truppen übernommen hatte, in die Altmark eingerückt und hatte im Perver sein Hauptquartier genommen. Der kaiserliche Generalissimus Erzherzog Leopold Wilhelm nebst seinem Generalleutnant Octavio Piccolomini zog den Schweden entgegen und nahm vom 26. Januar bis 4. Februar sein Hauptquartier in Tangermünde. Zwischen den Schweden und den Kaiserlichen gab es bei den Biesepässen, die von bewaffneten Bauern bewacht wurden, lebhafte Scharmützel, bis die Kaiserlichen am 4. Februar über die Elbe gingen, um die Schweden in die Mittelmark und nach Mecklenburg zu locken. In den Tagen zuvor beabsichtigte der in Salzwedel einquartierte schwedische Oberst von Seckendorf zu den Kaiserlichen überzugehen und sich dieserhalb mit ihnen in Verbindung zu setzen. Er hatte sich schon einige Zeit zuvor von Torstenson die Erlaubnis verschafft, an das kaiserliche Hauptquartier einen Trompeter abzusenden, um für seine der Entbindung nahe Gattin einen Geleitspaß nach Erfurt zu erbitten. Jetzt sandte er den Trompeter aus. Dieser wurde bei Apenburg von den schwedischen Vorposten angehalten. Der kommandierende Offizier prüfte des Trompeters Paß. Derselbe kam ihm zu alt und deshalb verdächtig vor. Er ließ den Trompeter nicht durch, sondern nötigte ihn umzukehren und zurückzureiten. Während der im freien Felde geführten Verhandlung wurde das Pferd des Trompeters unruhig und bäumte sich mehrmals. Dabei platzte eine Sattelnaht und im Sattel verborgene Briefe flogen heraus. Niemand hatte es bemerkt. Aber kaum war der Trompeter fortgeritten, als das Windspiel eines schwedischen Rittmeisters ein Papier erhaschte und damit herumsprang, bis sein Herr es ihm abnahm. Man suchte weiter und fand im Straßenkot Briefe, die den Verrat bekundeten und sandte sie sofort zu Torstenson. Der Trompeter war noch nicht zurück, da wurde Oberst Seckendorf, als er sich eben zur Mittagstafel gesetzt

hatte, verhaftet und auf das altstädtische Rathaus abgeführt. Ein Standgericht unter Vorsitz des General Königsmarck trat sofort zusammen und erkannte auf Tod. Noch am selbigen Tage ward er enthauptet. – So erzählt uns A. W. Pohlmann in seiner Geschichte der Stadt Salzwedel (1811) den Hergang.

Die mit einem der heiligen Anna gewidmeten Nonnenkloster verbundene vierte Kirche der Altstadt, die Nikolaikirche, eine Kreuzkirche aus gebrannten Ziegeln mit einem achteckigen Turme ist vor 90 Jahren auf den Abbruch verkauft und 1797 abgebrochen.

Als im Jahre 1247 die Neustadt Salzwedel gegründet wurde, bestimmte man sofort den zu bebauenden Raum und richtete nach der für die Zukunft wahrscheinlichen Bewohnerzahl die Größe der Pfarrkirche ein. Die Katharinenkirche, in der Zeit von 1247 bis 1268 begründet, liegt an der Nordseite der Stadt nahe der Stadtmauer, nicht wie die Marienkirche eingeengt von Gebäuden, sondern an einem geräumigen, von Linden beschatteten Kirchhof. Die Kirche, im 15. Jahrhundert mehrmals erweitert und ausgebaut, ist im Grundriß ein dreischiffiges Langhaus mit polygonem Chor. Adler rechnet der ersten Bauepoche den Turm, Schiffspfeiler und Teile der Umfassungsmauern an und meint erkennen zu können, daß die Kirche ursprünglich eine dreischiffige, gewölbte Basilika mit einschiffigem plattgeschlossenen Chor gewesen sei. Er findet die alten Reste besonders deshalb interessant, weil sie jedenfalls den Versuch bekundeten, „um 1247 unter Festhaltung romanischer Kunstformen die gotische Baukunst in der Mark einzubürgern". Der Zeit von 1400 bis 1410 weist er die Giebel der Süd- und Nordseite zu. 1450 bis 1468 seien Chor, Gewölbe und die Liebfrauenkapelle und im letzten Jahrzehnt desselben Jahrhunderts die Fronleichnamskapelle erbaut.

Der geschnitzte Flügelaltar der Kirche enthält Darstellungen aus dem Leben Jesu in schöner

lebensvoller Auffassung. Das bronzene Taufbecken wird von vier auf Löwen stehenden weiblichen Figuren getragen, während am Becken die zwölf Apostel unter rundbogigen Arkaden geordnet sind. Nach der alten Inschrift ist es ein Werk von „Ludolf (nicht Ludewig) Grapengeter wohnhaftich in Brunswich" vom Jahre 1421. Der ehrsame Meister der Braunschweiger Grapengießerzunft hat an dem kunstvollen Taufbecken durch den Guß seine Sehnsucht nach Reichtum in dem seinem Namen beigefügten Wunsche verewigt: „Got mak en rik" – Gott mache ihn reich! Die Taufe hat eine ähnliche Einfassung, wie die hundert Jahre jüngere in der Marienkirche, aber nicht von Bronze, sondern von Holz mit reizenden Renaissance-Details, denen wir unsere erste sowie noch zwei der nachfolgenden Randleisten verdanken. „Der größte Schmuck der Kirche besteht", nach Adler, „in den durch seltenste Farbenpracht ausgezeichneten Glasmalereien, die die ähnlichen Kunstwerke zu Werben zwar in der Zeichnung nicht völlig erreichen, in der Färbung aber bei weitem übertreffen."

Leider hat vor wenigen Jahren der Kirchenvorstand mit Genehmigung des Konsistoriums oder der königlichen Regierung zu Magdeburg oder beider Behörden den größten Teil der in der Kirche vorhandenen mittelalterlichen Holzschnitzereien, darunter einen Flügelaltar, eine Mutter Gottes, ein Kruzifix für bare 900 Mark nach Süddeutschland verkauft und dadurch Salzwedels Handwerker, Künstler und Freunde alter Kunst für immer der Möglichkeit beraubt, diese Kunstwerke, die vor Zeiten fromme Altmärker zu Ehr' und Ruhm der Vaterstadt schufen oder schaffen ließen, und die als mustergültige Vorbilder des Kunstgewerbes unserer Tage dienen könnten, in der Heimat zu sehen, zu bewundern, an ihnen zu lernen. Unsere Altmark blieb von den Zerstörungen des Bauernkrieges und der Bilderstürmerei verschont. Darum sind unsere Kirchen reicher als die mancher anderer deutscher Gauen an mittelalterlichen Kunstwerken. Umso mehr sollte man sich hüten, derartige

Gegenstände, die dem heranwachsenden Geschlecht von früh auf Empfindung und Verständnis für das Schöne vermitteln können, ohne Not zu veräußern, vollends in der heutigen Zeit, wo so viele tüchtige Kräfte, und augenscheinlich nicht ohne Erfolg, an der Wiedererweckung, Belebung und Förderung des deutschen Kunstgewerbes arbeiten. ✳✳✳

Neben der Katharinenkirche, nur durch die alte Stadtmauer und ein Stück des Stadtgrabens von ihr geschieden, sieht gegenwärtig der stattliche Neubau des Gymnasiums, für dessen Insassen das alte Franziskanerkloster zu eng wurde, der Vollendung entgegen, ein stolzes Haus in gotischem Baustil. Wer vom Bahnhof in die Stadt geht, kommt daran vorbei, bevor er durch das Lüchower Tor tritt, das an der Westseite der Katharinenkirche die Stadtmauer durchbricht. Vor dem Tor ferner, schräg gegenüber dem Gymnasium, befinden sich nebeneinander zwei neue beachtenswerte Wohnhäuser. Ein kleines zierliches Wohnhaus, dessen Giebel an jene reich ausgestatteten Giebel des Tangermünder Rathauses erinnern, daneben ein anderes in einfacheren Formen beweisen, gleich dem bereits erwähnten Haus am altstädtischen Markt, daß es auch heute möglich ist, in Stadt und Land Wohnhäuser herzustellen, die den modernen Bedürfnissen des Bürgers vollständig Genüge leisten und gleichzeitig die Schönheit jener in Bauwerken hoher Vollendung bewährten märkischen Backsteingotik mustergültig zur Erscheinung bringen. Möge der Erbauer der drei gotischen Häuser, ein auch beim Bau des Gymnasiums beschäftigter junger Meister, seine Kunst noch oft in altmärkischen Backsteinbauten bewähren!

Das folgende Kapitel
„Vermischtes zur Geschichte der Stadt Salzwedel"
wurde gekürzt.

✳✳✳ Aus dem Dreißigjährigen Krieg ging die Bürgerschaft der Stadt Salzwedel verarmt hervor. Von der Neustadt ist uns überliefert, daß sie vor dem Kriege 171 „Erben" und 261 Buden, zusammen 432 Feuerstellen hatte und daß davon 1670, also 22 Jahre nach beendigtem Kriege, nur 287 bewohnt, 145 verwüstet gewesen sind. In der Altstadt, die schon 1600 durch einen großen Brand verheert war, der auch das Archiv des altstädtischen Rathauses vernichtet hatte, sah es nach dem Kriege keinesfalls besser als in der Neustadt aus...

„Kaum hatte die durch den Krieg gänzlich verarmte Bürgerschaft sich in Etwas wieder erholt, als ein zweimaliger großer Brand fast die ganze Altstadt verzehrte und die Einwohner wieder ins Elend stürzte. Auch die den Städten auferlegten neuen Auflagen trugen das ihrige zur Verarmung der Städte bei." *(Danneil, Geschichte des Gymnasiums. Abteilung 6. Programm für 1844, S. 5).*

Auch nach dem Krieg blieb Salzwedel über anderthalb Jahrhunderte hindurch im wesentlichen eine Tuchmacherstadt. Einen großen Teil der Bevölkerung beschäftigten bis in die zweite Hälfte dieses Jahrhunderts Tuch-, Woll-, Lein- und Damastweberei. 1730 zählte man unter 3589 Einwohnern 113 Tuchmachermeister und 33 Tuchmachergesellen. Die Einwohnerzahl stieg bis 1750 auf 3606, 1792 auf 4223. Unter letzteren befanden sich 107 Schuster, 30 Schneider, 109 Tuchmacher, 5 Tuchscheerer, 13 Friesmacher, 64 Leineweber, 10 Färber, ohne die Gesellen und Lehrlinge. Noch ein 1805 geborener Salzwedeler Tuchmachersohn (Pastor Krüger in Lagendorf, geb. 10. August 1805, gest. 25. Februar 1865. Dieser fleißige Sammler alter altmärkischer Volksüberlieferungen, dessen noch öfter Erwähnung geschehen wird, wußte nur noch diese erste Strophe. Die Weise habe ich leider versäumt aufzuzeichnen. Ist das Lied noch nicht ausgestorben?) hatte oft genug in der Wollweberstraße fleißig Tuchknappen nach dem Takt

Der neustädtische Rathausturm

67

des klappernden Webstuhls, angepaßt an die einzelnen Tätigkeiten des Webenden, singen hören: „Es gingen drei Tuchknapp' zum Tore hinein, Tritt auf! Sie kehrten wohl in ihre Herberge ein, Tritt auf! Da tranken sie Bier, da tranken sie Wein, Und wollten recht lustig und fröhlich sein. Tritt auf und schieß nieder, Laß 'runter, sperr wieder! Tritt auf! Tritt auf!"

Mit der Vervollkommnung der Webstühle mußte das Lied verklingen, und als der Handwerksbetrieb dem Fabrikbetrieb unterlag, blieb für „die lustigen fröhlichen Tuchknappen" in Salzwedel kein Raum mehr, sie wanderten fort oder starben aus.

Die Lein- und Damastweberei und der Handel mit deren Erzeugnissen waren in Salzwedel namentlich gegen Mitte vorigen Jahrhunderts in Aufnahme gekommen. Beckmann in seiner historischen Beschreibung der Kur und Mark Brandenburg sagt 1751:

„Den vornehmsten Leinwandhandel treibt die Stadt Salzwedel, welche in ihrem allerhand Erfindungen von Mustern und Farben die Leinwand, die man sonst ungern mit dem Kattun vertauschte, wissen beliebt zu machen."

Auch dieser Erwerbszweig ist allmählich wieder sehr zurückgegangen. Die Stadt blieb zu lange von der Eisenbahnverbindung ausgeschlossen und wurde dadurch in ihrer Fortentwicklung gehemmt. An Einwohnerzahl ist sie in unserem Jahrhundert stetig, wenn auch langsam gewachsen. Aus den 5410 Bewohnern des Jahres 1810 waren bei den Zählungen von 1864 7902, von 1870 8344 und von 1880 8780 geworden. Unter den letzteren befanden sich 470 Militärpersonen, der Stab und drei Schwadronen des altmärkischen Ulanenregiments Nr. 16. Können die Salzwedeler auch nicht in Abrede stellen, daß ihre alte Stadt in vieler Beziehung von mancher märkischen Stadt weit überflügelt ist, in einem Erzeugnis des Gewerbfleißes aber nimmt Salzwedel es heute mit allen anderen Städten Deutschlands, ja Europas auf. Der Salzwedeler Baumkuchen, ein Kunstprodukt zunächst von Nachkommen der altstädtischen Patrizierfamilie Schernikow, wurde seit der altmärkischen Huldigungsreife König Friedrich Wilhelm IV. 1840 eine beliebte Zierde königlicher und kaiserlicher Tafeln. Der Salzwedeler Baumkuchen wird von Feinschmeckern den gleichbenannten Kuchen anderer Orte weit vorgezogen und ist auf dem besten Wege, Weltruf zu erlangen. Schon jetzt wandern viele tausende von Kisten mit dem süßen schmackhaften Gebäck aus einer Reihe von Bäckereien zur Post, um nicht bloß nach allen Gauen Deutschlands, sondern oft nach Rußland und Amerika befördert und daselbst verzehrt zu werden. ✳✳✳

Die Klöster Dambeck und Diesdorf

✳✳✳ Ein prächtiger Gang, dies Wandeln durch den sonnenbeschienenen Wald auf Kloster Diesdorf zu! Jetzt eröffnet sich uns die köstliche Aussicht auf den Osten der Klosterkirche! Zwischen den Pappeln hindurch, die Wirtschaftsgebäude hoch überragend, erhebt sich aus üppigem Baumwuchs der ehrwürdige romanische Kirchenchor und hinter ihm über dem gewaltigen Turmunterbau der Glockenstuhl des Gotteshauses. Wir werden die Schönheiten dieses Kirchengebäudes noch im einzelnen zu würdigen haben. Gleich anziehend aber wie dieser Blick auf den umfriedeten Klosterbezirk ist ein Gang um die Mauer, ist das Lustwandeln in dieser zum Klostertor hinführenden Allee uralter Linden und Kastanien, durch deren riesengleich sich emporreckende und ausstreckende Arme der goldene Nachmit-

Kloster Diesdorf

tagssonnenschein des Frühlingstages wunderbar anmutend über den tiefausgefurchten Fahrweg herabfällt. Und was so überaus wohltuend berührt: noch immer wird, wie zur Zeit der frommen Jungfrauen vom Orden des heiligen Augustinus, dieser edle Schmuck des Klosterbezirkes, diese anheimelnde Welt des Grünen, mit liebevoller Hand emsig gepflegt!

Wir treten durch das Klostertor und wenden uns, nach links schreitend, der ernsten, von versunkenen Gräbern umringten Stiftskirche von Diesdorf zu. Sehr imposant stellt sich trotz der keineswegs allzu ausgedehnten Maße jener starke, graubraune Turm im Westen des Gotteshauses dar, dessen kühnentworfene, edel gezeichnete Mittelfenster bereits gotische Formen zeigen. Hier und da entdecken wir an den Wandungen dieses trefflichen Bauwerkes auch jenen Schmuck farbiger Ziegel, der einem Teil der märkischen Architekturen einen so hohen Reiz verleiht, ja auch die Umrahmungen einzelner Fenster sind bunt bemalt.

Doch wir treten durch das Portal an der Südseite in das Innere der Kirche des ehrwürdigen Augustinerinnenklosters ein, das höchst eigentümlich entworfen und von merkwürdig ernstem, einheitlichem Charakter ist. Welch weihevolles Gotteshaus, diese dreischiffige romanische Kirche mit ihren vorzüglich rein und edel gehaltenen Säulenhallen, ihren Chorräumen und dieser abgeschlossenen Kapelle des heiligen Grabes! Selten nur bemerken wir an diesen Kapitälen einen Schmuck, einen Wulst, ein Tier- oder Menschenhaupt. Das Ganze aber ist trotzdem von großer Schönheit, besonders in der Vierung des Kreuzes. Vermutlich ist der ältere Teil dieser edlen Klosterkirche von einem kunstverständigen Mönch Iso, dem wir noch begegnen werden, schon in den Jahren 1157 bis 1161 erbaut. Der jüngere Teil und die Gewölbe sind von gleich sicherer, künstlerischer Hand von 1180 bis 1190 hinzugefügt worden, während der Turmbau in das zweite Viertel des 13. Jahrhunderts fällt.

Der Neubau des Turmes endlich ist in unseren Tagen, um die Mitte der siebziger Jahre, ausgeführt worden. Die Westfront der Kirche ist durch denselben stattlicher, als sie sonst je gewesen, gestaltet worden.

Wir haben einige Kunstwerke dieser Klosterkirche zu erwähnen, vor allem einen sehr alten Leichenstein. Ein ritterlicher Herr des 13. Jahrhunderts tritt uns auf demselben entgegen. Er trägt das lange Gewand und das auf die Schulter niederwallende Haar der staufischen Zeit, das mit dem Gürtel umwickelte Schwert und einen rautenförmig bemalten Wappenschild. Leicht lesen wir die Inschrift: Anno domini MCCLXXIV. VII. nonas Octobres (obiit) comes Hinric de Luchov. Ein Sohn also jenes uralten gräflichen Hauses derer von Lüchow und Wertbeck, die das Kloster gründeten, aber schon im 14. Jahrhundert mit Schild und Helm, vermutlich hier in der alten Gruft ihres gräflichen Hauses, zur Ruhe bestattet worden sind! Wir erwähnen ferner noch ein ganz vortreffliches Marienbild unter den plastischen Werken, die die Nonnen-Empore im nördlichen Kreuzflügel schmücken sowie eines Crucifixes, das sich in dem Arcus triumphalis des Gotteshauses befindet. ✳✳✳

Ein Graf von Wertbeck, ein Ahn jenes hier bestatteten Grafen Heinrich von Lüchow, ist um's Jahr 1161 der Stifter von Kloster Diesdorf gewesen. Herr Hermann, Graf jenes jetzt „Warpke" genannten, welfischen Schlosses, gründete auf seinem freien Erbgut ein Stift für Augustiner-Geistliche und „eingeschlossene Frauen der strengsten Observanz" – eine jener merkwürdigen kirchlichen Vereinigungen, in welchen Mönche und Nonnen ein asketisches Zusammenleben versuchten – und gab reiche Geschenke, so daß der ehrwürdige Bruder Iso den ersten Bau ohne Unterbrechung durchführen konnte, wie denn auch der Diözesan des Sprengels, der Bischof Hermann von Verden, mit seiner Huld nicht kargte. So oft ein märkischer oder welfischer Fürst im Kloster Einlager hielt, mehrte

sich auch das Gut dieses seltsamen Stiftes, das sich mit Eifer dem Kampf gegen das selbst noch im Jahre 1246 in diesen Gegenden vorhandene und mit Zähigkeit die Gebräuche der Altvorderen festhaltende Wendentum unterzogen zu haben scheint. Ist doch schließlich auch von der

Diesdorf vor der Klostermauer

abgeschiedensten Klosterstätte in den brandenburgischen Landen diesseits wie jenseits der Elbe dieser Kampf, dies große, wenn auch nicht eben humane Werk deutscher Kolonisation, in Angriff genommen worden! In jenem Jahr zum Beispiel bestimmte der Bischof Meinhard von Halberstadt, daß, wenn die Slawen um dies Kloster „Marienwerder zu Diesdorf" nicht von ihren heidnischen Gebräuchen ablassen sollten, man sie erbarmungslos von ihren Gütern treiben sollte!

Es kann hier nicht unsere Absicht sein, auf alle jene Verleihungen näher einzugehen, die das Kloster der Augustinerinnen im Laufe der Zeiten erhielt. Nur das in kulturgeschichtlicher Hinsicht Interessanteste wollen wir an diesem Ort hervorheben. Es versetzt uns mitten in den naiven Geist des Mittelalters hinein, wenn wir vernehmen, wie im Jahre 1294 die Edlen von Bodendiek, die Besitzer jenes nicht allzu fernen Schlosses dort drüben über See und Sumpf, dem St. Georgs-Altar zu Diesdorf Reliquien dieses sagenhaften Ritters Christi verehren, und wie Propst und Konvent sich dagegen für alle Zeiten verpflichten, diese Heiligtümer nicht zu verkaufen, so groß auch immer die Not sei. Und ob jener hier bestattete Werbecke wohl jener selbe Graf Heinrich von Lüchow ist, dessen noch im Jahre 1306 wegen seiner „ausgezeichneten Frömmigkeit" gedacht wird? Der „Convent der im Kloster verschlossenen Jungfrauen" muß aber auch bei den bürgerlichen Kreisen der Umgegend sich großer Beliebtheit erfreut haben. Wir hören es wenigstens sehr oft, daß Patrizierinnen von Lüneburg sich mit einer gewissen Lieferung von Salz im Kloster einkaufen oder eine solche zu Werken der Mildtätigkeit bestimmen. So im 14. Jahrhundert die Schwestern Irmgard und Gertrud Lange, und zwar, damit von den Zinsen des Geschenkes jede religiöse Person im Kloster, die bei den Vigilien der heiligen Apostel zugegen ist, eine „große Kanne besseren Bier" erhalten soll, auf daß sie desto brünstiger und andächtiger für ihre und ihrer Eltern Seligkeit bete. Die ernsten Räume der Kirche, diese braunen Backsteinhallen, wurden allmählich mit jener Fülle frommer Malereien geschmückt, von denen wir einzelne Reste noch heute wahrnehmen, und besonders hoch gesinnte Nönnlein, wie zum Beispiel die vier Klosterschwestern aus der Familie Sodmeister im Jahre 1360, sorgten dafür, daß vor den bunten Gestalten der Heiligen auf den Altären die Fülle blumenumwundener Kerzen nicht fehlte. Was haben die Knesebeck allein diesem Kloster an reicheren oder bescheiden bemessenen Spenden vermacht! Freilich, in späteren Tagen fehlten auch die Dränger des Stiftes nicht!

Wer kann's den Schulenburgs von 1406 zum Beispiel verargen, daß sie nach der Sitte und nach den rechtlichen Anschauungen der Zeit mit gewaffneter Hand die Stiftsuntertanen angriffen, als zwischen ihrem Geschlecht und dem Kloster ein Streit ausgebrochen war. Wir wissen freilich nicht, was dessen Ursache gewesen! Aber die drei Herren Hans, Heinrich und Bernd trieben es doch ein wenig arg. Hören wir nur, was sie den frommen Schwestern geraubt hatten! Zu Abbendorf 5 Schock Schafe und 13 Wagen, später noch 90 Ochsen und Kühe, zu Dähre 8 Schock Schafe, 40 Schweine, 18 Pferde und 60 Rinder, zu Wiestede und Ellenberg je 60, zu Hilmsen 90 Stück großes Vieh, zu Bornsen und Drevenstedt 36 Ochsen und Kühe. ✳✳✳ O. S.

70

Das alte Schloß Tylsen

Über Beetzendorf in den Hansjochenwinkel

Die erste persönliche Bekanntschaft mit dem Hansjochenwinkel machte ich im Jahre 1860. Von meinem damaligen Wohnort Gardelegen aus besuchte ich im Mai meinen alten Lehrer, den Professor Danneil in Salzwedel. Wie ich von ihm erfuhr, war damals ein Wörterbuch altmärkisch-plattdeutscher Mundart im Druck. Ich hatte nun seit Jahr und Tag angefangen, aus dem Munde des Volkes in der Altmark und im Magdeburgischen alte Volkslieder zu sammeln. Das Volk singt in allen deutschen Gauen seit mehr als einem Jahrhundert hochdeutsch. Von niederdeutschen, wie überhaupt von mundartlichen Volksliedern haben sich im Volksmund nur wenige Lieder scherzhaften Inhalts erhalten. Zwei derselben konnte ich Danneil mitteilen. Mir ist es bei dem Suchen nach Volksliedern ergangen, wie jedem eifrigen Sammler. Das sprichwörtlich gewordene Sammlerglück trieb mir neben eigentlichen Volksliedern, denen allein ich nachging, Kinderlieder und Scherzreime, Volksrätsel, Sprichwörter, Zaubersprüche und ähnliche Volksüberlieferungen in die Hände, so daß aus diesem nebenbei Aufgerafften eine ganz artige Sammlung hervorging, die viel Mundartliches enthielt. Hiermit konnte ich Danneil unterstützen. Wir kamen auf die Unterschiede in der Mundart in der Altmark selbst zu sprechen. Danneil erzählte mir von der wunderbaren Mundart im „Hanschomwinkel" oder Hansjochenwinkel. In der Einleitung seines Buches sagt er darüber: „In diesem Winkel findet man eine Menge von Diphthongen, mehrere Triphthongen, selbst Quadriphthongen, die nur der Mund des Eingeborenen auszusprechen im Stande ist. Selbst der, welcher des Plattdeutschen recht mächtig ist, kann sich mit einem Hansjochen-Winkler schlecht verständigen."

In diesem Winkel sollten sich nach Danneil's Mitteilung fernab vom Verkehr der Landstraßen und Eisenbahnen noch uralte Sitten und Bräuche erhalten haben. Aus meiner bisherigen Sammlertätigkeit wußte ich bereits, daß der Liederschatz des Volkes in der Altmark ein überaus reicher gewesen ist, und daß eine große Anzahl Balladen und anderer alter Lieder mit gut erhaltenen Texten und vortrefflichen Weisen in altmärkischen Dörfern noch im Volksmunde fortlebt. Ich bat daher Danneil um Unterstützung und forschte nach Männern, die geeignet und geschickt zum Sammeln seien, namentlich in der Umgegend von Salzwedel. Er wußte mir nichts zu raten, als: „Gehen Sie in den "Hanschomwinkel" nach Lagendorf zu Pastor Krüger."

Ich meldete mich an und erhielt eine freundliche Einladung. So wanderte ich denn eines fröhlichen Tages von Beetzendorf zu Fuß zum Hansjochenwinkel. Dazumal und später habe ich mich redlich bemüht, die Grenzen dieses Distriktes zu ermitteln. Die Meinungen darüber laufen gar weit auseinander und noch heute habe ich keine Ahnung davon, wer eigentlich Recht hat. Der vorsichtige Danneil rechnet ihm den nordwestlichen Teil der Altmark von Salzwedel nach Diesdorf zu. Pastor Steinhard in seinem Buch über die Altmark (Stendal 1802) bezeichnet einfach so die Gegend zwischen Salzwedel und Diesdorf. Recht hübsch erörtert ein sicherer Hanschomwinkler Wilhelm Meyer-Markau in der Gartenlaube in einem Aufsatz über seine Heimat die Frage. Er beginnt mit der Darlegung dessen, was man dort über Entstehung des Namens erzählt: „Als die Königin Luise mit ihrem Gemahl einst ein Potsdamer Garderegiment besichtigte, fielen ihr darin mehrere hohe breitschultrige Gestalten auf. Sie fragte den Flügelmann nach Namen und Heimat und erhielt

die Antwort: "Hansjochen (Hans Joachim) Pollehn aus Bonese bei Salzwedel." Des zweiten Antwort auf dieselbe Frage lautete: "Hansjochen Giffey aus Rustenbeck bei Salzwedel", des dritten: "Hansjochen Meyer aus Schmölau bei Salzwedel" und so ging es fort. Wohl ein Dutzend dieser vierschrötigen "unflämischen Kerle" hörten auf den Rufnamen "Hansjochen". Da konnte die hohe Frau die scherzende Bemerkung nicht unterdrücken: "Das muß dort um Salzwedel herum ja der wahre Hansjochenwinkel sein.""

Daß die in allen brandenburgischen Landen fast wie eine Heilige verehrte Königin Louise diesen Namen erfunden haben soll, war mir neu. Zu Steinhards Zeiten muß er schon allgemein gewesen sein. Um von anderen Fabeln abzusehen, wird der Spitzname meist auf die frühere Vorliebe der Bewohner für die Vornamen Hans Joachim oder Hans-Jochen, plattdeutsch Hanschôm zurückgeführt. Meine juristischen Freunde erzählten mir in den vierziger Jahren von einem Salzwedeler Richter: derselbe pflege, wenn er in Gemeindeprozessen mit zwanzig Männern aus Dörfern jenes Winkels zu verhandeln habe, das Protokoll schon soweit vorzubereiten, daß er als erschienen zunächst zwanzigmal Hans Joachim hinschreibe und die Einzelnen nur noch nach dem Familiennamen frage. Freilich Ende der fünfziger Jahre wäre das ein gewagtes Unternehmen gewesen, denn nach Einsicht des Lagendorfer Kirchenbuches waren dort die „Hanschoms" dünner gesät, denn in manchen Drömlingsdörfern.

„Die Gegend, welche der Volksmund weit und breit als Hansjochenwinkel benamt, ist etwa zwei bis drei Meilen lang und ein bis zwei Meilen breit. Zwei Dörfern drängt man in gutmütigstem Eifer abwechselnd die strittige Ehre auf, Hauptstadt desselben zu sein, Diesdorf und Beetzendorf. Bescheiden lehnt aber jeder Ort das ihm zugedachte Prädikat ab."

So Meyer-Markau (Gartenlaube 1882, Nr. 19). Auch Beetzendorf in den Hansjochenwinkel hineinziehen zu wollen, ist etwas kühn. Der Beetzendorfer Hermann Dietrichs versichert eifrig, Beetzendorf habe noch niemals im Verdacht gestanden, zum Hansjochenwinkel zu gehören. Ein sorgfältiger Schriftsteller, Dr. Schuhmann, sieht als Hansjochenwinkel den links der Dumme gelegenen Teil des Kreises Salzwedel an. Er bemerkt aber, daß mehrere Flüsse dieses Namens vorhanden seien und daher die Irrtümer über die Grenzen der Landschaft kämen. Die Dumme, die bei Höddelsen entspringt, bei Tylsen den Molmker Bach aufnimmt und in Salzwedel in die Jeetze fließt, bilde eine Dialektgrenze innerhalb des Plattdeutschen. Im engsten Sinne jedoch nehme man nur die drei Kirchspiele Osterwohl, Dähre und Lagendorf zum Hansjochenwinkel. Zu ihm im engsten Sinne würden dann nicht einmal Abbendorf, Diesdorf, Markau gehören!

Nach lustiger einsamer Fußwanderung kam ich im Pfarrhaus zu Lagendorf an. Zum ersten Mal übernachtete ich in einer Pfarre mit altsächsischem Wohnhaus. Freilich war dasselbe umgebaut, die Viehställe waren auf der einen Seite in freundliche Zimmer verwandelt. Aber was für wunderbare Schätze barg dies schlichte Pfarrhaus! Krüger war von Jugend auf Sammler gewesen. Seine Aufmerksamkeit war in erster Linie der deutschen Tiersage gewidmet. Schon als Student hatte er von alten Handschriften, Drucken, Zeichnungen und Kupferstichen zusammengekauft, was irgend welchen Bezug auf Reineke Voß und die Tiersage hatte. In ganz Deutschland gab es keine öffentliche oder private Bibliothek, so reich an alten Ausgaben des Reineke Voß, als die des Pfarrers von Lagendorf im äußersten Hansjochenwinkel, eines Mannes, der damals nur zweimal in der Woche Post-

sachen bekam und Bücherpakete drei Meilen weit von der Post holen lassen mußte. Wie es den Sammlern ergeht, hatte er schließlich aus der heimischen Erde und aus dem Munde des Volkes alles sorgfältig aufgesammelt, was für Geschichte und Kultur irgend ein Interesse bot. Zunächst war ihm nur an demjenigen von Sprichwörtern, Sprüchen, Aberglauben, Sitten, Sagen, gelegen, was zu den Tieren in Beziehung stand, dann aber mochte er nichts unaufgezeichnet lassen, was ihm von anderen Volksüberlieferungen aufstieß. Kupferstiche von Holbein, Dürer und anderen alten Meistern, namentlich auf Tiersage und Totentänze bezüglich, waren in seinem Besitz. Daneben Handzeichnungen hervorragender Künstler der Gegenwart. Durch einen frühverstorbenen Bruder, einen talentvollen Maler, hatte er in jungen Jahren oft und viel in Berliner Künstlerkreisen verkehrt. Die Bücher standen, soweit die Bücherschränke nicht ausreichten, durch die ganze Wohnung auf Brettern, die rings an den Wänden hoch oben unter der Decke angebracht waren. Ich hatte neuerdings die deutsche Literatur des 16. Jahrhunderts ein wenig studiert. Da kam es vor, daß ich zu ihm irgend ein Buch jener Zeit erwähnte, zum Beispiel Pauli Schimpf und Ernst, eine bekannte Schwänkesammlung, da rief er aus der Tür seiner in den Wirtschaftsräumen beschäftigten Gattin zu: „Lisette, sei so gut, Paulis Schimpf und Ernst – Du weißt, in der Schlafkammer auf dem Brette links." „Ich weiß schon, gleich!" rief es zurück, und die stille freundliche Frau, die sich ganz und gar in die Studien und Liebhabereien des Gatten hineingelegt hatte, nachdem das einzige geliebte Kind hinweggestorben war, brachte sofort das alte Buch. Das passierte öfters, so daß ich gar manches in den Bibliotheken von Helmstedt und Wolfenbüttel von mir eingesehene seltene Buch wohlerhalten in der Bücherei des Pfarrhauses fand.

Aber es gab darin noch andere, ebenso wertvolle Dinge aus Gebieten, die mich weniger interessierten. „Kümmern Sie sich auch um Münzen?"

fragte Krüger und zog eine Menge Kasten heraus, die schön geordnet eine stattliche Münzensammlung enthielten. Ich staunte. „Ach, das ist nichts," sagte er. „Vor zehn Jahren brachen Diebe bei mir ein und nahmen alle Münzen mit. Die Diebe sind später im Hannoverschen gefaßt, ich erhielt aber nur Weniges zurück. Gold und Silber waren schon eingeschmolzen." Dann wurden andere Schubladen aufgezogen, in denen Versteinerungen, Ammoniten, Krötensteine, versteinerte Seesterne, Muscheln und dergleichen aufbewahrt wurden. „Alles aus unserm Hanschomwinkel." Ich weiß nicht mehr, ob nicht auch Kästen mit einheimischen Käfern und Schmetterlingen vorhanden waren. Hervorragend war seine Sammlung vorgeschichtlicher Grabaltertümer. Wie der 15. Jahresbericht des altmärkischen Vereins mitteilt, übergab Frau Pastor Krüger 1865 „im Sinne ihres seligen Mannes dessen Sammlung von Alterthümern, bestehend aus 42 Urnen verschiedener Form, oft mit schönen Verzierungen, 45 verschiedenen Spindelsteinen, 3 Streitäxten mit Schaftloch, 6 Steinkeilen aus Feuerstein, 5 Steinkeilen aus Feld- und Speckstein, 2 Bronzenadeln, 4 Paar bronzenen Armringen, einer Lanzenspitze von Bronze, einem knöchernen Kamm, verschiedenen kleinen Ohrringen aus Wendenkirchhöfen, 5 kleinen bronzenen Brustnadeln und einzelnen eisernen Gerätschaften".

Mit Vergnügen erinnere ich mich noch der Tage, die ich in dem friedlichen Pfarrhause zu Lagendorf verlebte. Auf weiten Spaziergängen lernte ich die freundliche Umgebung kennen. Lagendorf selbst ist ein echtes Hansjochenwinkeldorf. Sieben Hofbesitzer, ein Krüger und ein Müller pflegten der erste Bestand dieser Dörfer zu sein. Das war noch um 1860 der Bestand des Dorfes. Gerade in diesen kleinen Dörfern halten sich alte Sitten und Bräuche, alte Sprüche und Lieder besonders fest. Davon konnte Pastor Krüger mir die besten Beweise liefern: In allen Dörfern seiner Parochie, in Lagendorf, Bonese, Wiewol, Dahrendorf, Holzhausen, Gröningen, bestanden bis zur Gemeinheitsteilung die gleichen ländlichen Feste, die noch dem Heidentum entstammen, wenn sie sich zum Teil auch an christliche Feste anschließen. Fastnacht – Fastelavend – mit dem Stäupen der Frauen und Mägde durch der Knechte Birkenreiser, Ostern mit Osterball, Osterfeuer und Heidenbier, Pfingsten mit dem Umzug des in jungen Laubzweigen eingehüllten Pfingstmeier (Fischmeier, Fiestmeier) und mit der Maibraut und vor allem Vergôdendêl, das Erntefest zu Ehren der Frau Gôde, der mit der wilden Jagd zu Wagen durch die Luft fahrenden Göttin „der weiblichen Form von Wodan". Das Vergôdendêl beschreibt Krüger handschriftlich folgendermaßen:

„Der Tag wurde von der Gemeinde vorher bestimmt, doch durfte es kein Sonntag sein, und derjenige Bauer, an welchem gerade die Reihe war, mußte Musikanten kommen lassen und sie bewirthen und bezahlen. Der Roggen war schon vorher abgemäht bis auf ein kurzes Ende, das Vergôdendêls enn'. Jubelnd zogen Knechte und Mägde nach dem Felde. Das Abmähen jedes Vergôdendêls enn' dauerte nicht lange und es ward gegessen und getrunken. Endlich kam die ersehnte Musik lustig blasend auf das Feld gezogen. Mit ihr marschierten die Hausväter und die Kinder, während die Mütter daheim den Mittagstisch besorgten. Auf jedem Ackerstücke, wo getanzt werden sollte, blieb ein Büschel Ähren stehen, der oben mit einem rothen Bande zusammengebunden ward, und Vergôdendêlsstruss hieß. Unter voller Musik ward zuerst über den Strauß gehopst und gesprungen und sodann um ihn herumgetanzt. Dazu spielten die Musikanten drei Tänze auf. Dann ward er von dem Knechte des Bauern, dem das Stück gehörte, mit einem Hiebe abgemäht und an die Sense gebunden. Während dessen zog der Haufe schon zum nächsten Stück, dessen Besitzer die Tänzer mit Kuchen, Schnaps und Bier bewirthete. Waren alle Vergôdendêls-Stücke abgetanzt, so kehrte man jauchzend und schreiend zum Dorfe zurück. voran die Knechte mit ihren Sensen, hinterher die Mägde mit ihren Harken. Am Eingange des Dorfes ward von den Musikanten ein Kirchengesang geblasen, den alle andächtig mitsangen, entweder „Nun danket alle Gott", oder „Lobe den Herrn, den mächtigen König der Ehren". War der Gesang zu Ende, so marschierte man bis zum Vergôdendêls-Hause. Da löste sich der Zug auf. Knechte und Mägde eilten nach Hause, um ihr Mittagbrot zu verzehren und sich zum Tanze zu schmücken. Die Musikanten blieben so lange auf der Straße stehen und bliesen lustige Stücke auf, bis die letzten Knechte und Mägde nach ihren Höfen hinauf waren. Nicht bei allen, aber bei manchen Bauern herrschte die Sitte, daß der Knecht dem Hofwirthe seinen Vergôdendêlsstruss überreichte und dabei einen langen Spruch hersagte, wofür er ein paar Groschen Biergeld empfing." ✳✳✳

Mehrere Jahre später trat ich wieder über Beetzendorf eine zweitägige Wanderung in den Nordwesten der Altmark an. Inzwischen hatte ich zwar über andere Beschäftigungen meiner Mußestunden die alten Liebhabereien etwas vernachlässigt, aber an der Hand der Danneilschen Aufsätze mich mit den Fragen der Dorfanlagen, des Hausbaues und der ersten Kolonisation der Altmark vielfach beschäftigt. Durch meinen Besuch beabsichtigte ich freilich vor allem Land und Leute kennenzulernen und bei dem schönen Spätsommerwetter in tüchtigen Märschen mir Grillen und Sorgen fortzuwandern. Es ging diesmal über Beetzendorf, Rohrberg, Diesdorf nach Hanum und dann zurück über Jübar.

Beetzendorf ist nach der äußeren Erscheinung so freundlich, wie kaum ein anderer Ort in der Altmark. Mitten im Ort selbst liegt der Mühlteich. Auf der einen Seite desselben die Wassermühle des Fleckens, auf der anderen spiegelt sich im Wasser eine in gefälligen Formen erbaute neue Kirche. Den übrigen Teil der Einfassung des Teiches bilden Obst- und Ziergärten, freundliche Kastanien und ein kleiner mit Tannen bestandener Raum. Andere anziehende Bilder bieten die beiden Schulenburgschen Edelsitze. Sie gingen hervor aus einem markgräflichen Schlosse, in dessen Schutz das Dorf Beetzendorf mit seinen Ackerhöfen entstand. Noch heute unterscheidet man das „alte Dorf" vom „neuen Steinweg" oder dem „Flecken". Etwa um 1345 ging das markgräfliche Schloß in die Hände derer von der Schulenburg über. Diese legten den neuen Steinweg an und begründeten dadurch im Schutze der Burg den Flecken. Im Dorf gab es noch Ende des 17. Jahrhunderts mehrere Vollbauern. Die Höfe derselben gingen nach und nach ein und machten kleineren Ackergütern oder sogenannten Grundsitzerstellen (Haus mit Gartenland) Platz. Aus der markgräflichen Burg wurde der Stammsitz der Schulenburgs mit einer Reihe einzelner Edelhöfe, von denen aber nur noch zwei erhalten sind. Die Besitzung des Freiherrn von Schulenburg, der Apenburger Hof, hat prächtige Gärten, so den Eichengarten mit schönen alten Bäumen und einen spiegelklaren Teich, begrenzt an der einen Seite von der munter dahinfließenden Jeetze. In dem anderen Garten, dessen stille Ruhe im lebhaften Gegensatz steht zu dem Lärm des daneben gelegenen großen Wirtschaftshofes liegt das neue Wohnhaus. Noch schöner gelegen ist die Besitzung des Grafen von der Schulenburg. Sie enthält einen prächtigen langgestreckten Teich, an den Ufern mit Rohr bewachsen und von Schwänen bewohnt. Das eigentliche Schloß ist modern und einfach. Daneben befindet sich ein Neubau des Archivs in den zierlichen Formen der Renaissance. Mitten in dem weit ausgestreckten lieblichen Park liegt auf einer kleinen Erhöhung die stattliche Ruine der alten Burg, den Bergfried und Teile anderer Befestigungen enthaltend, sämtlich aus Backsteinen errichtet. In einem kleinen Durchgang hat der gegenwärtige Besitzer eine Grabplatte mit dem in ganzer Figur hergestellten steinernen Bilde eines seiner Vorfahren einmauern lassen. Die Ruine ist mit Efeu bezogen. Von einem Keller führt ein unterirdischer Gang nach Apenburg. Der Eingang in diesen Keller ist wohlerhalten. In dem Gang verborgen befindet sich selbstverständlich nach der Volksmeinung die goldene Wiege. Die Anlagen, die den Bewohnern des Fleckens in liberalster Weise geöffnet sind, zeichnen sich durch Anmut und Lieblichkeit aus.

Die Geschichte Beetzendorfs schließt sich seit Jahrhunderten der der Familie Schulenburg an. Neue seltsame Sagen bilden sich über die in den Kirchengewölben befindlichen Särge, oft im Anschluß an geschichtliche Begebenheiten. Dort liegt zum Beispiel ein Graf, der war General und bekam im Krieg von seinem König die Aufgabe, die Verbindung mit befreundeten Truppen durch seine Reiter herzustellen. Er stutzte. Nur zwei Wege gab es. Den einen durch einen unpassierbaren Sumpf, den anderen mitten durch die feindliche Armee. Der Graf sah für sich und die Seinigen auf beiden Wegen den sicheren Tod vor Augen und trug seine Bedenken dem König vor. Der aber ward zornig: „Wahrlich, Sie heißen mit Recht Schulenburg, Sie schulen sich (drücken sich) wirklich herum." Der Graf erwiderte: „Wenn Euer Majestät mit meinem bißchen Blut gedient ist, das sollen Sie haben." Damit ritt er mit seinen Leuten durch den Sumpf auf die Armee los. Sie wurden samt und sonders getötet und in Stücke zerschlagen. Der Kammerdiener des Grafen, der seinen Herrn nur an dem Strumpfband wiedererkannte, sammelte die einzelnen Teile desselben, packte sie in ein Faß und sandte sie nach Beetzendorf, wo sie alle in einem Sarge beigesetzt wurden. Als der König den entsetzlich entstellten Leichnam des Grafen sah, hat er bitterlich geweint. So lautet in Volksüberlieferungen die Erzählung vom Heldentod des am 10. April 1742 in der Schlacht bei Mollwitz gebliebenen Grafen Adolf Friedrich von der Schulenburg. Er war der Vater des Urgroßvaters des jetzigen Besitzers.

In Beetzendorf besuchte ich den Vorsteher eines unter meinem Beirat nach Delitzschem Muster begründeten Vorschußvereins, vor allem einen Seilermeister, der mich einige Zeit zuvor in Gar-

delegen besucht hatte. In seinem Hause sah mich ein flachshaariger, gluhäugiger Junge von etwa 12 Jahren verwundert an. Der Vater sandte ihn fort, ein Glas Bier zu holen. In seiner Abwesenheit sagte er mir: „Was fange ich mit dem Jungen an, Herr Kreisrichter, zu nichts hat er Lust als zum Malen. Von klein auf beschmiert er mir Tisch und Wände, jedes Blatt Papier, was er erwischen kann, bemalt er. Ich kann es ihm verbieten und ihn bestrafen, es hilft nichts. Was soll daraus werden?" Ich tröstete ihn: „Hindern sollten Sie das nicht. Es wäre doch kein Unglück, wenn er ein tüchtiger Künstler würde." Er meinte, das sei ja nicht möglich. Dazu gehöre Vermögen, der Junge müsse ein Handwerk lernen.

„Ei, versteht sich, lassen Sie ihn ein Handwerk lernen. Lassen Sie ihn Stubenmaler werden, wenn er dazu Lust hat. Steckt dann ein wirkliches Künstlertalent in ihm, so wird er sich schon Bahn brechen..."

Beetzendorf

Aus dem Jungen, der mir vom nächsten Krug ein Seidel holte, wurde ein Malerlehrling in Salzwedel und ein Malergehilfe in Braunschweig und Berlin und endlich, nach Jahren ein im harten Kampf ums Dasein gestählter, allzeit mit sich unzufriedener und desto eifriger ringender Akademiker unter den Meistern A. von Werner und Christian Wilberg – auch zwei vormaligen Handwerkslehrlingen. Aber wie hätte ich mir 1864 träumen lassen, daß ich mit jenem flachshaarigen Jungen etwa vierzehn Jahre später in

meiner Wohnung zu Berlin einen Plan verabreden würde, uns zu Ehren und Ruhm unserer von aller Welt vergessenen altmärkischen Heimat zu einem größeren Werke zu verbinden und dadurch ihm die Gelegenheit zu geben, zum ersten Mal auf eigenen Füßen stehend unter eigener künstlerischer Verantwortung zu schaffen und sich im selbständigen Schaffen zu des Künstlers voller Freiheit zu entwickeln!

Hanum

Der Seilermeister David Dietrichs begleitete mich noch bis Rohrberg, wo ich übernachtete.

Rohrberg an der Hartau ist das stattlichste Dorf der ganzen Gegend. Unweit davon befindet sich im Walde auf einer viereckigen Anhöhe ein alter Burgwall von bedeutendem Umfang mit geringen Spuren von Mauerwerk – die Kathinkenburg. Urkundliche Nachrichten über dieselbe fehlen. Um so eifriger beschäftigt sich die Sage mit dem Untergang der Kathinkenburg. Der letzte Besitzer war ein wilder, gottloser Ritter. In der Osternacht ertönte Tanzmusik und Lärm Trunkener von der festlich erleuchteten Burg in die stille Nacht hinein. Um Mitternacht zog aus heiterem Himmel ein Gewitter heran. Ein Blitz schlug in die Burg, deren Grundvesten der Donner erschütterte. Es war eine Warnung des Himmels. Im folgenden Jahr veranstaltete der Ritter ein gleiches Fest. Um Mitternacht eröffneten des Burgherrn zwölf schöne Töchter in weißen Festkleidern den Reigen. Da fuhr unter furchtbarem Donner ein Blitzstrahl herunter. Die Burg brannte. Niemand konnte sie retten. Alle wurden unter den Trümmern begraben. Seitdem aber erscheinen um Mitternacht die zwölf Edelfräulein in weißen Gewändern mit langen weißen Schleiern vor dem Burgwall zum Reigen. Die Pferdeknechte haben sie oft von Weitem gesehen. Ein einziges Mal wagte sich einer von ihnen näher heran. Ein verwegener Knecht vom Fölsche'schen Ackerhof (Bur Fölschen Hanschom – des Bauern Fölsche Hans Joachim) ritt auf widerwillig sich bäumendem Rosse bis zu den Tänzerinnen, und entriß der Jüngsten den flatternden Schleier. In gestrecktem Galopp jagte er zum Dorf. Die Tänzerin mit Windeseile hinterher. Vor dem Hoftor sah er sich um und erblickte das schöne Edelfräulein dicht hinter sich. Angstvoll warf er den Schleier fort – da verschwand die Spukgestalt.

Von Rohrberg wanderte ich über Abbendorf und Diesdorf nach Hanum. Die Veranlassung gerade nach Hanum zu gehen, bot mir eine unter den Grundsitzern des Dorfes bestehende und von ihnen geleitete eigenartige und naturwüchsige „Kuhkasse", eine Viehversicherungsgesellschaft auf Gegenseitigkeit, die, um jede obrigkeitliche Einmischung unmöglich zu machen, auf geschriebene Satzungen verzichtete und in vielen Beziehungen, namentlich in dem Zwang, zu den genossenschaftlichen Quartal-Versammlungen bei Geldbuße zu erscheinen, in der ein für allemal erfolgten Festsetzung der Tage für dieselben (Sonntag nach Lichtmessen, nach Maitag, nach St. Jakobstag und nach Martini), in der Einrichtung, die Geldbußen in der Quartal-Versammlung zu vertrinken, in der alljährlich wechselnden Nutzung des Genossenschaftskapitals usw. eine auffällige Übereinstimmung mit den Genossenschaften alter deutscher Art zeigte. Ich habe „die Kuhkasse zu Hanum" treu nach der Natur mit allen technischen Ausdrücken plattdeutscher Mundart in der Vierteljahresschrift für Volkswirtschaft und Kulturgeschichte von Faucher und Michaelis (Bd. 12, 1865, S. 30) geschildert. In der Einleitung dieses Aufsatzes habe ich im Anschluß an meine eigenen Beobachtungen die wendischen Dörfer und sächsischen Häuser des Hansjochenwinkels besprochen. Abbendorf, eins der acht Dörfer, die 1160 dem Kloster Diesdorf übereignet wurden und nach der Bestätigungsurkunde damals noch von Slawen bewohnt waren, und Hanum, urkundlich zuerst 1315 erwähnt, sind ihrer Anlage nach unverkennbar sogenannte Wendendörfer. Sie sind ursprünglich hufeisenförmig, mit nur einem Eingang, rund um Kirche und Kirchhof herumgebaut.

Man nimmt allgemein an, daß Dörfer in fächerartiger Form ausschließlich slawische Anlagen sind. „Die Gehöfte liegen um einen runden oder ovalen, nur durch einen einzigen Weg zugänglichen Platz, auf dem das Vieh stehen und leicht abgeschlossen werden kann. Die Höfe und Giebelseiten der Häuser drängen sich eng zusammen, die Gärten laufen keilförmig breiter aus." (Meitzen) Diese sogenannten „Rundlinge" – Dörfer, die noch heute Rundlinge sind oder es nachweisbar waren – kommen in der Altmark sehr zahlreich vor. Fast alle haben noch heute slawische Flurnamen. Es sind kleine Dörfer mit leichtem Boden.

„Das Werkzeug der ackerbauenden Slawen war nämlich der hölzerne Haken (uncus), nicht der eiserne Pflug (aratrum) der Deutschen, womit zusammenhängt, daß die Slawen meist nur leichteren, weniger fruchtbaren Boden bearbeiten konnten, vielleicht auch, daß ihre Hufe bloß die Hälfte der deutschen Hufe ausmachte. Außerdem ließen sie wegen ihrer Unbekanntschaft mit dem Bau von Deichen und Dämmen viele Strecken des großenteils oder Überschwemmungen der Elbe ausgesetzten Landes unangebaut." (Brückner).

Weder in der Wische, wo der Einzelhof vorherrscht, noch im Kalbeschen Werder, noch im Drömling kommen „Wendendörfer" vor. In den anderen Teilen der Altmark liegen Rundlingsdörfer wendischer Anlage mit wendischen Flurnamen und Dörfer mit langgestreckten Straßen oder ohne deutlich erkennbare Straßenordnung und mit deutschen Flurnamen dicht nebeneinander. Die Ortsnamen selbst bieten keinen Anhalt für den Ursprung des Dorfes. Schon unsere frühesten Urkunden zeigen Deutsche in slawisch benannten Orten seßhaft und umgekehrt Slawen in deutsch benannten Orten. „Slawische Ortsnamen besagen nur, daß Slawen irgendwelche Veranlassung gefunden haben, den Ort zu benennen." (Brückner). Finden sich in der Altmark zwei Dörfer gleichen Namens, die sich durch die Vorsilben hoch oder hohen und sied (niedrig) oder sieden, oder aber groß und klein unterscheiden, so ist mit sehr wenigen Ausnahmen das hohe oder kleine Dorf eine wendische, das siede oder große Dorf eine deutsche Ansiedlung.

Prüft man nun die sämtlichen Dörfer der Altmark, einschließlich der wüsten, nach jenen Merkmalen, so stellt sich heraus, daß im Hansjochenwinkel und auch in den übrigen Teilen des Salzwedeler Kreises, mit Ausschluß des Kalbe'schen Werders, die bei weitem größte Zahl der Dörfer „Wendendörfer" sind. Viele solche Dörfer gibt es auch in dem altmärkischen Teil des Kreises Gardelegen. Die Letzlinger Heide hieß vor Zeiten die Wendenheide und enthielt eine ganze Reihe wüst gewordener wendischer Dörfer. Erheblich geringer ist die Zahl der Wendendörfer im Stendaler Kreis, im südwestlichen Teil der Altmark. Nur ganz vereinzelt kommen sie im Kreise Osterburg, im nordwestlichen Teil der Altmark vor, wo außerdem die Wische mit ihrem schweren Boden die wendische Kultur ganz ausschloß. ✳✳✳

75

Osterwohl

Osterwohl an der alten Dumme, etwa eine halbe Meile von Tylsen entfernt, ist ein uralter Ort. Zum ersten Mal kommt der Name bei der Stiftungsurkunde des Michaelklosters in Hildesheim vom Jahre 1022 vor. Der Bischof überwies dem Kloster unter anderen Erbgütern auch in pago Osterwalde in praefectura Marchesi Bernhardi Latendorp, also das Dorf Latendorf, jetzt Lagendorf, im Gau Osterwalde in des Markgrafen Bernhard Präfektur. Die Geschichtsschreiber behaupten, die Altmark sei in uralter Zeit in die Gaue Osterwalde und Belxem oder Belesem, später „das Balsamland", geteilt gewesen. Der erstere sei der Anteil des Bistums Verden, der zweite der des Bistums Halberstadt. Der Gau Osterwalde verschwindet wieder. Dafür findet sich ein Graf Friedrich von Ostirwalde, zuerst um 1184 im Gefolge des Markgrafen Otto. Aus Osterwalde und Ostirwalde wird später Osterwolde und endlich um 1250 Osterwohl. Nach dem Landbuch Kaiser Karls IV. bestand Osterwohl 1375 aus vier freien Höfen, von denen einen Werner von Bartensleben, den zweiten Johann von dem Knesebeck, den dritten ein von Bodenstedt und den vierten der Salzwedeler Bürger Heine Wistedt besaß. ***

Nach mehrfachen Besitzwechseln kamen die zwei Höfe von Osterwohl um 1499 in den Besitz der Familie von der Schulenburg. Dieselbe erwarb endlich 1564 auch die anderen beiden Höfe und blieb von da an bis zum heutigen Tage in dem Besitz des nunmehr daraus erwachsenen Rittergutes.

Die mit schönen Holzschnitzereien gezierte Dorfkirche ist neu gebaut von Oleke von Saldern, der Gemahlin Albrechts von der Schulenburg. Letzterer war der einzige Sohn Christophs von der Schulenburg, des Bischofs von Ratzeburg und Propst zu Diesdorf (geboren 1513, gestorben am 9. September 1580). Schon im 22. Lebensjahr (1535) war Christoph Propst zu Diesdorf, erst im November 1550 wurde er zum Bischof von Ratzeburg erwählt. Diese Würde wurde ihm bald verleidet. Herzog Franz von Sachsen-Lauenburg, der es nicht hatte durchsetzen können, daß das Domkapitel seinen Sohn zum Bischof wählte, mietete sich den Grafen Vollrath von Mansfeld, der dazumal während der Belagerung von Magdeburg mit seinem Heer abenteuernd umherschweifte, zur Plünderung des Bistums. Die Domkirche wurde am 23. Mai 1552 zerstört, die Curien der Domherren geplündert, die Domherren selbst wurden dem Herzog Franz als Gefangene übergeben und von ihm gezwungen, seinen Sohn Magnus zum Bischof zu postulieren. Bischof Christoph von der Schulenburg war entflohen. Er kehrte nach Diesdorf zurück, ließ sich 10 000 Taler bare Abstandsgelder geben und außerdem lebenslängliche Renten zusichern. Am 5. Oktober 1554 hatte er dem Bistum entsagt, schon am 24. Januar des folgenden Jahres verheiratete er sich. Als man ihn zwanzig Jahre später nötigen wollte, seine Pfründe in Ratzeburg zu verzehren, verzichtete er auf dieselben gegen ein neues Abstandsgeld von 5 000 Talern. Seinem einzigen Sohne Albrecht (geboren 1557, gestorben 1607) hatte er jedenfalls ein großes Vermögen hinterlassen, das demselben ermöglichte, gelehrten Liebhabereien nachzugehen. Seine Gattin, die Frau Oleke, mit der er sich 1582 vermählte, muß einen vorzüglichen Kunstgeschmack besessen haben. Bis heute dürfte schwerlich in der ganzen Mark Brandenburg eine im Inneren so prächtig ausgestattete Dorfkirche zu finden sein. Frau Oleke überlebte ihren Gemahl, dem sie 13 Kinder geboren hatte, um 15 Jahre. Sie ist eine Stamm-Mutter dreier blühender Häuser der reichen Familie von der Schulenburg, des Hauses Wolfsburg, des Hauses Hehlen und des Hauses Beetzendorf.

Das Innere der Dorfkirche Osterwohl

Hünengräber und Gerichtsstätten

*** Die dicht besetzte Kette der Hünengräber führt über Groß- und Klein-Bierstedt nach Stöckheim, Rohrberg und Nieps. Wir fuhren nach Stöckheim, um vor allem das südlich vom Dorf in der Grünbucht befindliche Hünengrab zu besichtigen. Die Ringsteine und die Wächter dieses Grabes fehlen bereits. Aber der Deckstein ist der größte in der Altmark – 15 Fuß lang und 10 Fuß breit. Danneil schätzt ihn auf 523 Zentner Gewicht! Der Granit dieses gewaltigen Blockes besteht fast ganz aus sehr grobkörnigem Feldspat und hat nur eine lose Fügung. Er verwittert allmählich. Man sagt: alljährlich zu Neujahr fallen im Stein drei kleine runde Löcher ein, während die vorjährigen sich wieder schließen. Unter dem Stein schläft der Riese Goliath. Derselbe begann einstmals zu wandern, um sich eine andere Ruhestätte zu suchen. In Stöckheim gefiel es ihm, er stellte sich die Steine zur Unterlage zurecht und holte dann seinen goldenen Sarg und den großen, breiten Stein seines bisherigen Grabes. Den Sarg trug er unter dem Arm, den Stein auf dem Rücken. Er hatte sich den Stein mit einer goldenen Kette festgebunden und dabei einen tiefen, noch heute sichtbaren Streifen in den Stein gedrückt. Alle Neujahrsnacht kommt er aus seinem Grabe heraus und macht drei runde Löcher in den Stein, gerade so groß wie die Löcher, die ihm der Steinwerfer David in die Stirn geworfen hat.

Die Sonne rüstete sich zum Untergang, als wir dies Grab besichtigten. Der Wagen, der unweit vom Wege hielt, mußte länger auf uns warten, wegen eines merkwürdigen Schauspiels, das wir lange beobachteten. Über uns am Himmel schwärmten viele tausende von Staren. Sie schwärmten in einer Ebene, wie ein großes, horizontal in der Luft ausgebreitetes Laken. Von Zeit zu Zeit lösten sich einzelne Vögel von der Ebene ab und nahmen einen abweichenden Flug. Dann folgten andere, und nach kurzer Zeit machte das ganze Laken eine Art Wellenbewegung und schwenkte in die neue Richtung ein. Die Bewegung war gegen einen Kiefernwald gerichtet. Aber der ganze Zug ging nicht direkt gegen den Wald, sondern in großen, wie auf Täuschung des Beobachters gerichteten Umwegen, so daß die Bewegung des Lakens oder der Wolke von Vögeln bald rechts, bald links bei dem Walde vorüberging, aber mit jeder neuen Schwenkung sich etwas mehr dem Walde näherte. …

Wir konnten das Ende dieses Schauspiels nicht abwarten, sondern mußten weiter, da wir uns schon arg verspätet hatten. Lange nach Sonnenuntergang kamen wir nach Jübar. Hier erwartete uns der Mühlenbesitzer Joh. Kerstens von Molmke mit seinem Gespann, um uns nach Diesdorf zu fahren. Zwischen Nieps und Jübar trifft jene erste Kette Gräber in einem spitzen Winkel mit der zweiten Kette zusammen, die, von Nordwest nach Südost gerichtet, bei Reddigau nordwestlich von Diesdorf beginnt und über Diesdorf, Molmke, Bornsen, Drebenstedt, gegen Nettgau führt. Unsere Absicht, auf dem Wege noch einzelne der Hünenbetten zu besichtigen, erfüllten wir wenigstens in betreff des mächtigen Drebenstedter Grabes. Virchow berichtete darüber später:

„Schon Danneil bezeichnete als das schönste und besterhaltene Grab das von Drebenstedt in der Westkette. Wir sahen es zu später Abendstunde, als schon der Mond – es war gerade Vollmond – aufgegangen war. Es liegt eine Viertelstunde westlich vom Dorfe auf einer ebenen Fläche und ist noch jetzt ganz erhalten. Der Anblick erinnerte an Ossianische Schilderungen. Als wir in dem blassen Mondeslicht die gewaltige Steinsetzung vor uns sahen, tauchten die blassen Schatten der Vergangenheit unwiderstehlich vor uns auf. Die Länge des Grabes beträgt nach Danneil 140 Fuß, die Breite 20, die Zahl der Ringsteine 72. Die Grabkammer besteht aus zwölf Trägern und fünf Decksteinen. Danneil schätzt die Masse der Steine nach einer zulässigen Berechnung auf 25 000 Zentner."

Der an der Nordwestecke ganz senkrecht dastehende Ringstein ragt sieben Fuß aus der Erde und hat eine Breite unten von sechs, oben von sieben Fuß. Ja, es war ein wunderbarer Abend. Ringsum lautlose Stille. Wir kletterten unter den Riesensteinen herum, deren breite Schatten vom aufgehenden Vollmond weit über die Äcker geworfen wurden. Es war, als müßten hinter den großen Ringsteinen die Geister der hier Bestatteten auftauchen und uns Lebende stolz auf diese Denkmäler weisen, die vor Jahrtausenden zu ihren Ehren von Menschen ohne Benutzung von Metallwerkzeugen aufgetürmt worden sind. …

Man kann annehmen, daß die erratischen Blöcke hier in der Altmark in jenen Zeiten, wo so ungeheure Steinmassen innerhalb weniger Quadratmeilen zu Grabdenkmälern verbaut wurden, in übergroßen Mengen vorhanden gewesen sind, und daß die Errichtung der letzteren im Zeitraum mehrerer Jahrhunderte stattgefunden hat. Immerhin wird man fragen, welche Mittel dazu in jener Steinzeit tatsächlich verwendet sein können? Virchow erwiderte auf unsere Frage: die Mittel, welche zur Bewegung so großer Massen angewendet worden, seien gänzlich unbekannt. Indeß würde man immer auf die nächsten mechanischen Möglichkeiten zurückgehen müssen und das dürften wohl stets Unterlagen runder Baumstämme gewesen sein. Wenn man sich mehrere solcher Unterlagen, bei denen die Baumstämme, verschieden übereinander gewälzt waren, in Anwendung denke, so lasse sich jede beliebige Form von Bewegung damit herstellen. ✳✳✳

Am anderen Morgen wanderten wir in Kersten's Begleitung zu den Hünenbetten der Diesdorfer Gemarkung. Das weitaus am schönsten gelegene findet sich auf halber Höhe eines bewaldeten Hügels, von dem man eine freundliche Aussicht über die Ebene hat. Dort war der Besitzer eben dabei, große Steine auszugraben und das Grab zu zerstören. Einen prächtigen Rundblick hat man auch von einem der Hünengräber, das frei von Gestrüpp und Tannenkusseln auf einem Hügel bei Bornsen liegt. Man schaut von dort über Wald und Feld, Wiese und Sumpf, und über die friedlichen kleinen Dörfer ragt hervor der stattliche Klosterturm von Diesdorf.

Über den Höhenzug mit seinen Hünengräbern gelangten wir durch Wiesen, die einst die Karpfenteiche des Klosters enthielten, nach Kersten's Wassermühle an einen von prächtigen Rüstern und Buchen, Birken und Eichen eingefaßten Wiesenbach. Gleich hinter dem Garten geht es steil in die Höhe auf einen Sandhügel, dessen Spitze Kersten's Windmühle krönt. Der ganze Windmühlenberg ist ein großer „Wendenkirchhof". Zahlreiche Urnen mit Knochenresten aus der Zeit des Leichenbrandes sind dort früher gefunden und zerschlagen, der Sand scheint fast durchsetzt mit feinen Knochensplittern.

Bei schönem hellem Sonnenschein mußten wir vom Hansjochenwinkel Abschied nehmen. Der schnelle Wechsel bewaldeter Hügel und fruchtbarer Ebenen – Wald und Weide und Wiese und Feld, dazu die kleinen freundlichen, dicht mit Bäumen umgebenen Dörfer verleihen der Landschaft einen eigenartigen Reiz, so daß Virchow, der Vielgewanderte, zu unserer Freude voll war des Lobes von Land und Leuten.

Als wir durch Dähre, Siebendolsleben und Henningen, so mitten durch den echten Hansjochenwinkel zum Bahnhof Bergen fuhren und auf der Straße hier die Kinderscharen in Feiertagskleidern freundlich dem Wagen nachblickten, dort eine Gesellschaft schmucker Mädchen zum Spaziergang versammelt stand, da fiel es mir plötzlich auf, daß bei Kindern und Erwachsenen die doch sonst in der Altmark vorherrschenden blonden Haare und blauen Augen fast gar nicht vorkamen. Eingedenk jener durch Virchow im wissenschaftlichen Interesse veranlaßten, vor einigen Jahren vorgenommenen Zählung in den Schulen machte ich ihn darauf aufmerksam.

„Sehen Sie das erst jetzt?" entgegnete Virchow lächelnd, „das habe ich schon den ganzen Morgen mit Verwunderung beobachtet, gewiß, wir sind hier in einem Gebiet der dunklen Augen und braunen Haare!" – Dunkle Augen, braune Haare! – Ei, da hätten wir ja die schwarzbraunen Mägdelein, von denen das Volk in seinen alten Liebesliedern so viel zu singen weiß!

Hell und sonnig lag die Landschaft da, und die spielende Kinderschaar und die „Koppel" der schwarzbraunen Mädchen paßten gar trefflich zum freudigen Frühlingstag. Bei so klarem blauem Himmel sollte man es kaum glauben, daß hier im Lande der alten Heidengräber so viel finsterer Spuk sich erhalten hat. Und doch! – müssen hier nicht die Kinder von klein auf sorgsam bewahrt werden vor dem Wehrwolf und vor den gespenstigen Katzen, vor dem gräßlichen Undêrt (Untier), einem furchtbaren Geschöpfe mit funkelnden Augen „so grot as Botterbüssen" (Butterbüchsen) und vor dem Glûhstert, dem feuerigen Drachen mit glühendem Schwanz, der durch den Schornstein ins Feuer zieht und Geld angeschleppt bringt! Wenn die Kinder laufen können, dürfen sie nicht allein ins Korn gehen. Sonst kommt die Roggenmöhm, die Roggenmuhme, die zwingt sie, aus ihren schwarzen Brüsten mit der giftigen Milch den Tod zu trinken… Dort unter den Raben, die auf dem Hünengrab sitzen,

ist sicher auch der Nachtrabe, der den Seelen der Gestorbenen auf ihrer Wanderung nach dem höllischen „Nobiskrug" den Weg weist. Von diesem Raben wissen sogar die Knaben. Sie singen, wenn einer gestorben ist: Weck ên is dod? Sparbrot is dod! Wann wert sin Lîk begraven? Övermorgen Avend. Wo is sin Seel? Wo is sin Seel? Unnerweggens met'n Raven!

Abends, nicht bloß auf Mooren und Sumpfwiesen, nein, auch in der Heide, sieht man den Kobold Bültkenspringer, das Irrlicht, ruhelos umherspringen. Aber vor allem der Spuk hinter den Hühnengräbern und auf den Wendenkirchhöfen! Wer bei Nacht vorbeigehen muß, wird gut tun, den Kopf abzuwenden und bangen Herzens den nüchternen Bannspruch herzusagen: Lat stan, wat steit. Lat gan, wat geit! Un ik gah miner Wege.

Mit den Hünengräbern wird viel Teufelsspuk untergehen. Sind sie alle zerstört, so werden die Verwegenen endlich aufhören, in der Mitternachtsstunde nach der goldenen Wiege zu graben, die darunter liegt, und nach dem silbernen Sarge. Drüben in Holzhausen war einst der Schäfer Krone zu Hause, der hatte den silbernen Sarg gefunden und heimlich nach Hamburg verkauft. Vergebens rief ihm der Tote zu: Lat mi liggen, lat mi liggen! Der ruchlose Schäfer schüttelte die Knochen aus und schlug den Sarg zu einem Silberklumpen zusammen. Freilich wurde er nun ein reicher Mann, aber er nahm ein schlechtes Ende. An derselben Stelle, wo er den Sarg gefunden, da hat ihm der Teufel das Genick umgedreht! ✳✳✳

Hünengrab bei Bornsen

Gardelegen

Nach Größe und Einwohnerzahl nimmt unter den altmärkischen Städten Gardelegen jetzt die dritte Stelle ein. Im Schutze der markgräflichen Burg Gardelegen entstand ein bereits im 11. Jahrhundert urkundlich erwähntes Dorf und aus diesem vermutlich erst nach Stendal die Stadt Gardelegen. Der Begründer der letzteren war wahrscheinlich der Askanier Graf Heinrich von Gardelegen, ein Enkel Albrecht des Bären, der Sohn Otto I. aus zweiter Ehe, der Stifter des Stendaler Domstifts mit der Domkirche des heiligen Nikolaus und der Erbauer der Stefanskirche zu Tangermünde. Als Stadt kommt Gardelegen erst in einer Urkunde von 1196 vor. Von der ursprünglichen Anlage weiß man wenig. Schon in der ersten Hälfte des 13. Jahrhunderts wurde die Stadt durch einen Brand fast ganz zerstört. Zum Wiederaufbau erhielten die Bürger 1241 von den Markgrafen Otto III. und Johann freies Bauholz aus der großen Heide, achtjährige Abgabenfreiheit und eine Menge Vorrecht und Privilegien zugesichert. Die Burg lag außerhalb der Mauern und Wälle der Stadt, in sumpfigem Terrain auf einem Werder, den die Milde mit ihren Nebenflüssen Lausebach und Goldbach bildet. Sie mag in ältester Zeit für die Landesverteidigung von großer Bedeutung gewesen sein.

Die noch heute vorhandenen öffentlichen Gebäude und Wohnhäuser aus alter Zeit bestätigen es, daß die Bürgerschaft der alten Hansestadt Gardelegen an Reichtum und Macht mit den Bürgern von Salzwedel und Stendal wetteifern konnte. „De Gardeleger de wollen Junker sin“, heißt es im alten Liede. Brand und Kriegsnot haben aber hier mehr noch als in den anderen altmärkischen Städten verwüstet. „Auch sind die wenigen noch vorhandenen alten Bauwerke durch die mannigfachen Um- und Unbauten so

entstellt, daß sie keinen künstlerisch befriedigenden Eindruck hervorrufen.“ (Adler) Übrigens mag man kommen, von welcher Himmelsgegend man will, von außen präsentiert sich die Stadt stets freundlich, inmitten von Gärten und Wiesen, mit den etwa gleich weit von einander abstehenden drei Türmen der Marienkirche, des Rathauses und der Nikolaikirche.

Die markgräfliche Burg wurde bereits unter den Askaniern an Adelsfamilien versetzt. Herzog Otto von Braunschweig, Gemahl von Agnes, der Witwe des Markgrafen Waldemar, löste sie ein. Schon Jobst von Mähren verpfändete Burg und Vogtei an einen Werner von Alvensleben. Dessen Familie behielt mit geringen Unterbrechungen bis 1448 den Pfandbesitz. In diesem Jahr verkaufte Markgraf Friedrich der Jüngere Burg und Vogtei Gardelegen dem damaligen Pfandbesitzer Werner von Alvensleben für 1100 rheinische Gulden und 330 Mark Standal'schen Silbers und gab sie ihm und seinen Lehnserben zu Lehen. In der zweiten Hälfte des 16. Jahrhunderts erhielt die Burg den Namen der Isenschnibbe, der eisernen Schnibbe.

„Die starken Mauern und Türme“, erzählt Steinhart 1802 „wurden erst vor wenigen Jahren abgetragen und zum Teil wie Felsenstücke gesprengt, um an ihrer Stelle neue Gebäude, die freundlicher aussehen, hinzusetzen. Der alte Turm war nicht höher als 36 Ellen, hatte 56 Ellen im Umfang, und seine Mauern waren zwölf Werkschuh dick. Eine solche ungeheure Steinmasse konnte ja wohl in einem Zeitalter, wo an keine regelmäßige Belagerungen gedacht wurde, den Namen eiserne Schnibbe erhalten, weil sich wohl so mancher daran die Nase zerstoßen mochte.“

Das Herrenhaus, das die Alvensleben Ende vorigen Jahrhunderts anstelle der alten Burg Isenschnibbe erbauten, ist als Rest eines „Rittergutes Gardelegen“ vor 30 Jahren verkauft und in bürgerlichen Händen in eine Kartoffel-Stärkefabrik verwandelt. Gardelegen hatte drei Tore, das Magdeburger, das Stendaler, das Salzwedeler (Soltsche), vor jedem Tor einen Wartturm, hohe Wälle, breite und tiefe Stadtgräben. Die Warttürme sind spurlos verschwunden, das Magdeburger Tor und das Stendaler Tor sind niedergelegt, die Wälle geebnet und in Gartendämme und Kirchhöfe verwandelt, die Stadtgräben zum großen Teil ausgetrocknet und zugeschüttet. Das Salzwedeler Tor, das noch erhalten ist, rührt jedenfalls aus der Zeit um 1550 her. Damals wurden die bisherigen Befestigungen der Stadt durch erhöhte Wälle und durch neue Außenwerke ausnehmend verstärkt.

„Das Salzwedeler Tor“, sagt Adler, „besteht aus einem ziemlich tiefen, mit Sterngewölben überdeckten Torhause, das, flachbogig nach Stadt- und Feldseite geöffnet, von zwei sehr starken Rundtürmen flankiert wird. Alle Verteidigungs-Einrichtungen, Scharten, Schlitze usw. sind auf die Anwendung von Geschützen berechnet.“

Über dem Tor stand vor Zeiten ein Turm. Derselbe wurde im Juni 1689, wie es in der Chronik heißt, „daß er nicht herunterfalle und Schaden tun möchte, weil er gefährlich stand, abgebrochen“.

Das Rathaus mit dem daran stoßenden Hausmannsturm ist ein durch spätere Feuersbrünste vielfach veränderter, aber im Äußeren noch erhaltener schmuckloser gotischer Backsteinbau aus der ersten Hälfte des 16. Jahrhunderts, dem altstädtischen Rathaus zu Salzwedel nachgebil-

80

Bitte lesen Sie weiter auf Seite 97

Ausflugsschiff auf dem Arendsee.

Arendsee

Der Luftkurort am gleichnamigen See ist besonders während der Sommermonate ein beliebtes Urlaubsziel. Strandbad, Campingplatz, Seglerhafen und Taucher-Ausbildungszentrum werden von den Gästen gern genutzt. Die Ruinen des einstigen Nonnenklosters der Benediktinerinnen und die dreischiffige romanische Pfeilerbasilika der Klosterkirche gehören zu den über die Stadt hinaus bekannten Sehenswürdigkeiten. In Arendsee lebte viele Jahre lang ein seltsamer Moralist und Außenseiter, der sich selbst „Friedensapostel", „Naturheilkundiger" oder „Wanderprediger" nannte: Gustav Nagel. 1924 gründete er eine eigene Partei, die „Deutsch-Kristliche-Folkspartei". Die Nazis sperrten Nagel in das Konzentrationslager Dachau, und auch den folgenden Machthabern war der Arendseer Rebell suspekt. 1952 starb Gustav Nagel in einer Nervenheilanstalt.

Die romanische Klosterkirche.

Die enge Hauptstraße von Klötze wird zum Verkehrsnadelöhr. Doch schon zwei Straßenzüge weiter umgibt den Fremden paradiesische Ruhe: Viele leere Parkplätze beiderseits einer neugepflasterten breiten Straße, niedrige, sauber angestrichene Häuschen, einladende Gastwirtschaften, kleine Geschäfte. Klötze, im Volksmund wegen der Wälder ringsum „Klobenwalde“ genannt, gehört zu den Orten in der Altmark, von denen man nie recht weiß, ob sie noch Dorf oder schon Stadt sind. Auch die schlichte Fachwerkkirche, abseits vom Zentrum gelegen, ist ein Musterbeispiel für ländliche Sakralarchitektur in der Altmark. Die schlichte Innenausstattung, der einfache Orgelprospekt, der bescheidene Altar und die naive Blumenmalerei an den Emporen sind sehenswert. ✻ Von den vielen Dorfkirchen der Altmark ist die in Osterwohle (Fotos S. 83), westlich von Salzwedel, wegen der nahezu vollständig erhaltenen geschnitzten Ausstattung aus dem frühen 17. Jahrhundert, eine der eindrucksvollsten.

Der Altar der 1759 erbauten Fachwerkkirche von Klötze.

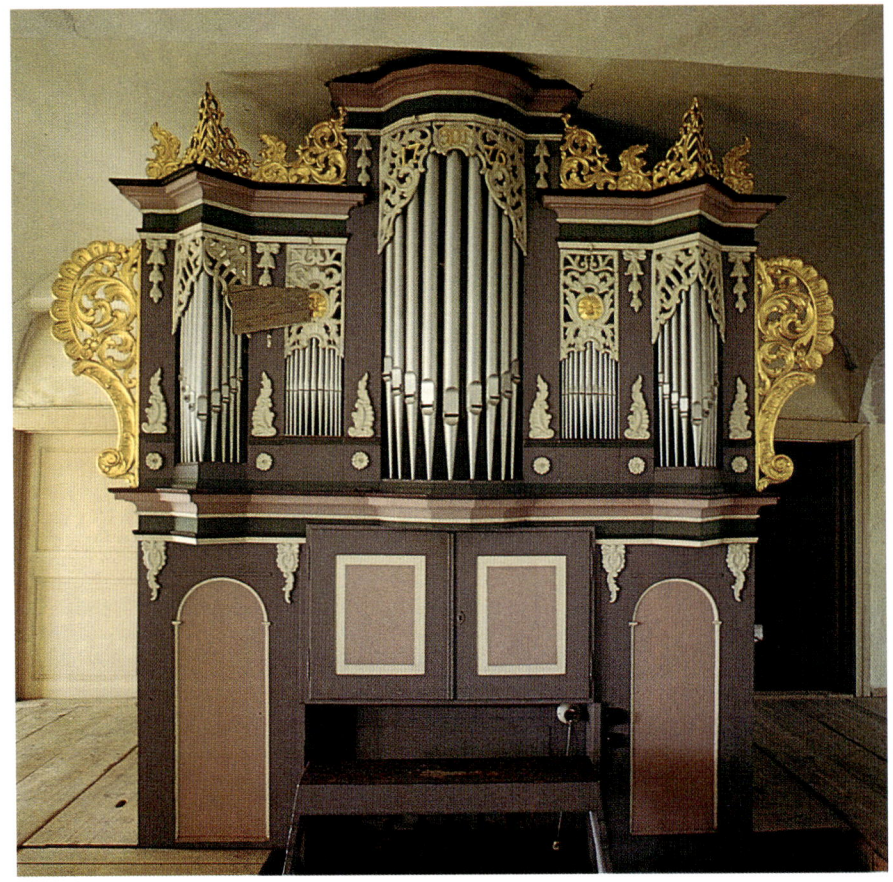

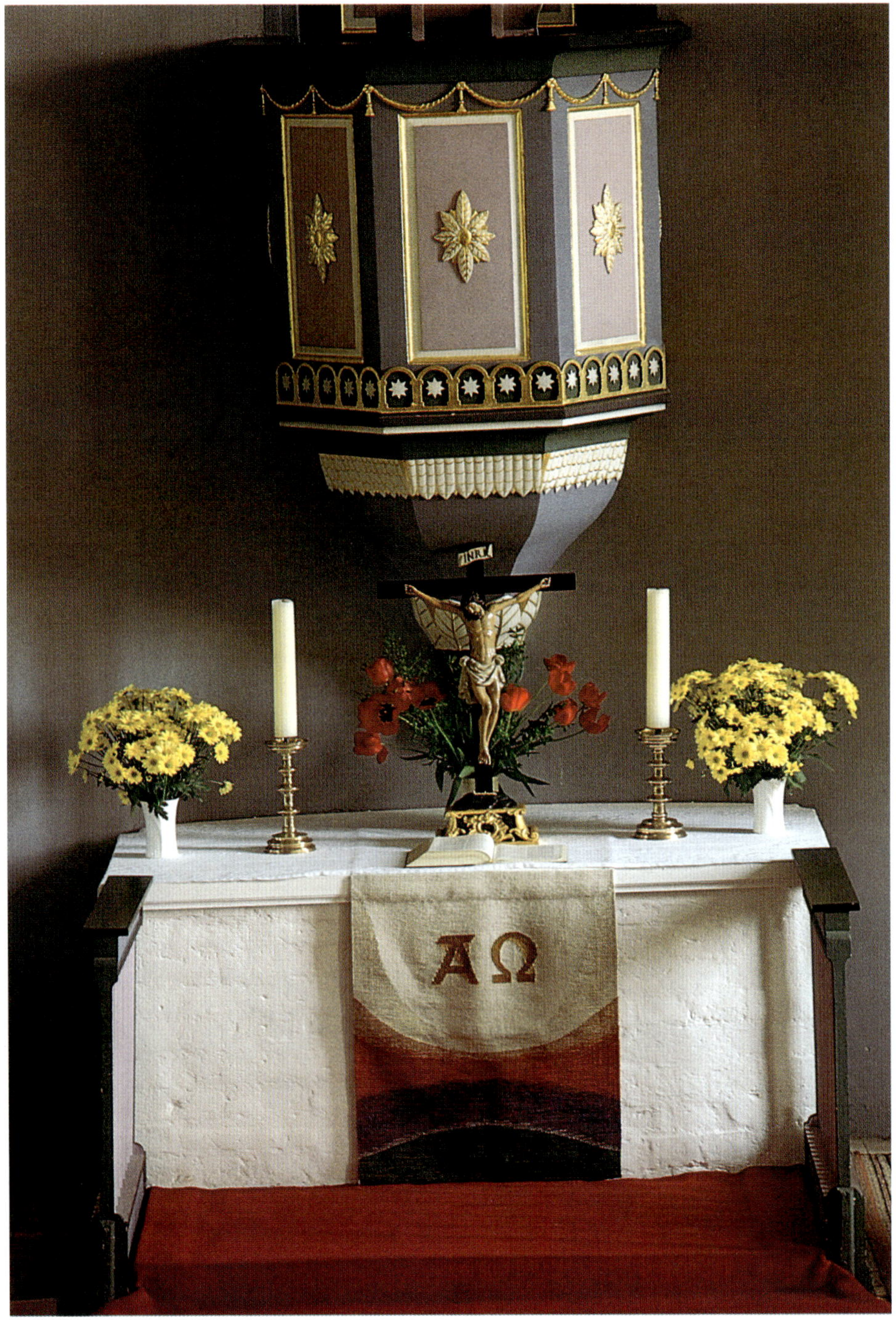

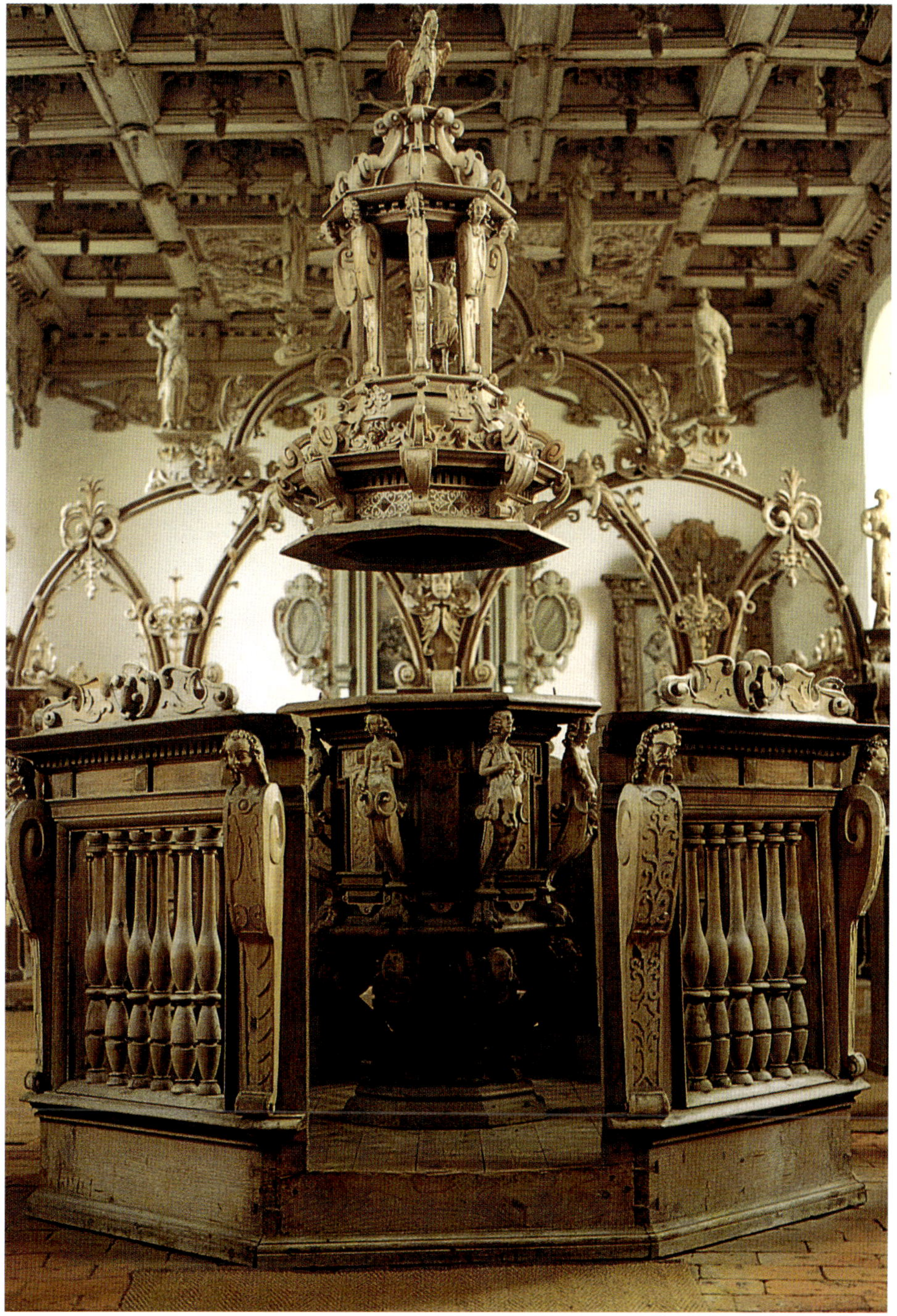

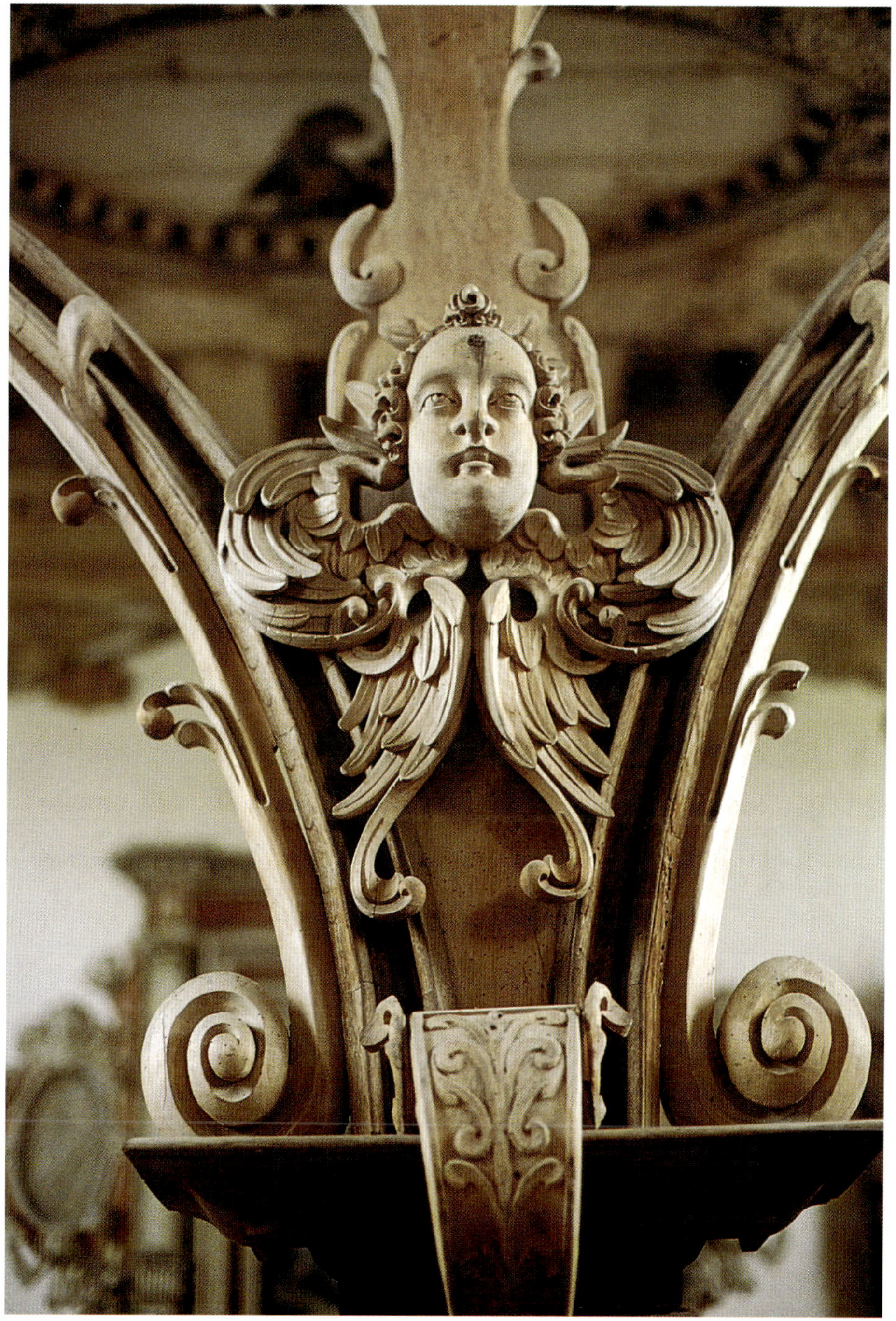

Kalbe ist die brückenreichste Stadt der Altmark. Mehr als 60 schmale Stege überspannen das Flüßchen Milde und führen zu den gepflegten Grundstücken der Bewohner. Künftig soll das Städtchen auch Kurort werden. Eine moderne Klinik wird seit 1993 gebaut. Auf dem Giebel der Burgruine nistet in jedem Jahr ein Storchenpärchen. Ruhebedürftige und Naturfreunde können die Umgebung auf einsamen Wegen durch Wiesen und Felder erkunden.

Der Roland am Rathaus.

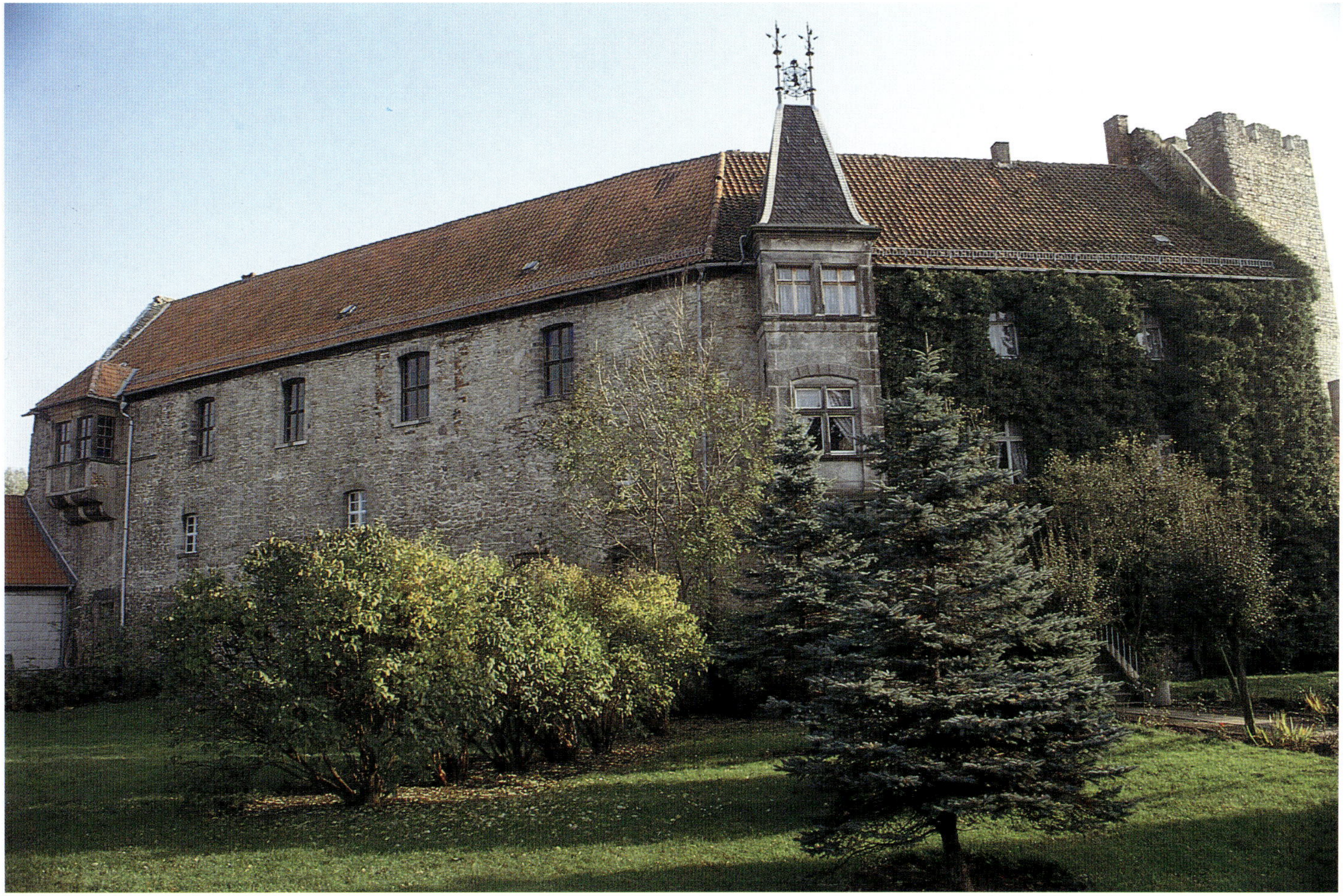

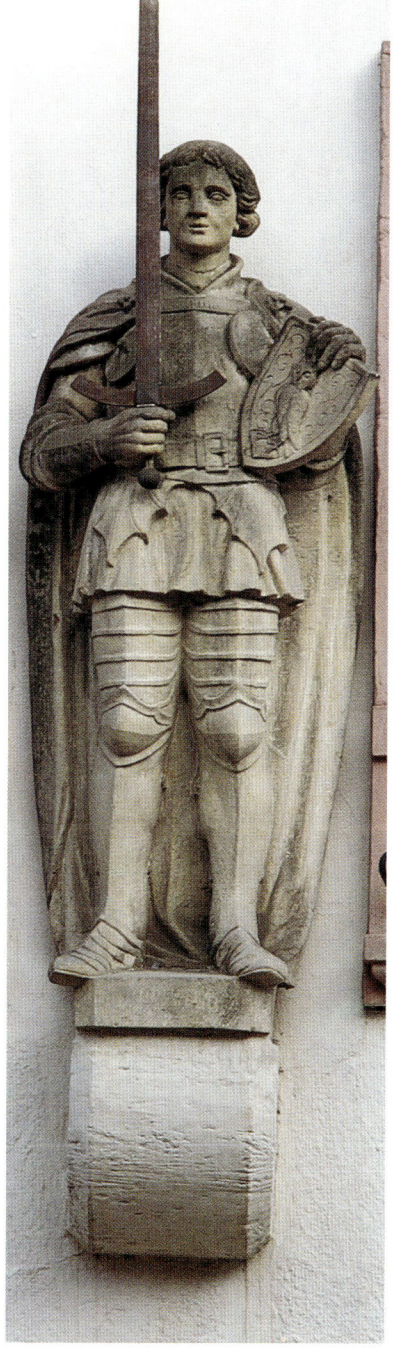

Oebisfelde

Die Burg von Oebisfelde (oben).

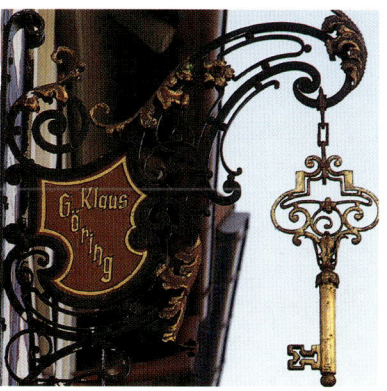

Lange vor Parisius hat ein Reisender 1791 über den Ort folgende Bemerkung gemacht: „Der Charakter der Oebisfelder ist im ganzen genommen ehrlich und bieder. Ihr Anzug ist sehr simpel und mehr nach altem Geschmack als modisch. Rechtschaffenheit und Religion trifft man hier gottlob noch an.“ Bis 1989 lebten die Oebisfelder unter den verschärften Bedingungen des ehemalingen Grenz-Sperrgebietes. Heute ist die verkehrsgünstig an der Eisenbahnlinie nach Berlin gelegene Stadt wieder geschäftiger Mittelpunkt der Region. Die Burg mit regelmäßigen Ausstellungen ist Ziel vieler Besucher.

Kirchen prägen die altmärkische Landschaft. Aus Feldsteinen erbaute schlichte Gotteshäuser und Fachwerkbauten in den Dörfern oder die gewaltigen gotischen Backsteinkirchen in den größeren Städten demonstrieren das christliche Glaubensbekenntnis vieler Generationen. Die magische Zahl „Sieben“ der Altmark (Sieben Städte: Salzwedel, Tangermünde, Stendal, Gardelegen, Seehausen, Werben und Osterburg; Sieben Flecken: Arneburg, Arendsee, Bismark, Buch, Kalbe, Beetzendorf und Apenburg; Sieben Flüsse: Tanger, Dolle, Uchte, Biese, Zehre, Jeetze und Ohre), läßt sich auch auf die Kirchen anwenden. Bei sieben altmärkischen Kirchen befindet sich der Turm auf der Ostseite, statt auf der Westseite. Sie werden die sieben „verkehrten“ Kirchen genannt und befinden sich in: Beelitz, Hämerten, Nesenitz, Staffelde, Storkau, Tangeln und Wallstawe.

Nesenitz: eine der sieben „verkehrten“ Kirchen.

Die Fachwerkkirche in Wenze.

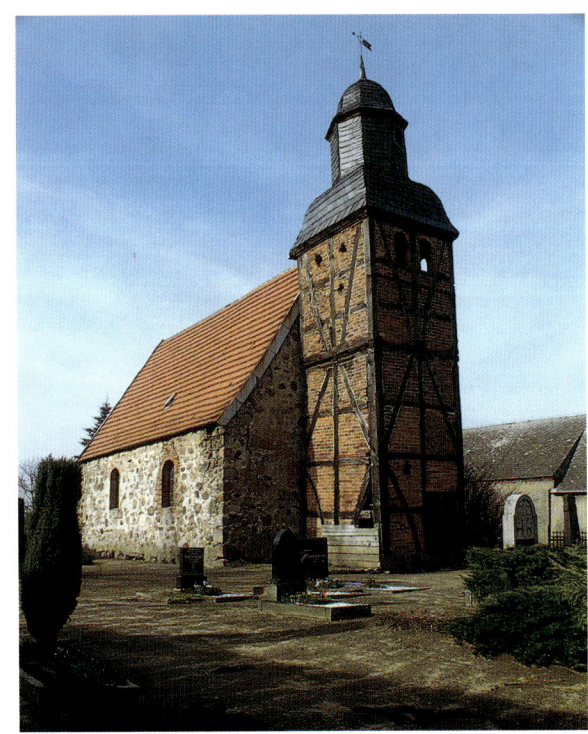

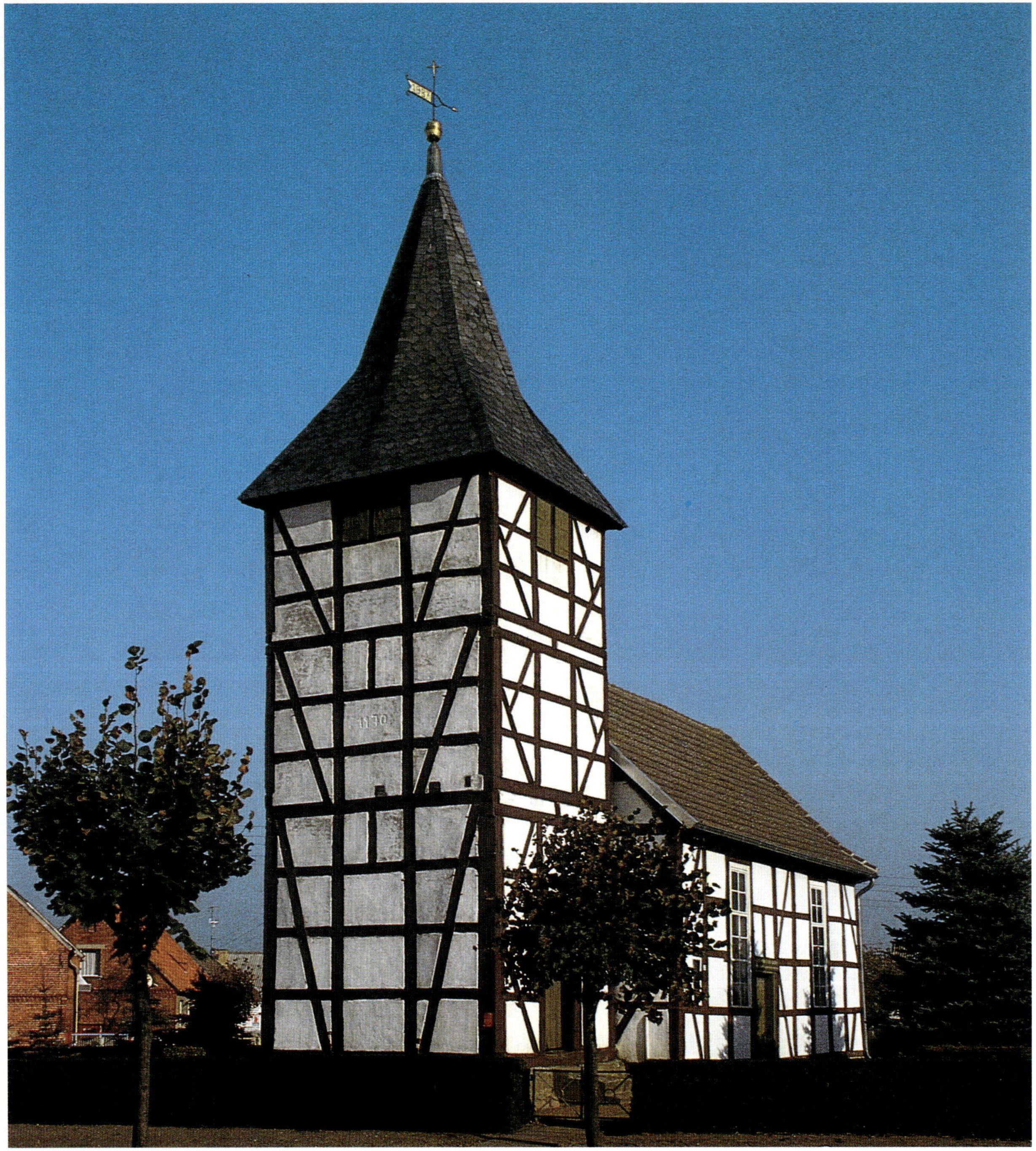

Die Feldsteinkirche in Jeben.

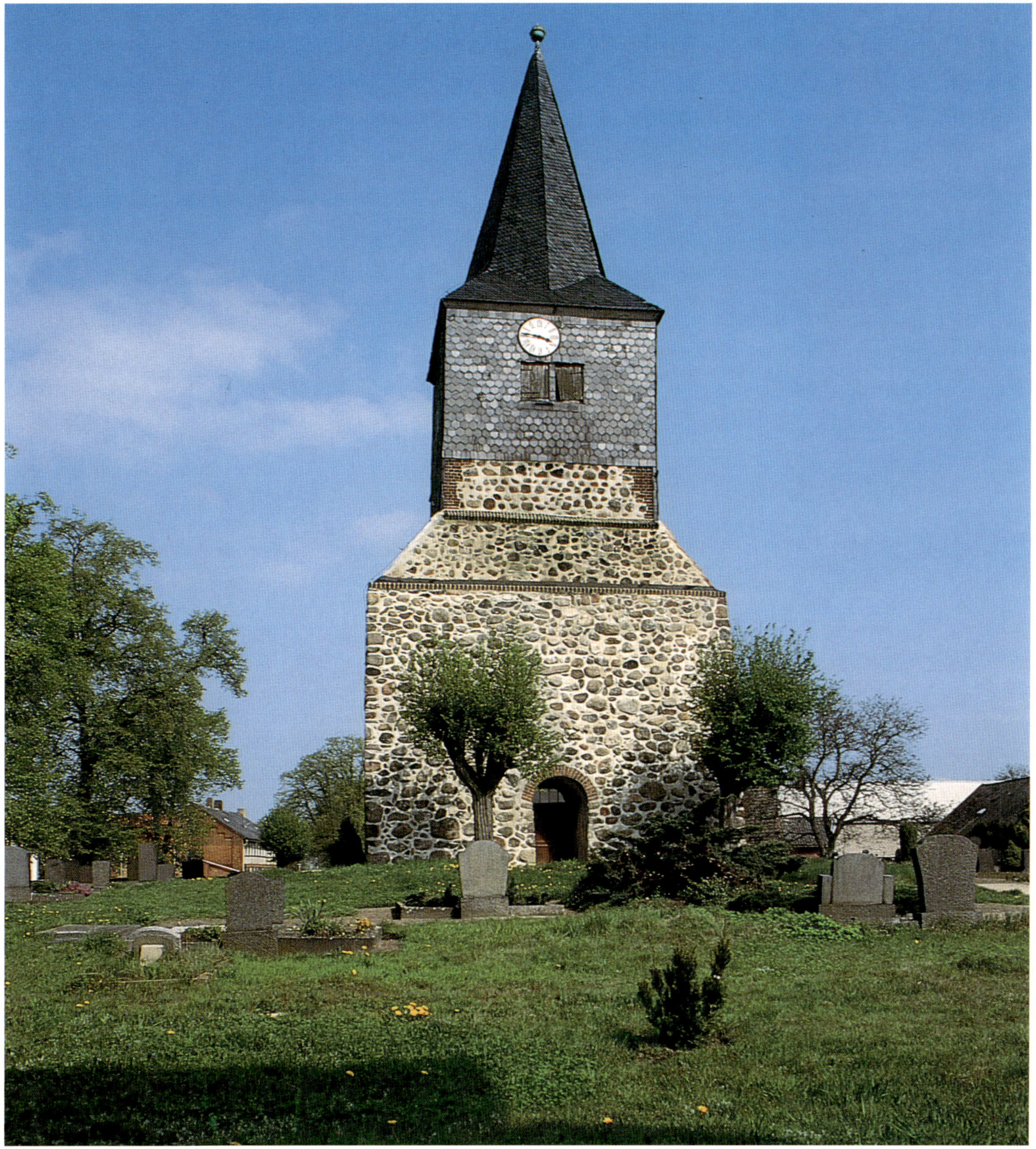

Die Fachwerkkirche in Kusey.

Die Fachwerkkirche von Trippigleben.

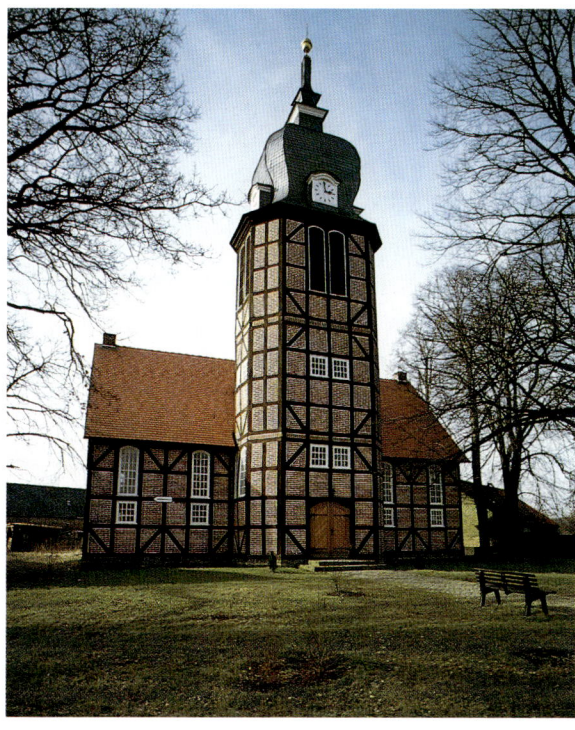

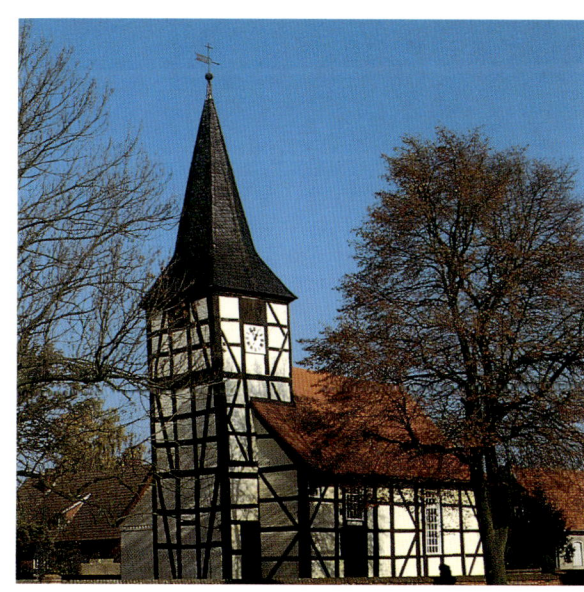

Alter Grabstein in Dannefeld.

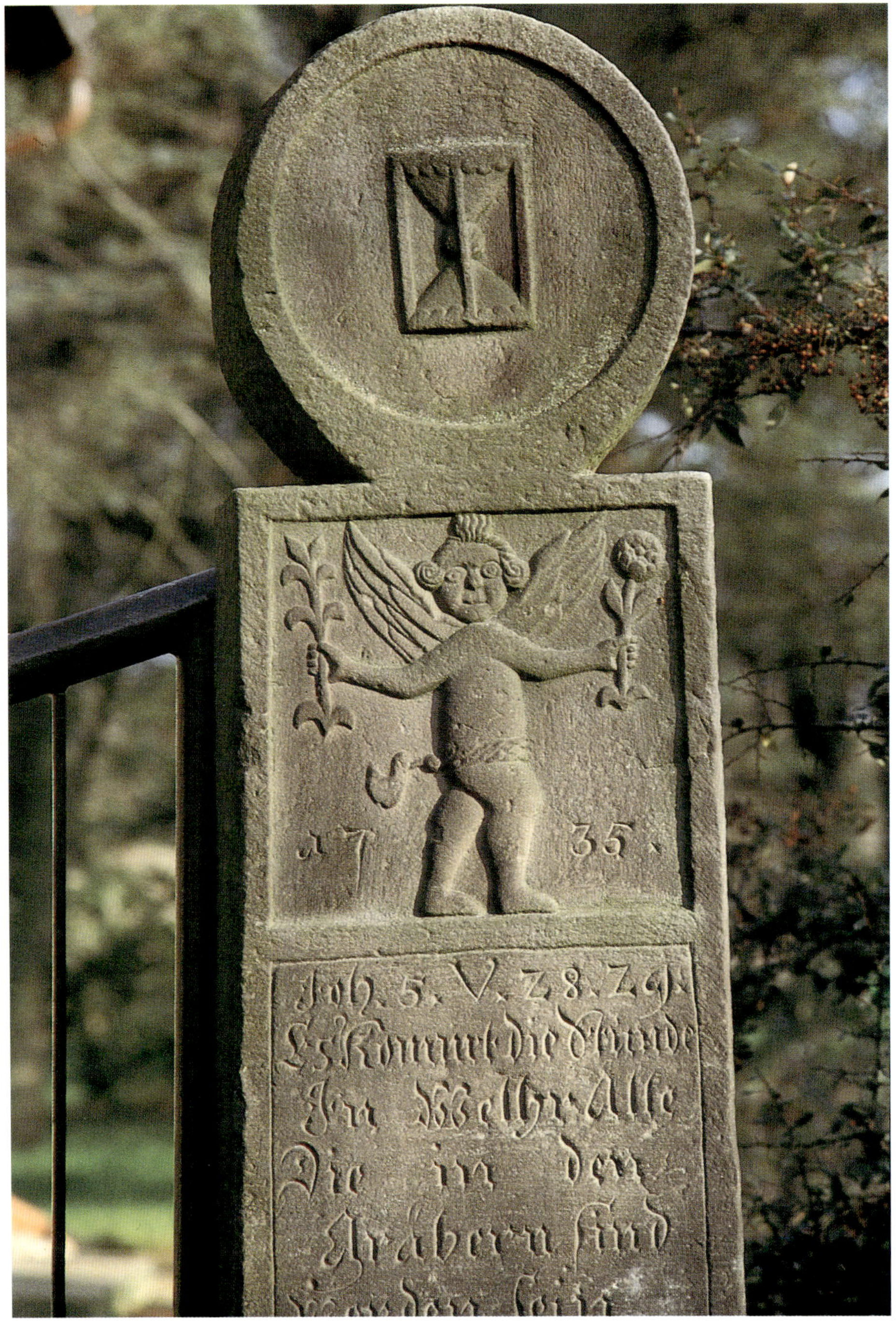
17 35
Joh. 5. V. 28. 29.
Es kommt die Stunde
In welcher Alle
Die in den
Gräbern sind

Kriegerdenkmal in Trippigleben.

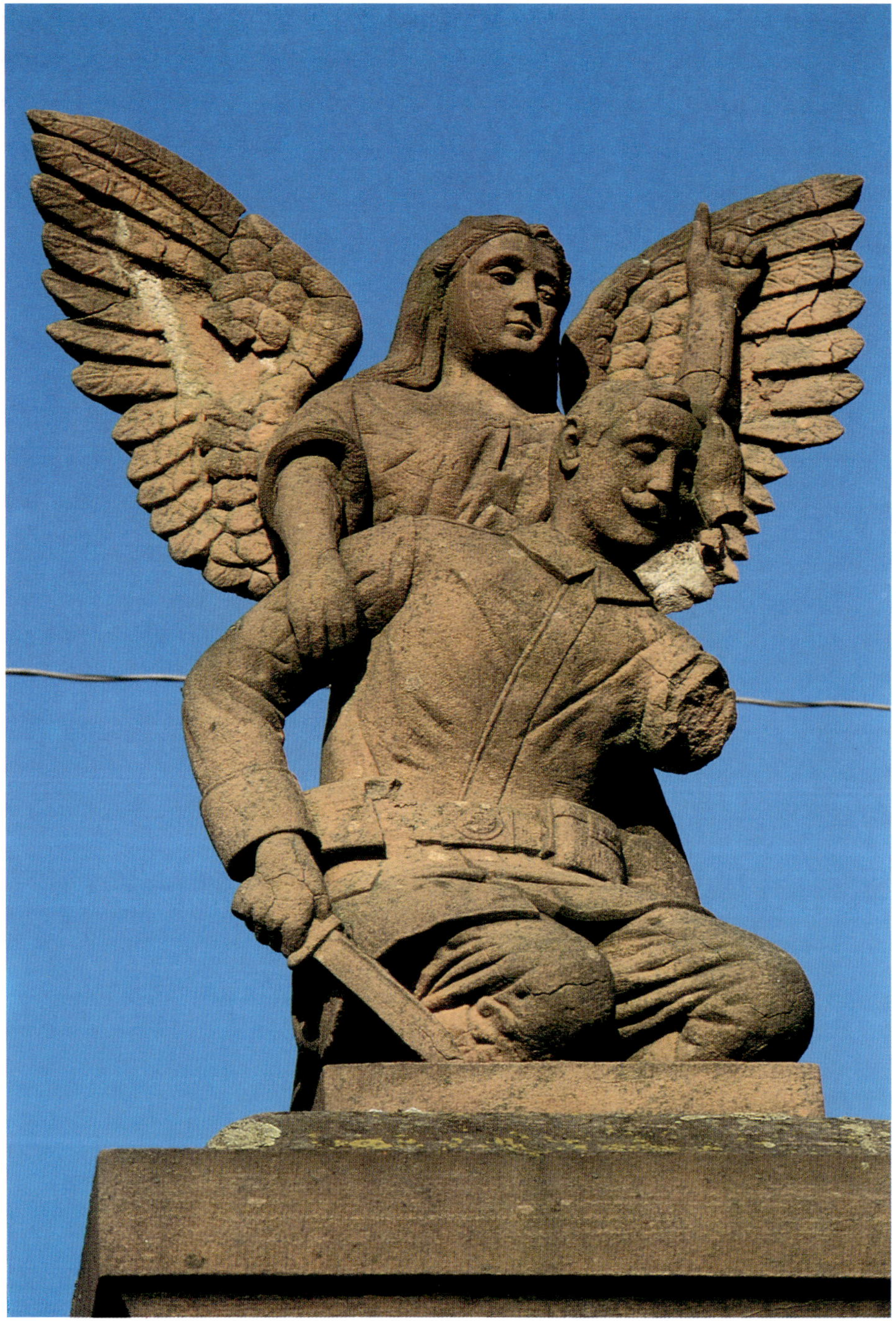

Den Toten zur Ehre: Grabpflege in Rohrberg.

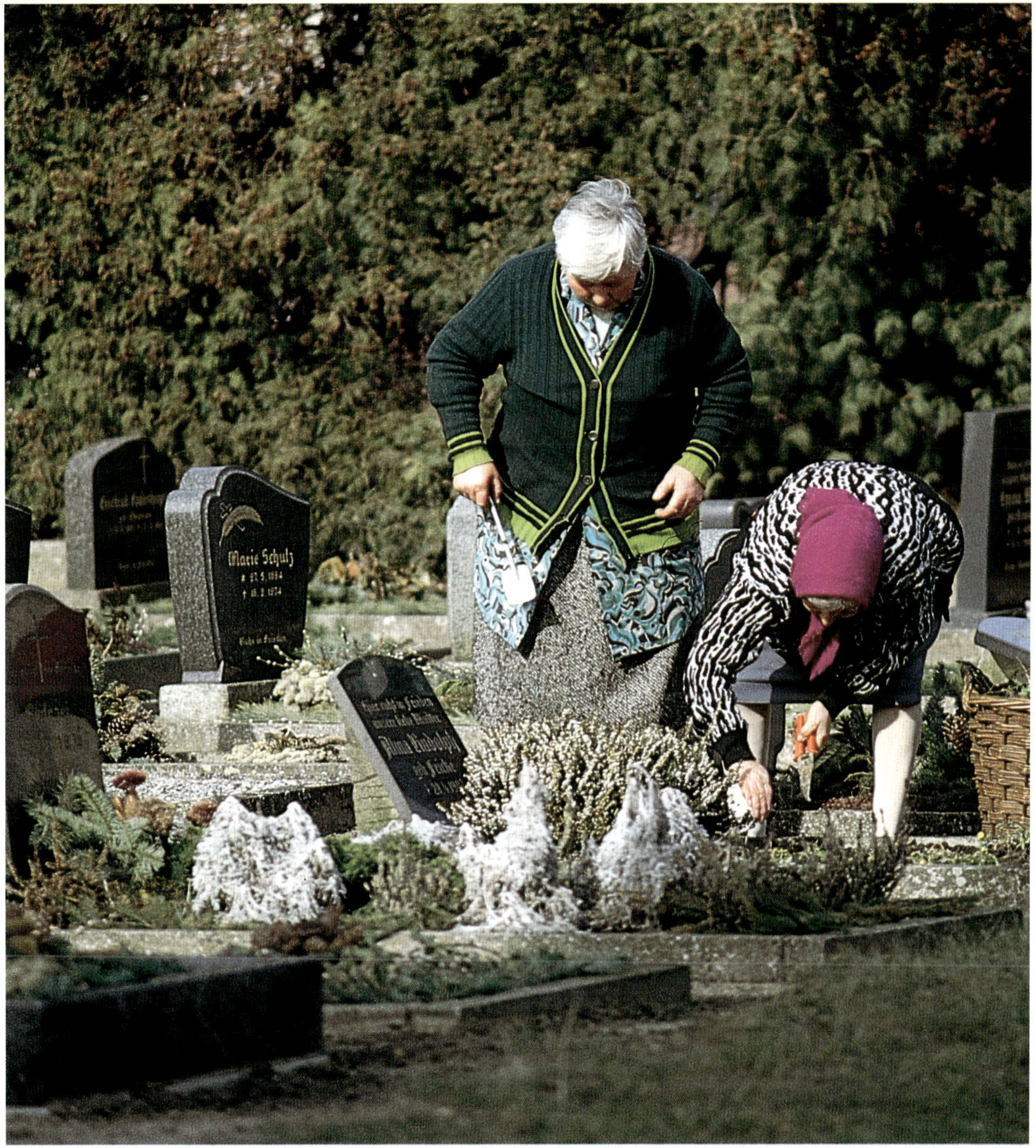

Altmärkische Friedhöfe, meist mitten im Dorf neben der Kirche gelegen, sind nicht nur Orte der Besinnung, sondern auch ein Spiegelbild von Ordnungsliebe und Akuratesse der Lebenden. Gepflegte Grabstätten und mustergültig geharkte Wege bestimmen das Bild. Auf vielen Grabsteinen aus alter Zeit haben die Vorfahren in einfacher Art christliche Symbole verewigt oder sie erinneren mit Inschriften an die Lebensleistungen der Verstorbenen. Die Altmark ist auch reich an Kriegerdenkmalen mit leicht ramponierten Engelsfiguren oder riesigen Bronzeadlern, die auf großen Felsblöcken hocken. Erstaunlicherweise hat diese Art demonstrativen Heldengedenkens alle inzwischen untergegangenen Regime unbeschadet überdauert.

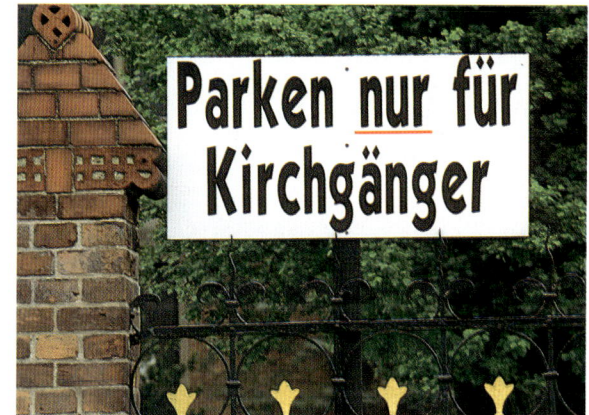

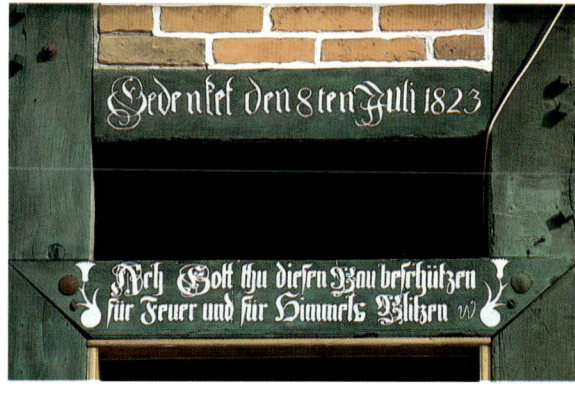

Tangerhütte

Als Ludolf Parisius sein Werk über die Altmark verfaßte, produzierte man in der Tanger-Hütte beim Dorf Vaethen bereits Eisenerzeugnisse. Die Fotos auf beiden Seiten sind etwas später entstanden. Sie machen deutlich, wie sich der Ort allmählich zur Stadt mauserte: Das etwas überdimensionierte Rathaus und zahlreiche Gasthäuser für gehobene Ansprüche symbolisierten wachsenden Bürgerstolz. An jenen Aufschwung der frühen „Gründerjahre" knüpfen die Bewohner heute wieder an. Die jüngste Stadt der Altmark hat sich seit 1990 durch Straßensanierung und viele Baureparaturen deutlich zu ihrem Vorteil verändert.

1926: Spielende Kinder im Tangerfluß.

1910: Postkarte aus Vaethen (oben). 1905: Bismarckstraße mit Rathaus (unten).

90

Postkartengrüße um 1900.

Historische Industriearchitektur: die Tangerhütte.

Ruf Gott in allen Sachen an
Er würd dir helfen und beistahn
weil er den Seinen die er liebt

Bauherr, Joh
Was Gott thu

92

Wer aufmerksam durch altmärkische Dörfer geht, wird an vielen Häusern oder Hoftoren noch Inschriften finden, die auf frühere Besitzer hinweisen. Gottesfürchtige Sprüche und naiv gereimte Glaubensbekenntnisse dokumentieren die Geisteshaltung der Bauern. Die detailgetreue Pflege und Instandhaltung solcher historischer Denkmale zeugt heute vom Traditionsbewußtsein der Altmärker.

Hausinschrift in Kerkuhn (links). Haus im Freilichtmuseum Diesdorf (unten).

Blühende Baumallee bei Kalbe (oben).

Häuser am Wasser in Beetzendorf (unten).

94

Das weite altmärkische Land bringt große Reichtümer hervor, die weithin bekannt sind und zudem gut schmecken: altmärkischer Honig, Heide-Kartoffeln und natürlich den altmärkischen Spargel. Was auf den Tisch kommt, ist nahrhaft und deftig. Altmärkisches Korn wird heute allerdings nicht mehr in der Windmühle gemahlen oder geschrotet. Die wenigen Riesenflügler, übriggeblieben von einst vielen Dutzend in der Feldflur, sind heute nur noch museale Schaustücke, wie die Mühle in Zierau.

Straßenverkauf: Heidekartoffeln und Honig.

Frachtschiff auf dem Mittellandkanal bei Oebisfelde.

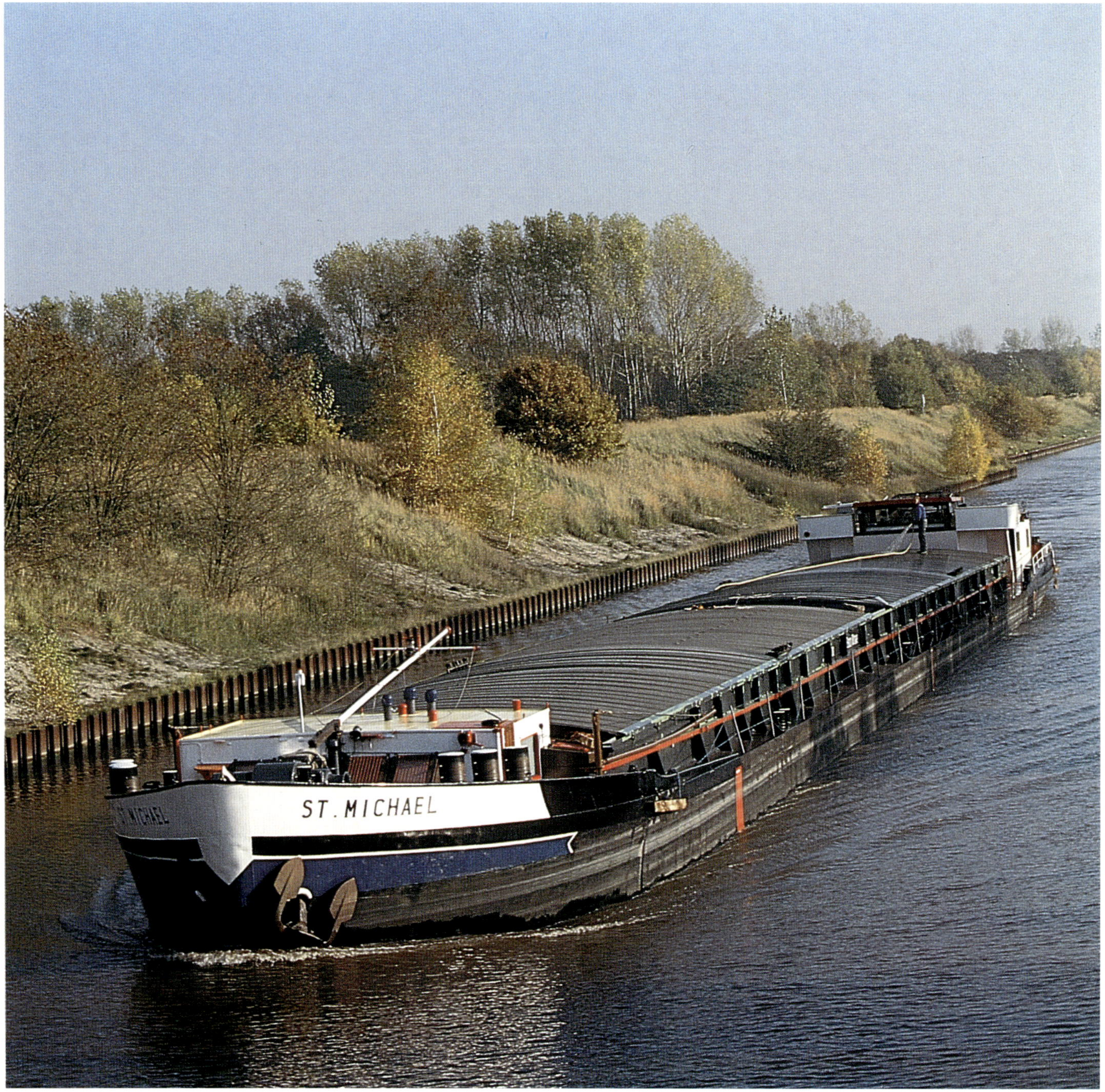

Der Mittelpunkt der Erde befindet sich in der Altmark, genauer: im 1363 erstmals urkundlich erwähnten Dorf Poppau. Stolz reimten deren Bewohner: „In Poppau steht ein alter Stein, hier soll der Erde Mitte sein." Von jenem Punkt aus, so erzählt eine Sage, wurde vor langer Zeit die Welt vermessen. In alle Himmelsrichtungen mußte eine Maßkette ausgelegt werden. Als die langwierige Messung beendet war, bestätigte sich, daß am Kreuzungspunkt der acht Wege in Poppau der Mittelpunkt der Welt lag. Die Vermesser wickelten ein Stück der eisernen Kette, mit der sie die Messung vorgenommen hatten, um einen großen Stein und versenkten diesen im Dorfteich. Dort liegt er noch heute.

Der „Mittelpunkt der Erde" in Poppau.

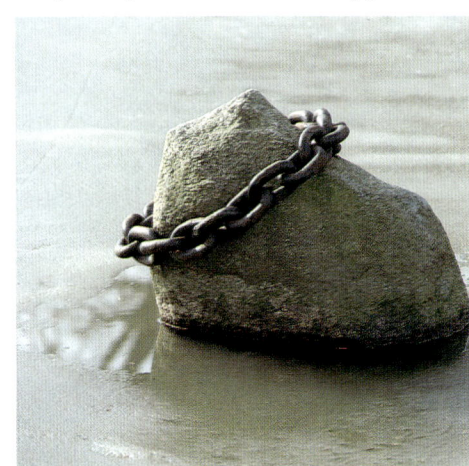

det. Auf dem Hausmanns-Turm wohnte der Stadtmusikant, der droben bei Tag und Nacht Wache halten mußte. Unten im Turm ist die Ratswaage. Der steinerne Roland, der einst vor dem Rathaus stand, ist im vorigen Jahrhundert zerschlagen und zum Ausflicken der Stadtmauer verwendet worden. Auf dem Markt befand sich ferner vor Zeiten der Pipenbrunnen oder die Wasserkunst, das Bassin einer städtischen Wasserleitung. Im Dreißigjährigen Krieg haben die Kaiserlichen das 1539 hergerichtete „steinerne Werk untüchtig gemacht und verderbet".

Die Leidensgeschichte der Stadt Gardelegen, die durch Brände, die meist in Malzhäusern oder Hopfendarren durch Unvorsichtigkeit aufgekommen sind, oftmals schwer beschädigt wurde, kann man am Rathaus und Rathausturm und an der Marienkirche studieren. Welche von den beiden Hauptkirchen, ob, wie Riedel annimmt, die der Burg zunächstliegende Nikolaikirche, die schon 1309 als Pfarrkirche der Stadt bezeichnet wird und dies auch zur Reformationszeit war, oder die Marienkirche, wie Adler aus den Bauformen zu begründen sucht, die ältere ist, mag dahingestellt bleiben. Die zuerst 1238 genannte Marienkirche ist wahrscheinlich in dem großen Brand von 1241 mit zerstört worden. Adler will aus alten Fragmenten schließen, daß der erste Bau eine gewölbte Basilika gewesen und in der Mitte des 13. Jahrhunderts in eine fünfschiffige Hallenkirche verwandelt sei. Nach einem Brand von 1470 soll das hohe Chor erbaut und ein mächtiger Turm mit einer hohen kupfergedeckten Spitze errichtet sein. Jedenfalls hat der Brand, der 1505 in der Hopfenzeit in Hans Kock's Haus auf der Sandstraße beim Hopfendarren aufgegangen ist und die südliche Hälfte der Stadt niedergelegt hat, auch das große Hospital zum heiligen Geist mit seiner Kapelle und die St. Marienkirche zerstört. Zum Aufbau der letzteren wurde über die Grenzen Brandenburgs hinaus gesammelt. Das Rathaus wurde 1505 verschont, dafür aber 1526 zerstört, wo wiederum fast die halbe Stadt, diesmal aber die westliche Seite, vernichtet wurde:

„Anno 1526 des abends Simonis et Judae (war der 16. Oktober und freitags) kam auf dem Holzmarkt in Klaus Schartauen Hause ein Feuer aus, und war beim Malzdrögen durch die Darre versehen. Dieses nahm die halbe Stadt hinweg. Die Flamme ging gerade für sich herauf nach dem Magdeburgischen Tor, die Sand- und Magdeburgische Straße hinan und ergriff das Rathaus mit. Damaliger Bürgermeister Johannes Calve lief aufs Rathaus und rettete mit Leibes- und Lebensgefahr die Register, Bücher, Briefe und alle Dokumente, ließ aber sein Haus in vollem Feuer stehen und brennen, weil er meinte, daß publica privatis vorzuziehen."

Der Blitz schlug 1580 am 30. Nov. in den Hausmannsturm, ohne viel Schaden anzurichten. Schultze berichtet ferner:

„Anno 1593 schlug das Wetter in St. Marien-Kirchthurm und warf ihn fast auf die Hälfte herunter. Alte Leute, die sich dessen noch erinnern können, sagen, es sei damals bei demselben Gewitter Feuer und Schwefel vom Himmel gefallen. Dieser Schade war 1599 ersetzet, da man ein solch Stücke, wie das abgebrannte war, wieder aufsetzte am Thurm, die Spitze ward mit Kupfer gedecket, ein übergüldeter Knopf aufgestecket..."

Der Turm war schlecht gebaut. Schon 1610 wurde bei einem schrecklichen Sturmwind der Oberbaum samt Knopf und Wetterhahn heruntergeworfen. Es war dasselbe Stück, das 1599 „neu aufgesetzt und angeflickt war". Der Turm war damals 180 Fuß hoch.

Weitere Zerstörungen dieser Bauten brachte der inzwischen durch den Krieg völlig verarmten Stadt das Unglücksjahr 1658. Am 20. Mai, am Himmelfahrtstag, während der Nachmittagspredigt in der Marienkirche „begunnte das Mauerwerk unter dem Glockenthurm zu rieseln, als

hätten die Vögel, Dohlen, Eulen, Falken und dergleichen, welche in den Thüren zu nisten pflegen, solch Grüselwerk heruntergescharret. Wie aber die Predigt über die Hälfte war, eben wie der Magister Georgius Müller aus dem Eusebio die falsche und zaubrische Himmelfahrt des Erzhexenmeisters Simonis Magi erzählte, da schlug ein gut Stück des starken Mauerwerkes unter dem Thurm, ein groß Stück des Kirchendachs und Gewölbes herunter zur Kirchen hinein unter die Gemeinde, erschlug 22 Personen – aus jedem Geschlechte, aus jeder Pfarre gleich viel, elf Manns und soviel Weibspersonen, elf aus St. Marien und soviel aus St. Nikolaipfarr. Darunter acht Ehemänner und soviel Ehefrauen, drei Junggesellen und soviel Mägdlein waren, deren die meisten von den Sparren, Steinen und Balken sofort getödtet worden, andere unter der Last zuletzt sticken mußten. Bei die 20 Menschen sein gerettet und aus dem Steinhaufen herausgearbeitet worden, die sehr verwundet waren, auch zum Theil nochmals den Mund drüber zugethan haben. Da war ein Nebel vom Staub des Kalkes und Mauerwerks, daß keiner aus den Augen sehen konnte; da war ein Geschrei, Heulen und Wehklagen, daß es durch die Wolken hätte dringen mögen; da war ein Gedränge zur Kirchen hinaus, daß es einen Stein hätte erbarmen mögen, denn der unvermögsamen Alten, der zarten und schwachen Kinder schonte man nicht, sondern man lief über sie hin und trat sie mit Füßen."*

Dann kam der 25. Juni, wo „die gelösete Spitze, die bisher wie eine hängende Wand gewesen und von einer Seiten zur andern gewackelt hatte", umfiel und der schöne Turm niedersank. Die Turmspitze schlug in die Länge über das Kirchendach hin, zerschmetterte die Gewölbe, auch die Taufe und die Stühle, aber Orgel, Altar und Kanzel blieben unversehrt. Hierbei kam kein Mensch zu Schaden. Die lange Spitze hätte noch das Pfarrhaus zerschlagen, wenn sie sich nicht vorher an eine große Linde gehängt und dabei in mehrere Teile zerbrochen wäre.

97

Wenige Wochen darauf, am 13. August 1658, abends 6 Uhr, brach ein Feuer auf der Stendal'schen Straße aus und griff nach beiden Seiten so schnell um sich, daß niemand retten konnte.

„Es war allenthalben Feuer; denn die Fette und brennende Speck- und Schmorwaaren flogen bald auf dieses, bald auf jenes Haus, wie denn ein Schmor an den Hausmannsthurm sich hängte, ihn anzündete. Es ging damals die halbe Stadt drauf."

Nur die wüsten, unbebauten Stellen, die seit dem Dreißigjährigen Krieg die Häuserreihen der Straßen öfters durchbrachen, hemmten das Feuer, „daß es nicht weiter fressen konnte".

Neun Jahre später vernichtete wiederum ein Feuer den besten Teil der Stadt. An 80 Häuser, darunter die meisten nach dem Brande von 1658 neuerbauten Häuser, wurden in Asche gelegt. Es war am Sonntage, dem 17. November 1667, abends um 5 Uhr, in des Schwarzfärbermeisters Jochim Grünangers Hintergebäude und Scheune aufgekommen.
„Gedachter Schwarzfärber hatte ein Gastmahl zu seiner Frauen Kirchgang angestellt und die Küche in der Scheune an einem gefährlichen Ort angeschlagen. Da es dann durch das große Feuer zum Sieden und Braten geschehen sein mag, daß die Flamme Heu oder Stroh oder altes ausgedörrtes Holz über sich erreichet oder daß Fett in die Höhe flieget und das Gebäude anzündet. Denn sobald der Koch Feuer über sich inne wird, brennet es in voller Kraft und Macht zu allen Seiten."

Die Gäste wollten retten, es war zu spät. Das Gebäude stand schon in voller Glut, die Flammen hatten bereits der Nachbarn mit Stroh gedeckte Hintergebäude ergriffen. Ein starker Wind jagte das Feuer mit voller Macht zur Stadt hinein. Diesmal wurde zwar das Rathaus verschont, „obgleich alles rund herum wegbrannte.

Hausmanns Thurm aber mußte wieder mit austhun. Sein Obergebäude, Schlag- und Vierteluhr, die beiden Glocken schlugen herunter und fielen auf der Gassen zur Erden hinein. Das Uhrwerk aber ist vom Feuer vernichtet..."

Die letzte große Feuersbrunst datiert vom 28. April 1685. Rathaus und Hausmannsturm und 130 Häuser wurden zerstört. Als Brandstifter wurde am 21. Juli der Tagelöhner Mathias Cuno hingerichtet.

Die Nikolaikirche

Die Nikolaikirche ist in allen diesen Bränden nicht beschädigt, da sie am Nordende der Stadt auf dem Kirchhofe, unmittelbar vor der alten Stadtmauer liegt. Nach Inschriften am Südportal ist sie 1222 erbaut und 1522 erweitert. Die Kirche besteht aus einem dreischiffigen Langhaus, in das der oblonge Glockenturm hineintritt, und einem in fünf Seiten des Achtecks geschlossenen Hochchor. Adler will fünf verschiedene Bauzeiten daran nachweisen. Auch diese Kirche hat durch Feuer gelitten, da zweimal der Blitz gezündet und Schaden angerichtet hat. Anno 1489, am Sonnabend nach Margarethen, entzündete er die Spitze oben am Knopf. Sie brannte „bei die fünf oder sechs Mann lang herunter, wobei es blieb und sich stillete". Am Dienstag nach Antoni, den 17. Januar 1531 „entstand Abends umb acht Uhr ein stark Gewitter, da zündete der Blitz auf St. Nikolaithurm die Spitze an, daß sie auch bei die dreißig Fuß herunterbrannte, darüber alle Glocken zerschmolzen, die Orgel verbrannte und großer Schaden an der Kirchen geschah".

Nach dem großen Kirchensturz in Sankt Marien 1658 scheint der Kirchenbesuch in Gardelegen Jahre lang für ein lebensgefährliches Wagstück gegolten zu haben, sogar für die Nikolaikirche. Christ. Schultze erzählt: „Anno Christi 1659 nach dem Kirchenfall und Brande am Pfingstfest entstand unter der Frühpredigt ein Schrecken in St. Nikolaikirche, daß fast alle Zuhörer flohen, ohne daß man wußte, wofür und warum. Es ward aber die Gemeinde bei Zeiten berichtet, daß es ein vergeblicher Schrecken, damit ließ sie sich wieder nieder und die Predigt ward ausgeführt. Desselben Tages in der Nachmittagspredigt, da etwan Kalk und Grieselwerk begunnte zu krümeln im Glockenthurm, liefen alle Leute zur Kirche hinaus, und der Prediger mußte den Schluß machen und aufhören. In demselben Jahr, vier Wochen nachhero, als den 19. Juni unter der Vesperpredigt ward wieder ein vergeblicher Schrecken. Es mag jemand auf der gemeinen Prieche schlafen, im Schlaf umschlagen und ein Gepolter machen, damit stehet die ganze Gemeinde auf und gibt die Flucht. Der Prediger muß abbrechen und mit dem Vater Unser schließen…"

Noch mehrere derartige Geschichten weiß Schultze zu erzählen. Erst nach Ablauf von zehn Jahren beruhigte man sich.

Der Garten mit den Trümmern eines runden Stadtmauerturmes gehört zum alten Pfarrhaus. Dasselbe enthält seit der Reformation die Wohnung des Stadtpfarrers. (In diesem Haus lebte die letzten 23 Jahre seines Lebens der um das Volksschulwesen der Altmark hochverdiente Begründer des jetzt in Osterburg befindlichen Altmärkischen Lehrerseminars, der Superintendent John. Ludolf Parisius, geb. 10. Nov. 1760 in Berlin, gest. 1. Jan. 1829 in Gardelegen, mein Großvater. Mein Vater bewohnte dasselbe Haus über dreißig Jahre lang. Wie meine Großeltern, sind auch meine Eltern darin gestorben. Ich selbst bin dort geboren). Zu den Wohnungen der Diakonen hat man die alten Terminarienhäuser der Bettelmönche von Magdeburg, Helmstedt und Stendal verwendet. Auf der Ostseite der Nikolaikirche liegt auf dem Kirchhof die „große Schule", 1546 erbaut, bis 1807 Gymnasium, seitdem Bürgerschule. Neuerdings hat die Stadt eine gehobene Bürgerschule, eine Realschule errichtet. Im Rektoratsgebäude wurde als Sohn des Rektors Conrad Tiedge, „der Dichter der Urania", Christian August Tiedge, am 13. Dezember 1752 geboren.

Das große Hospital mit der Kapelle zum heiligen Geist, unweit der Marienkirche, ist eine alte Stiftung mit bedeutendem Grundbesitz, namentlich großen Forsten. Vor dem Salzwedeler Tor liegt St. Jürgen, das alte Spital der Miselsüchtigen, der Aussätzigen, mit einer kleinen Kapelle. Uralte Bräuche erhielten sich hier. Oft genug habe ich gesehen, wie eine Frau über die Mauer neben der Pforte den vorbeireitenden, fahrenden und gehenden Fremden an einer langen Stange die

Die St. Marienkirche

Sammelbüchse entgegenhielt und Almosen in Empfang nahm. Alle Sonnabende stellte sich zu gleichem Zweck in den Häusern der „Klappmann" von Sankt Jürgen mit seiner Blechbüchse ein. Der Klappmann war ein altes Mütterchen.

Die Geschichte der Stadt Gardelegen im Mittelalter und in der neueren Zeit bietet nicht viel Besonderes dar. Die alte Hansestadt war an den Fehden mit dem Adel und wider den Adel und an den politischen Kämpfen der Städte um die alten Privilegien gegen die Hohenzollern mit in erster Linie beteiligt. Sie verlor wie die anderen altmärkischen Städte in dem Bierzieseaufstand von 1448 ihre Rechte und Freiheiten. Christof Schultze schreibt:

„Anno 1480 kam Irrung zwischen dem Rath und der Gemeine, Gilden und Gewerken, und weil man nicht hören wollte, berichtete der Magistrat den Handel nach Hofe, wich aber mittlerweile und gab nach, um größer Unheil zu verhüten. Worauf Ihre Durchlaucht Markgraf Friedrich und Kurfürst zu Brandenburg in Person allhier ankam, die Sache zum Verhör nahm, und weil die Bürgerschaft zu weit gangen war, ließ er einen und den andern auf dem Mark niederknien und ihnen die Köpfe herunterschlagen, und strafte die Bürgerschaft auf 1300 Gulden ungefähr. Und anno 1488, da sich die Bürger in den Städten der Bierziese weigerten und nicht folgen wollten, sondern sich widersetzten, ist Markgraf und Kurfürst Johann selbst in alle sieben altmärkische Städte geritten, hat hin und wieder die Rädelsführer enthaupten lassen, an unserm Orte allhier hat es drei Bürger betroffen…" ***

99

Im vorigen Jahrhundert ging die Bierbrauerei vornehmlich an einer falschen Handels- und Steuerpolitik zugrunde, Ausfuhrverbote ruinierten den Hopfenbau. Auch der Hopfenhandel kam in andere Hände. Bekmann (1753) berichtet, daß ein Stakhaufen Hopfenland, der 1610 zu 110 Talern verkauft wurde, nunmehr nur 15 bis 20 Taler wert sei, und daß vor dem Dreißigjährigen Krieg der Grund und Boden einer Braustelle soviel gekostet habe, als nun der Platz mit den Gebäuden.

Nicht zum Vorteil, sondern mit zum Verderben gereichte es der Stadt, daß sie 1715 zum Garnisonsort, zum Standquartier des Regiments des alten Dessauers, des Fürsten Leopold von Anhalt, erhoben wurde. Sein Wohnhaus „zum schwarzen Bären" auf der Sandstraße zeigt noch jetzt das anhaltische Wappen. Die Besatzung „vermehrte die Bevölkerung der Stadt plötzlich um ein Siebentel". Aus aller Herren Länder zusammengelesen, erhoben die unzureichend besoldeten Soldaten nicht zu befriedigende Ansprüche an die arme Bürgerschaft, und der alte Dessauer war „ein Plagegeist, wider welchen bis zum Throne sich Klagen erhoben, dort aber nie Gehör fanden". (Bauke) Die Tuchmacherei, durch König Friedrich Wilhelm II. künstlich eingeführt, konnte nicht zu dauernder Blüte gelangen.

Von persönlichen Beziehungen, die die Altmark und die Altmärker im vorigen Jahrhundert zum Königshause hatten, läßt sich herzlich wenig mitteilen. Nur über den Empfang, den König Friedrich Wilhelm II. im zweiten Jahr nach seinem Regierungsantritt in Gardelegen fand, und wie er denselben erwiderte, kann ich nach Familienpapieren – nach dem Tagebuch meines Urgroßvaters und nach dem Tagebuch und einer besonderen Aufzeichnung meines Großvaters folgendes berichten:
König Friedrich Wilhelm II. war mit dem Kronprinzen, dem späteren König Friedrich Wilhelm III., „zur Wiederherstellung seiner Gesundheit" im Bade zu Pyrmont gewesen. Auf der Rückreise nach Berlin sollte er am Nachmittag des 15. Juni 1788 in Gardelegen eintreffen und daselbst übernachten. Gardelegen, die erste preußische Stadt, die er auf seiner Reise berühr-

Das Rathaus

te, hatte „große und viele Veranstaltung getroffen", ihn feierlich zu empfangen. Auf der Sandstraße war eine hohe Ehrenpforte errichtet und mit Blumen- und Laubkränzen umwunden. Die Straßen waren mit Sand befahren und mit Blumen bestreut. Von jungen Tannen und Birken waren Alleen gezogen. Die Schützengilde war dem König entgegengeritten. Er ließ lange auf sich warten. Stunde auf Stunde verrann. Endlich abends zehn Uhr kam er angefahren. Man hatte inzwischen die Ehrenpforte und die Straßen festlich beleuchtet. Der Zug ging durch die Sandstraße und den Viehmarkt vor Bürgermeister Markmann's Haus, in dem der König übernachten sollte. Vor dem Hause standen an der einen Seite der Magistrat, an der andern die Geistlichkeit im Ornat. Eine Schaar weißgekleideter Jungfrauen, mit Rosenkränzen auf dem Kopf, fehlte nicht. Als der König aus dem Wagen stieg, bestreuten zwölf Mädchen seinen Weg mit Blumen. Die dreizehnte aber, des Direktor Zarnack Tochter, überreichte ihm auf einem Atlaskissen einen Kranz und folgendes gedruckte „Karmen":

„An seine Majestät den König, als Allerhöchst derselbe den 15. Juni 1788 die Stadt Gardelegen durch seine Gegenwart beglückte:

Willkommen uns, in unsers Landes Grenzen,
Die Deine Ankunft heut beglückt,
Die, gleich dem frühen Sonnenstrahl
Dein Frühlingsblick zum ersten Mal
Mit Freud' und Segen füllt, mit jungen Blumen schmückt -

Willkommen Vater! Sieh', auf Deinen Wegen
Eilt unsre Liebe Dir entgegen;
Streut Blumen Dir, mit seinem Kindessinn,
Der Dir allein gefällt, auf Deine Pfade hin.
Dein großes Herz, gewohnt auf Absicht nur zu sehen
(Dies sagt' uns inniges Gefühl,)
Wird unsre Kränze nicht verschmähen,
In diesem Wenigen giebt unsre Liebe Viel!"

Das Mädchen kam nicht dazu, das Lied vorzutragen. Denn der König nahm ihr das Kissen sofort ab, sagte: „Danke schön!" und ging, ohne sich umzusehen, in's Haus. „Alles mußte sich sofort entfernen, damit er ruhig schlafen könne, und das verabredete Vivat wurde nicht gewagt." Die Bürgerschaft war unmutig und bestürzt. „Diese Umstände", schreibt mein Urgroßvater, „haben große Kosten verursacht, und obgleich viel tausend Menschen als Zuschauer da waren, so haben ihn doch sehr wenige gesehn." Der König reiste schon morgens halb vier Uhr weiter nach Berlin. An diesem Tage kam zu Mittag der achtzehnjährige Kronprinz Friedrich Wilhelm nach Gardelegen.

„Sein leutseliges Wesen hatte der ihm vorreitenden Schützenkompagnie Mut gemacht. Die Reiter schlossen zu Pferde einen Kreis, das ganze Volk drängte sich zu und es wurde dem Kronprinzen ein laut jauchzendes Vivat gebracht. Er blieb beständig vor der Thür seines Quartiers, gab seinen Dank und seine Rührung über diese Aufnahme zu erkennen und alle Herzen schlugen ihm entgegen. Die Schützengilde geleitete ihn dann bis zu den Kellerbergen, schloß zwei Reihen, durch die er langsam und dankend fuhr und laute Segenswünsche folgten ihm nach."

Diese von Augen- und Ohrenzeugen ihren verschwiegenen Tagebüchern anvertraute Darstellung der Vorgänge ist jedenfalls fern von Übertreibung. Der Kommandeur der berittenen Schützengilde war mein Urgroßvater. Er war 1738 als hochgeschossener sechzehnjähriger Waisenknabe in Ruppin von Werbern aus dem Bett geholt und unter die Reiter gesteckt, hatte die schlesischen Kriege mitgemacht und es nachher im Dienst des Prinzen von Preußen, August Wilhelm, und sodann des Prinzen Ferdinand bis zum „Küchenschreiber" gebracht, endlich aber 1761 die Zivilversorgung als „Salzfaktor und Kriegsmetzeinnehmer" in Gardelegen erhalten. „Meine drei Töchter waren auch mit dabei unter den 13," heißt es in seinem Tagebuch. Sein dritter Sohn, mein Großvater, stand vor des Bürgermeister Markmanns Tür als jüngster Diakonus im geistlichen Ornat. Er hatte das gut und treu gemeinte „Karmen" verfaßt. Die es überreichte, die „Mamsell Zarnacken", war seine Braut. Neun Tage später, am 17. Geburtstage der Braut, war die Hochzeit…

„Selten ist ein neuer Herrscher mit solchem Beifall empfangen, Lob und Schmeichelei selten in so verschwenderischer Fülle einem Nachfolger entgegengebracht worden, wie Friedrich Wilhelm II.. Der „Vielgeliebte" war der Beiname, womit ihn die öffentliche Stimme empfing… Bezeichnend aber ist die Thatsache, daß diese Stimmung äußersten Lobes und Jubels erstaunlich rasch in das vollständige Gegentheil umgeschlagen."

So Häußer in seiner deutschen Geschichte. Als der König Gardelegen besuchte, war die Zeit noch nicht vorüber, in der man noch große Hoffnungen auf „die Milde des wohlwollenden gutmüthigen Königs" setzte. Am 3. Juli 1788, also einen halben Monat nach seiner Heimkehr, ernannte er den berüchtigten Wöllner zum Justiz- und Kultusminister, und wenige Tage später erfolgte das Edikt über das Religionswesen, als der Anfang einer Reihe von Gesetzen, die dem Regierungssystem den Charakter einer Mißregierung aufdrückten. Mein Großvater gehörte zu denjenigen Geistlichen, die dem neuen System tapferen und unerschrockenen Widerstand leisteten. Auch er hatte wegen seiner in theologischen Zeitschriften veröffentlichten Abhandlungen über Kirche und Schule unter der wiederhergestellten strengen Zensur zu leiden. Zum Glück für Preußen dauerte das Regiment Wöllner's nicht lange. Friedrich Wilhelm III. entließ ihn am 11. März 1798, nachdem er ihm bereits einige Monate früher in jener merkwürdigen Kabinetsordre vorgehalten hatte, daß unter seinem Vorgänger zwar kein Religionsdelikt im Lande gewesen sei, aber gewiß mehr Religion und weniger Heuchelei geherrscht habe. König Friedrich Wilhelm III. trat in dieser Beziehung durchaus in die Fußstapfen Friedrichs des Großen. Wie er in einer Verordnung vom Februar 1802 aussprach, haßte er jeden religiösen Zwang. Religionsedikte und landesherrliche Befehle, die auf Befolgung äußerer Religionsübungen gehen, würden „immer bloß Heuchler machen".

Gardelegen war eine arme Stadt geworden. Um das Jahr 1792 wollte man die baufällige Nikolaikirche niederreißen, weil man die Kosten zur Ausbesserung derselben nicht beschaffen zu können meinte. Indessen widersetzten sich Geistlichkeit und Bürgerschaft und brachten den erforderlichen Geldbetrag durch Haussammlungen und Kirchenkollekten auf. So wurde die Kirche gerettet.

Am 15. April 1806 war die Garnison Gardelegens, das 600 Mann starke Bataillon des Tschammer'schen Regiments, ausgerückt, um niemals heimzukehren. Die Schlacht bei Jena vernichtete das alte Preußen. Am 16. Oktober kam Königin Luise unerwartet auf der Flucht nach Gardelegen. Von hier fuhr sie ohne längeren Aufenthalt nach Tangermünde.

Die westfälische Zeit brachte der Stadt eine vorübergehende Blüte der Tuchfabrikation. Später beschäftigten Fabriken von Horn- und Perlmutterknöpfen zahlreiche Arbeitskräfte. Im wesentlichen freilich war Gardelegen eine Ackerstadt geworden, der der allmählich wachsende Wohlstand der Landleute zugute kam. Die Einwohnerzahl, die im vorigen Jahrhundert zwischen 2400 und 2600 geschwankt hat (1730 2533, 1770 2471, 1800 2595), ist in unserem Jahrhundert langsam, aber ziemlich stetig gewachsen: 1830 4169, 1840 5053, 1867 6132, 1880 6896. Neuerdings hat der Hopfenhandel einen großen Aufschwung genommen. Auch dem Hopfenbau, der im Stadtgebiet vollständig verschwunden war, sind wieder einzelne Gärten und Dämme gewidmet.

Möge die freundliche Stadt mit den grünen Hopfenranken im Wappen sich auch in unseren Tagen im harten Kampf ums Dasein als tüchtig bewähren und ihre Söhne allezeit zu rechtschaffenen Männern erziehen, die keinem an Vaterlandsliebe und echtem Bürgerstolz weichen!

Karl Friedrich v. d. Knesebeck

Matthias v. d. Knesebeck

102

Auf der Gänseburg (links), Einzelhof in der Wische (oben), Bismarcks Geburtshaus (unten).

Kalbe an der Milde und der Kalbe'sche Werder

Nicht ein schnell dahinströmender, nicht ein rauschender, lastentragender Fluß, nein, nur ein bescheidenes Gewässer mit langsamem Lauf, das, dem Ohre des Wanderers kaum vernehmlich, durch die grünende Niederung dahinzieht, ist es, an dessen Ufern wir heute verweilen. Wir sind zu den Wiesen der Milde und zu den üppigen Weideplätzen des Kalbe'schen Werders gewandert.

Richten wir zunächst den Blick auf diese schilf- und binsenumkränzte Tochter der Landschaft, die Milde selbst. Sie entspringt bei Roxförde im Kreis Gardelegen, durchfließt in anmutigen Windungen, von altem Baumwuchs beschattet, den Letzling'schen Forst und tritt südlich von Kalbe in den Kreis Salzwedel ein. Mit den Gewässern des vom Dorf Berkau kommenden Seekantsgrabens vereinigt, nimmt die obere Milde sodann in der Nähe des Weilers Mehrin die gleichnamige untere Schwester oder das Voßfleth auf und fließt, nunmehr als Biese bezeichnet, durch den Osterburger Kreis in östlich geschwungenem Bogen der Elbe zu, die sie, seit ihrer Vereinigung mit dem tauben Aland, unweit Seehausen Aland genannt, bei der altberühmten Zollstätte Schnackenburg gegenüber von Lenzen erreicht. Die Milde besitzt eine gar eigenartige Poesie. Es ist die der saftig grünen, leuchtenden, blumendurchwirkten und duftenden, von Erlen- und Rüstergebüschen durchzogenen Wiese. Als ein jungfräulich' Weib müßte der Künstler diese Flußgöttin darstellen, nicht dürfte er in deren betauten Locken einen Kranz von Ranunkeln, Lychnis und Orchideen vergessen.

Jene Landschaft, die von der Milde, dem Seekantsgraben und der Untermilde sowie von den zahlreichen, durch fleißige Hände allmählich angelegten Meliorationsgräben durchzogen wird, ist demnach eine bruchige Niederung und wird deshalb auch das „Mildebruch" genannt. Die Ortschaften, die in demselben gelegen, oder mit Grundbesitz hier angesessen sind, werden seit unvordenklichen Zeiten unter der Gesamtbezeichnung des Kalbe'schen Werders zusammengefaßt. Ehedem nur arm, wie alle alten Bruchdörfer, haben sie durch die vom Jahre 1780 ab in Angriff genommene Entwässerung der Landschaft in hohem Grade gewonnen. Jetzt, nachdem durch die landwirtschaftliche Arbeit unseres Jahrhunderts und in Folge der Spezial-Separationen die ehemaligen, sehr sumpfigen Elsbrüche am Mildefluß in vorzügliche Wiesen und Weiden umgewandelt worden sind, gelten die Ortschaften des Kalbe'schen Werders für die wohlhabendsten des ganzen Kreises Salzwedel. Der Anblick der reichen Landschaft ist, namentlich im Frühjahr, nicht ohne hohen Reiz. Dann tritt wohl an jenen Stellen, an denen, wie zum Beispiel bei dem Flecken Kalbe selbst, das Flußbett höher liegt, als die angrenzenden Grundstücke, das Wasser der Milde aus und überschwemmt weithin die Wiesen, die Weiden. ✳✳✳

Wiesen, mit Erlen- und Weidengebüsch bestanden, Binsensträucher an Flusses Rande herrschen vor, aber es fehlt auch höheres Land nicht, nicht der Acker mit wogender Saat! Von zwei Armen der Milde umzogen, erhebt sich vor uns die offene Stadt Kalbe. Hier, wo die Flußgöttin selbst die Beschirmung der Niederlassung übernommen hatte, brauchte man auch in alten Tagen nicht Wall noch Graben. Gar freundlich stellt sich dem Besucher das Städtchen Kalbe dar. Dasselbe besitzt zwei Ausfahrten nach Salzwedel und nach Gardelegen zu sowie vier Hauptstraßen. Wir gedenken unter ihnen der Richt- und der Totenstraße. Welch' schaurige Romantik

in diesen Namen, und doch wie freundlich die Straßen selbst. Eng und klein sind hier zwar alle Verhältnisse, und dennoch mag der ehrsame Bürger von Kalbe sich wohl fühlen, wenn er am Sommerabend auf der Bank vor seinem Haus verweilt und der Duft des frischgemähten Heues durch die friedliche, in Feierabendstille daliegende Stadt hinzieht.

Der stille Ort aber hat auch seine Geheimnisse. Die Sage sucht hier verwüstete, versunkene Klöster, von deren einstmaligem Vorhandensein ein geschichtliches Zeugnis indessen nicht auf uns gekommen ist. Wo ehedem die wohlgepflegten Hopfengärten der Bürger von Kalbe lagen, wollten alte Leute ehrwürdig graues Mauerwerk gesehen haben. Man nannte diese Stätte einst den „St. Lorenzkirchhof", und die Volksüberlieferung ließ sich hier ein Stift jenes großen und mildherzigen Diakonen von Rom erheben, der dem heidnischen Gewalthaber einstmals die Armen der Gemeinde als die höchsten Schätze der Kirche darstellte. Ein anderes Stück Ackerland bei Kalbe wird noch heute als der „Nonnenwerder" bezeichnet. Doch ist auch die oft ausgesprochene Vermutung abzuweisen, als hätten hier einst fromme Jungfrauen dem Dienst des Himmels gelebt.

Selbstverständlich bietet eine so kleine Stadt wie Kalbe dem Fremden nur wenig Merkwürdigkeiten. Schon in alten Tagen lief ein Sprichwort um, das lautete: „Nur drei Dinge sind's, die man zu Kalbe findet, Holz, Hopfen und Heu."

Wohl aber verlohnt sich ein Besuch der St. Nikolaikirche, die, wenig mit den niederen Bauten des Ortes harmonierend, ihren massigen Glockenturm hoch emporstreckt. Auf einer Menge von Grabsteinen treten uns hier die Gestalten der Vorzeit entgegen: Herren von Alvensleben gepanzert und in voller, ritterlicher Wehr, daneben Matronen in der ernsten, züchtigen Tracht der Reformationszeit.

Ein Leichenstein, auf dem der Verstorbene, Herr Ludolf der Rothe von Alvensleben, der Neunte seines Namens, in ganzer Figur dargestellt ist, erinnert an einen wackeren Kämpfer der Türkenkriege, der anno 1562 seliglich verschieden ist. Die lateinische Inschrift preist das hohe Ansehen, dessen der Verblichene sich aller Orten zu erfreuen gehabt hat, und seinen sanften, friedlichen Tod. Auch sein einziger Sohn Ludolf hat hier die letzte Ruhestätte gefunden. Man hat einst diesem elften Ludolf gar viele Beinamen gegeben. Er hieß der Rothe, wie sein Vater, nach der altgermanischen Farbe von Bart und Haar, aber auch der Reiche und der Stolze, „weil er sehr viele Güter besaß und einen angemessenen Aufwand machte". Dem Volke endlich war er der Böse, teils, weil er als Gerichtsherr mit unerbittlicher Strenge auf Recht und Ordnung hielt, teils weil er seines hitzigen Temperamentes nicht immer Herr zu bleiben wußte. Hatte indessen sein Zorn grollend sich entladen, so „war er seines raschen Blutes wegen oft mit sich selber unzufrieden"! Sonst war's ein redlicher, das Beste wollender Mann, dieser Junker des 16. Jahrhunderts. Neben ihm ruhen seine getreue Gemahlin Anna von der Schulenburg und sein frühverstorbener Sohn, gleichfalls ein Ludolf.

Ohne die Lebensschicksale der sonst noch hier bestatteten Herren von Alvensleben zu schildern, wenden wir uns nunmehr der hervorragendsten Merkwürdigkeiten des Städtchens Kalbe an der Milde zu: der alten Burg des Ortes. Nordöstlich von der Stadt, hart an einem nach dem nahen Neuendorf an der Biese führenden Damm, treffen wir die Ruine des alten Alvensleben-Schlosses an. Noch steht, der Zeit und den Einflüssen der Witterung trotzend, der polygone Treppenturm, noch spiegelt sich ein zierlich mit Blenden und Gesimsen versehener Giebel in den

105

Wassern des breiten, von Weiden umbuschten Burggrabens, auf dem gelbe und weiße Teichrosen ruhen, blinkend gleich goldenen und silbernen Sternen.

Es war einst ein überaus stattliches Haus, dieses Schloß Kalbe, und es gab nicht viele Burgen im Brandenburger Lande, die einen Vergleich mit demselben hätten aushalten können. In hoher Schönheit stehen auch heute noch die Trümmer von Haus Kalbe da, und die Burgstätte ist von romantischem Reiz, mag nun der goldene Mittagsschein auf die hohen Giebel fallen und über dem wüsten Schloßhof weben, so daß das Störchlein dort auf der Spitze, erfreut von dem Sonnenglanz und Wärme lustig klappert, oder mag des Mondes Licht den silberschimmernden Mantel breiten um den kühn auch noch in seinem Zerfall aufragenden Treppenturm. Ja, dann in solcher Nachtstunde, gerade dann trennt man sich am schwersten von dieser Stätte. Es rauscht leise im Schilf und in den Binsen. Die Blätter der Weiden am Rande des Burggrabens scheinen miteinander zu flüstern. Geisterhaft zieht es durchs Rohr und spielt mit den Netzen der Fischer. Was haben, was wissen solche Stimmen uns zu erzählen?

Die beglaubigte Geschichte von Kalbe an der Milde geht bis zum Jahre 1196 zurück. Damals lag Markgraf Otto II. von Brandenburg wegen seiner Befehdung des Magdeburger Erzstiftes im Kirchenbann, und der Verlauf der Dinge zwang ihn, wohl oder übel Frieden zu suchen. Mit vielen anderen Gütern trug der gedemütigte Fürst im Jahre 1196 auch die Hälfte der Burgwart Kalbe dem frohlockenden Magdeburger zu Lehen auf. Die Bezeichnung „Burgwart Kalbe" berechtigt uns zu dem Schluß, daß Kalbe zu den ältesten deutschen Ansiedlungen im Slawenland gehört hat, denn nur in der Anfangszeit der deutschen Eroberung teilte man das den Wenden entrissene Gebiet in Burgwarten, das heißt in Distrikte ein, die hinsichtlich der Verteidigung, des Kriegsaufgebotes und der Rechtspflege einem ursprünglich markgräflichen Schloß unter-

stellt waren. Die zweite Hälfte der Burgwart Kalbe hatten die Ballenstedter damals schon veräußert. Wir wissen nicht, an wen.

Das brausende Getöse des Wendenkampfes mag in alter Zeit recht oft die deutsche Burgwart Kalbe umwogt haben. Das Klirren der Schwerter, das Rasseln der Panzer, der gellende Ruf der Schlacht hat aber auch während späterer Zeit Haus Kalbe zu unterschiedlichen Malen dröhnend umklungen. So zum Beispiel im Jahre 1240. Zwischen den Markgrafen drüben und den Erzbischöfen hüben wollte leider nimmer guter Friede werden. Fast ohne Rast arbeiteten die Schwerter, flatterte die Standarte des heiligen Moritz gegen das Banner des roten Adlers von Brandenburg. Nun fochten damals gerade die hochherzigen Brüder Johann I. und Otto III. von Brandenburg an den Grenzen der Lausitz mit dem Markgrafen Wilhelm von Meißen. Da glaubte der Erzbischof Wilbrand von Magdeburg, jetzt sei die rechte Zeit gekommen, sich an den alten ballenstädtischen Gegnern einmal empfindlich und nachhaltig zu rächen. Mit dem Bischof Ludolf von Halberstadt vereinigt, fiel der geistliche Herr in die Altmark ein und sengte und brannte trotz Hirtenstab und Inful bei seinen Schäflein in wahrhaft himmelschreiender Weise. Den Markgrafen kam die Kunde davon, und sie ergrimmten gewaltig. Herr Johann ließ augenblicklich satteln. Otto blieb gegen die Meißner stehen. Wie ein Wettersturm aber sauste die kleine Ritterschar Johanns nach der Altmark zurück. Lawinenartig wuchs sie während des Rittes an, denn aus allen Dörfern kam das furchtbar erbitterte Landvolk zu den Bannern Johanns geströmt. Mit Waffen jeder Art versehen, wie die Verzweiflung sie aufrafft, wollte man den Magdeburgern das tolle Bacchanale des Raubzuges segnen.

Natürlich griff man den Feind an, sowie man desselben ansichtig wurde. Bei Gladigau, nördlich von Kalbe, soll die Racheschlacht ausgekämpft worden sein. Was von den Magdeburgern

nicht niedergemetzelt worden war, wurde in die Sümpfe der Biese gejagt oder gefangen. Auch der Herr Bischof von Halberstadt verlor die Freiheit. Nur der Magdeburger selbst entkam und warf sich in das feste Schloß Kalbe, das er zuvor erobert hatte. Hinter dessen Mauern war der geistliche Herr vorläufig vor der Rache der Märker gesichert.

Später treffen wir die Herren von Kröcher als Besitzer des Schlosses Kalbe an. Allein schon 1324 sahen sich die Brüder Johann und Heinrich von Kröcher gezwungen, ihr Haus Kalbe mit allem Zubehör an Ritter Albrecht von Alvensleben zu verkaufen. Zu der alten Burgwart Kalbe gehörten damals die zahlreichen Dörfer Bühne, Güssefeld, Siepe, Jeetze, Plathe, Brunau, Pakebusch, Hagenau, Beese, Mehrin, Vienau, Butterhorst, Altmersleben, Varholz, Karstedt, Vietzen, Göhlitz, Dolchau, Mohlitz, Thüritz und Störpke, von denen die 18 erstgenannten innerhalb, die drei letzten aber außerhalb des Werders, nahe bei dessen nördlicher Grenze gelegen sind.

Seit jenem Jahre 1324 ist das Schloß Kalbe dem Hause derer von Alvensleben verblieben. Man darf wohl sagen, daß in Freud und Leid gerade diese Burg den festen Halt für das Geschlecht der Alvensleben, und den Vereinigungsort für sämtliche Mitglieder der weit ausgebreiteten Adelsfamilie abgegeben hat. ✳✳✳

Anmerkung: Im Original von L. Parisius wird Kalbe in der früheren Schreibweise als „Calbe" bezeichnet.

Natürlich besitzt ein Schloß wie Kalbe seine Sagen. So erzählen die Landleute des Werders, mit dem Verfall der Burg habe es eigentlich die folgende Bewandtnis gehabt. Ein Herr von Alvensleben hatte längere Zeit mit den Junkern der Umgegend in Fehde gelegen. Endlich wurde ein Vergleich verabredet, und zwar sollte dieser bei der auf Schloß Kalbe demnächst stattfindenden Tauffeier eines Söhnleins des Burgherrn geschlossen werden. Viele Edelleute kamen als Gäste und ritten auf dem engen Paß der Burg zu. Friedlich überschritten sie die Zugbrücke, aber in demselben Augenblick stürzten auch ihre Knechte, die in einem Hinterhalt gelegen hatten, hervor, überwältigten die Burgmannschaft und ließen dieselbe über die Klinge springen. Dem Herrn des Schlosses aber hieben sie die Hände bis zur Hälfte, der Burgfrau die Daumen ab. Nur das Kind, dessen Tauffeier die Veranlassung zu dem Überfall abgegeben hatte, soll von seiner Amme in einem Nachen über den breiten Burggraben gerettet worden sein. In den letzteren fiel bei der Flucht die goldene Wiege des Knäbleins. Dort harrt sie heut' noch des glücklichen Finders. In der Kirche zu Kalbe aber, unterhalb des Orgelchores, sieht man den Burgherrn und seine Gemahlin mit den abgehauenen Gliedmaßen in Lebensgröße dargestellt. Natürlich meint die Sage ein verstümmeltes Alvensleben'sches Grabmal. Die abgeschlagenen Finger des Ritters lagen ehedem in seinem, von großen Straußenfedern überschatteten Helm. Seit jenem Überfall, meint die Sage, liegt Schloß Kalbe, das der Gewalt unüberwindlich gewesen wäre, in Trümmern.

Man erzählt ferner, daß sich auf dem Schloß Kalbe eine Glocke befunden habe, die, so oft jemand aus dem Geschlecht derer von Alvensleben mit Tode abgehen sollte, von selbst angeschlagen habe, selbst, wenn der vom Tode Gerufene sich in fremden Landen befand. Ein „Memento mori!" also für die Mitglieder des edlen Hauses, so düster und gespenstig wie das Erscheinen der weißen Frau! Die merkwürdigste und bekannteste Sage der Alvensleben aber betrifft den in der Familie aufbewahrten „wunderbaren Ring", den Talisman des Geschlechtes. Die alte Tradition über ihn lautet folgendermaßen:

„Eine dieses Haus Kalbe und das Geschlecht Alvensleben angehende Sonderbarkeit ist aber die Begebenheit mit einem gewissen Ring, der heute noch in dieser Familie aufbewahrt wird.

Die Burgruine Kalbe

Es ist nämlich vor langen Jahren eines damals lebenden Herrn von Alvensleben Ehefrau bei nachtschlafener Zeit, als Haus Kalbe schon verschlossen war, von einer Magd, die eine Leuchte in der Hand getragen, aufgeweckt und mit vielen guten Worten gebeten worden, sie sollte doch einer Frau in Kindesnöthen zu Hilfe kommen; ist auch endlich dazu bewogen worden, jedoch, nachdem man sie zuvor gemahnt, daß, wenn sie in das Haus käme, sie weder Essen noch Trinken, noch dasjenige annehmen sollte, was man ihr anbieten würde. Als sie nun der Kindesnötherin Hilfe erzeiget, ist sie unbeleidiget wiederumb in ihr Haus zurückgeführt worden. Wohl aber hat nach der Genesung des unterirdischen Weibes der Mann desselben der Frau von Alvensleben eine Schüssel mit gemünztem Golde dargereicht, welches sie aber auf den Rath der kreißenden Frau nicht annahm, als welche sie gewarnt, daß, wofern sie sich durch den Geiz verblenden lassen würde, ihr Gemahl, der Herr von Alvensleben, durch Gottes Verhängniß Schaden leiden würde. Mann, Frau und Magd sind aber gar kleine Leutlein gewesen. Über eine Zeit ist dieselbe Magd wieder zu der Edeldame gekommen und hat zwei Schüsseln, über einander gestülpet, getragen, anbei der Frau von Alvensleben von ihrem Herrn viel Gutes gewünscht, hinzufügend, ihr Herr verehre ihr hiermit ein Kleinod, nämlich einen köstlichen, güldenen Ring zur Danksagung für erzeigten Dienst; den solle sie wohl bewahren; denn so lange derselbe Ring auf dem Hause Kalbe und bei dem Geschlechte derer von Alvensleben bleiben würde, sollte dasselbe blühen und Glück und Wohlfahrt haben. Würde aber der Ring von Händen kommen oder zertheilet werden, so werde es auch diesem Geschlechte unglücklich und nicht wohl ergehen. Damit ist die Magd verschwunden. Als nun hernach zwei Brüder mit einander die Erbtheilung vorgenommen, hätte dieser Ring auch müssen zertheilet werden; ist aber nicht geschehen."

107

Der zuverlässigste Geschichtsschreiber des Hauses Alvensleben, der Kriegsrath Wohlbrück, setzt hinzu:

„In Kriegszeiten hat die sichere Aufbewahrung dieses Ringes den alten Herren von Alvensleben manche Sorge gemacht. Einst ward derselbe in einem Altar der Kirche zu Siepe unweit Kalbe vermauert, ein ander Mal ward er nach Lübeck in sichere Verwahrung gegeben, bei dritter Gelegenheit dem Kloster Neuendorf anvertraut. Gewöhnlich bewahrte ihn in älterer Zeit die Schloßkapelle zu Kalbe; gegenwärtig befindet er sich auf dem Schlosse Erxleben schwarzer Seite.“

Die Sage des Geschlechtes der Alvensleben läßt sich aus den religiösen Vorstellungen unserer Altvorderen erklären. Das Wort „Alvensleben" selbst bedeutet eine Stätte, auf der die Elben oder Alven, das heißt jene Erdgeister wohnen, welchen der Glaube des deutschen Heidentums Zwergengestalt verlieh. Die Geister der Erdentiefe aber galten dereinst für die Spender alles Segens. In ihren Händen befand sich das rote Gold, von ihnen stammte jedwedes köstliche Gerät her. Sie haben nach der Götterlehre unserer nordischen Vettern für Odin jenes herrliche Kleinod, den Ring Draupnir geschmiedet, von dem unerschöpflicher Segen herabträufelt. Der Ring der Alvensleben ist ein Abbild von diesem Attribut des Göttervaters. Aus Erinnerungen an uraltes deutschen Heidentum hat sich die Sage vom Ring zu Kalbe herausgebildet. Jahrhunderte lang mag sie dem Geschlecht bereits eigentümlich gewesen sein, ehe im 12. Jahrhundert der erste Alvensleben erscheint. Von den Stammsitzen der Alvensleben ist sie zweifellos erst nach Schloß Kalbe verpflanzt worden.

Wir haben damit eine befriedigende Deutung für die merkwürdige Geschlechtssage der Alvensleben gefunden. Wie erinnert dieser Ring des altmärkischen Hauses so lebhaft an jenes berühmte „Luck of Edenhall", jenes Kristallglas, das die Fee der Quelle einst dem englischen Lord verehrte! Daß die Gaben der Unterirdischen indessen täuschen und trügen, ist ein oft wiederkehrender Zug deutscher wie englischer Sage. Auch die Alvensleben haben in ihrer mehr als siebenhundertjährigen Geschichte die düstere Wahrheit jener Worte des Schenkens in dem Uhland'schen Gedicht oft erfahren:

„Die Steinwand", spricht er,

„springt zu Stück,

Die hohe Säule muß zu Fall;

Glas ist der Erde Stolz und Glück!„

Denn die Einbußen, die das altmärkische Geschlecht im Laufe der Zeiten erlitten hat, sind in bezug auf den Grundbesitz als sehr beträchtlich zu bezeichnen. Gleichviel! Mit teuren, ruhmvollen Erinnerungen der Nation hat sich auch in unseren Tagen der Name „Alvensleben" auf's Neue verbunden. Wohl ist das alte Haus Kalbe zerfallen. Aber noch immer blüht der Stamm seiner Besitzer, und einzelnen Zweigen des Geschlechtes hat persönliche Tüchtigkeit, hat die Grafenkrone frischen Glanz verliehen. Möge der Ring der Zwerge, das uralte Kleinod, noch lange schützen und reichlicher noch als in vergangenen Tagen die Träger des prächtigen goldenen, rosengeschmückten Wappenschildes segnen!

O. S.

Die altmärkische Schweiz und Klötze

Im nordwestlichen Teil des Kreises Gardelegen, eine Meile von der Stadt, erhebt sich ein Höhenzug, die Hellberge, auch Zichtauer Berge genannt. Aus der Ferne gesehen, bauen sich die bewaldeten Hügel aus der Ebene gar stattlich auf. Im altmärkischen Flachland erscheinen sie weit höher, als sie in Wirklichkeit sind. Der höchste Gipfel soll der Langeberg sein, 425 Fuß über der Nordsee. Den freundlichsten Teil der Hellberge bildet die Umgebung von Zichtau. Schon seit sechzig Jahren trägt sie den anspruchsvollen Namen der „altmärkischen Schweiz". Wer von Gardelegen nach Zichtau will, fährt die Salzwedeler Chaussee bis zum roten Krug bei Wiepke. Von da ist es noch eine Viertelstunde. Das Dorf Zichtau liegt in einem anmutigen Tal, ringsum von den Hellbergen umgeben. Das Rittergut war von 1443 bis 1811 im Besitz der Familie von Alvensleben und ist gegenwärtig in seinem ganzen Umfang der von Goßler'schen Familie gehörig. Bei dem modernen, freundlichen Herrenhaus befindet sich ein prächtiger Park mit üppigem Baumwuchs, einem klaren, plätschernden „Gebirgsbach" und tiefen, dunk-

len Teichen. Es fehlt nicht an lauschigen, schattigen Plätzen mit freundlicher Aussicht auf die umliegenden Berge. Wer dort fernab vom Getümmel der Welt einsam rastet, wird in der tiefen Stille der Umgebung kaum gestört werden durch ein gleichmäßiges, leises und dumpfes Geräusch. Folgt er demselben, so gelangt er mit dem Bächlein unweit des Parkes zu einem von den Bäumen desselben verdeckten, kühlen Grunde, in dem eine kleine Wassermühle steht und das Mühlrad geht.

Vom Park führen schattige Fußwege zu den beiden, das Tal dicht einschließenden Hügelketten. Die nicht immer gut erhaltenen Anlagen auf den Höhen und in den Tälern sind das Verdienst eines früheren Besitzers, des Kreisamtmannes Solbrig, der 1811 den größeren Teil des Gutes und mit ihm die benachbarten Höhen aus der Zwangsversteigerung erworben hatte. Solbrig bemühte sich, die öden, meist nur mit Heidekraut bewachsenen Höhen in einen Lustgarten umzuwandeln. Birken-Anpflanzungen und Schonungen von Nadelhölzern zierten bisher kahle, sandige Hügel. Überall gab es mit Bäumen eingefaßte Parkwege, an Aussichtspunkten Ruhebänke, bei steilen Steigungen Treppen mit Geländer, auf den Höhen Birkenhäuschen mit Tischen und Bänken und hölzerne Tempel, deren Dächer größeren Gesellschaften Schutz vor plötzlichen Regengüssen darboten. An sommerlichen Sonn- und Festtagen ist die altmärkische Schweiz seit der Herstellung jener Anlagen, die etwa in das Jahr 1820 fallen mag, bis auf unsere Tage der Wallfahrtsort fröhlicher Gesellschaften aus Stadt und Land. Für größere Landpartien, für Ausflüge von Gesangvereinen und Liedertafeln war besonders beliebt der niedrigere Höhenzug nördlich vom Dorf mit „Himmel und Hölle" und schönem Eichen- und Buchenwald. Wie fröhlich ging es hier zu bei Spiel und Sang und Tanz! Zuletzt lagerte sich alles im hohen Heidelbeer- und Heidekraut, Kiepen und Kober und Körbe wurden ausgeladen. Schnell war auf schneeweißen Linnen ein reiches Mahl aufgetragen, und bei kühlem Wein oder duftigem Maitrank schmausten Jung und Alt in bunter Reihe. Erst wenn die Sonne zu Rüste ging, zog man singend paarweise zurück nach dem Dorfkrug. Manch hübsches junge Mädchen hat sich auf diesen Waldpfaden beim „Himmel" dem stürmischen Werber verlobt. Vermutlich geht es heute noch ebenso her, wie in meiner Jugendzeit. Leider aber sind nach der Vereinigung beider Güter die stattlichsten Waldbäume gefällt. Die Spaziergänge in dem jetzt sorgsam gepflegten Walde sind zwar erhalten, aber bei manchem Aussichtsplatz sind die Lichtungen, die gar liebliche, freundliche Blicke in das Tal gewährten, völlig verwachsen – und die Aussicht ist fort.

Über die bedeutendere Hügelkette südlich des Dorfes, über den Wartberg, den Tempelberg, den großen und kleinen Stufenberg, zieht sich ein prächtiger Waldpfad zum Stakenberg. Die Aussicht von diesem über 400 Fuß hohen Berge ist unstreitig die schönste und weitumfassendste in der Altmark. Man sieht außer Seehausen alle Städte der Altmark deutlich vor sich. Garde-

legen, Salzwedel und Stendal mit ihren vielen Türmen, Tangermünde und daneben das Kloster Jerichow von jenseits der Elbe sind leicht aufzufinden. Nach Süden wird der Blick erst durch den Harz begrenzt. Bei günstiger Witterung ist der Brocken mitsamt dem Brockenhause deut-

Blick auf Wiepke

lich zu erkennen. Vom Stakenberg und seiner Umgebung geht es ziemlich steil herunter durch den Ochsenkeller nach Wiepke. Leider sind auch hier die herrlichen alten Eichen, die noch vor vierzig Jahren die Besucher erfreuten, sämtlich gefällt. Dadurch ist ein lieblicher Ruheplatz, den in meinen jungen Jahren die wanderlustige Jugend niemals zu besuchen versäumte, der Platz zu „den elf Quellen", spurlos verschwunden.

Der südliche Teil der Hellberge hat kümmerlichen Sandboden, selbst Heidbirke und Kiefer nur dürftig ernährend. Östlich von dem Höhenzug der Hellberge liegen im Tal die ärmlichen Dörfer Schwiesau und Breitenfeld. Hinter ihnen baut sich eine zweite Hügelkette parallel mit den Hellbergen auf. Es sind dies die Berge der Klötzer Forst. Klötze, vor der Zeit der Hohenzollern zur Altmark gehörig, ging unter Jobst von Mähren an Braunschweig-Lüneburg verloren und wurde später mit den umliegenden Dörfern ein hannoversches Amt. Erst durch den Wiener Frieden von 1815 wurde es nach 425jähriger Trennung wieder mit der Altmark vereinigt. Als die Veranlassung zur Trennung werden die Räubereien verzeichnet, die von der Burg Klötze aus verübt sein sollen. Walther (Singularia Magdeburgica) sagt darüber:

„Anno 1390 ist das Raub-Nest Klötzen durch Hülfe des Erzbischofs Alberti und der Herzogen von Braunschweig zerstöret, und die Straßenräuber an die Bäume gehänget."

Ob das letztere richtig ist, mag dahingestellt bleiben. In der Regel wird diese Unternehmung, die nicht 1390, sondern im Januar 1391 stattfand, mit der vergeblichen Belagerung des von Cuno von Quitzow tapfer verteidigten Schlosses Kleetzke in der Priegnitz im Sommer 1390 verwechselt. Von dem alten festen Schloß Klötze haben am Anfang unseres Jahrhunderts noch große Gebäude und einer der beiden Türme gestanden. Jetzt sind sie verschwunden und haben den Wirtschaftsgebäuden des Gutes Platz gemacht. Der Marktflecken Klötze gilt gegenwärtig als der ärmste der Altmark. Seit der Vereinigung mit Preußen ist eine Hauptnahrungsquelle der Bewohner, der Schmuggelhandel, versiegt. Heute hoffen sie auf eine Belebung des Verkehrs durch eine zwischen Oebisfelde und Salzwedel zu bauende Eisenbahn. Mögen diese Hoffnungen in Erfüllung gehen!

109

Aus dem Drömling

*** Das Ländchen umfaßt die sechs niedrig gelegenen Dörfer des sogenannten Amts Oebisfelde nordöstlich der Stadt, nämlich Kaltendorf, Breitenrode, Wassensdorf, Weddendorf, Niendorf und Bergfriede, während die sechs höher gelegenen Dörfer südöstlich der Stadt, Rätzlingen, Bösdorf, Lockstedt, Gehrendorf, Kathendorf, Zilbeck (Vorwerk) als „das Land" bezeichnet werden. Oebisfelde mit dem Land und dem Ländchen war längere Zeit, bis ins 13. Jahrhundert, im Besitz der Herren von Öbsfeld, die nicht, wie man früher irrtümlich annahm, eine alte sächsische Dynastenfamilie bildeten, sondern dem Kleinadel angehörten. Nach deren Aussterben ging es auf die Herren von Oberg über, die es 1369 dem Erzstift Magdeburg zu Lehen für 210 Mark Silber übertrugen, die sie sich von dem damaligen Erzbischof Albert und seinem Vorgänger Dietrich (Kagelwid) erborgten. Das „Land" muß eine zeitlang im Besitz der Wenden gewesen sein. Während das „Ländchen" schon durch seine tiefe Lage von der Okkupation der Wenden ausgeschlossen blieb. Die Bewohner der Ländchendörfer wohnten bis in unsere Tage in altsächsischen Bauernhäusern und unterschieden sich durch Sitte und Brauch, ja durch Gestalt und Wuchs von den Bewohnern der Umgebung. Die Hofbesitzer wurden, wie in einzelnen Gegenden Westfalens, mit dem Hofnamen benannt, wenn derselbe mit dem Familiennamen nicht übereinstimmte. Vermutlich haben ihre Vorfahren, im 12. Jahrhundert als Drömlings-Kolonisten aus einer Gegend mit sächsischem Hausbau berufen, den Grund und Boden, etwa eine halbe Quadratmeile, dem Wasser und Wald abgerungen und einen erheblichen Teil des angrenzenden Drömlings als Markgenossenschaft benutzt. Vom Drömling und vom Landhagenwalde eingeschlossen, bilden die sechs Dörfer noch heute das Kirchspiel Kaltendorf, dessen alte Steinkirche, mehrmals vergrößert, nach einer Inschrift im Jahre 1218 völlig ausgebaut worden ist. „Der freie, sie umgebende Platz wird seit alten Zeiten für alle sechs Dörfer zum Begräbnisort gebraucht." (P.W. Behrends, Beschreibung und Geschichte des Amtsbezirks von Oebisfelde mit Inbegriff mehrerer, die umliegende Gegend und den Drömling betreffenden Nachrichten. Königslutter 1798.

Von jenen sechs Dörfern ist Niendorf erst im 15. Jahrhundert und das kleine Häuslerdorf Bergfriede im 16. Jahrhundert gegründet. In jedem der Dörfer Kaltendorf, Breitenrode und Wassensdorf war nach Behrends noch am Ende des vorigen Jahrhunderts der Sammelplatz der Gemeinde von Alters her ein mitten im Dorf gelegenes Viereck, von großen Bruchsteinen eingeschlossen und von drei Linden beschattet. In Weddendorf, wo vermutlich das Landgericht über die sämtlichen Ländchendörfer gehalten worden ist, befanden sich im Viereck noch ein steinerner Tisch und steinerne Bänke. ***

*** Den ganzen Drömling durchfließt die Ohre, von der die alten Chronisten sagen, daß sie sich bald nach ihrem Eintritt in den Drömling unweit Steimke in die Erde verkrieche und erst mehrere Meilen davon vor Calvörde wieder hervorkomme. Von Calvörde fließt sie über Neuhaldensleben und Wolmirstedt der Elbe zu, in die sie sich bei Rogätz ergießt. Die Horste im Drömling boten vor alten Zeiten den Einwohnern auf der Flucht vor Feinden einen sicheren Zufluchtsort. Aber auch die Stegreifritter, oder die in „ehrlicher Fehde" ihre Feinde ausplünderten, verbargen dort zuweilen ihren Raub. So heißt es in einer bekannten Urkunde im braunschweigischen Ratsarchiv bei Gelegenheit der Fehde, die der spätere Landeshauptmann Albrecht von der Schulenburg auf Beetzendorf und Apendorf, „Bernd's Sohn, der pflag zu wohnen in Schönhausen", der Propst Johann Verdemann von Diesdorf und Thomas von dem Knesebeck auf Tylsen um 1485 gegen Magdeburg führten:

„Item im Herbst hat Herr Albrecht von der Schulenburg einen Wagen mit Speck auf meines gnädigen Herrn Straßen nicht fern von Klötze genommen, Lüneburg der Stadt zugehörend, und ihn geführt in ein Holz und Bruch Tremeling genannt, allda bei neun oder zehn Wochen stehen lassen; darnach als es veraltet ist, hat er den Speck geführt nach Beetzendorf und ihn an seinen Balken in seinem Haus gethan."

An die schreckliche Not des Dreißigjährigen Krieges erinnert der Name eines noch heute erhaltenen Burgwalles bei Mannhausen. Auf einer Drömlingsflur, jetzt „vor der Horst" genannt, muß vor alten Zeiten eine Burg oder ein Burgstall, „das rothe Haus", gestanden haben. Solche kleinen Burgen waren an den Grenzen des Drömlings mehrere, vermutlich gegen die Wenden, errichtet worden. Alte Leute wissen heute noch, daß ihre Väter dort Mauerwerk in der Erde gesehen haben. Auf dem Burgwall steht jetzt ein Stall. Der Wall führt den Namen Piplockenburg. Wie man erzählt, haben ihn Bauern im Dreißigjährigen Kriege als Zufluchtsort bei feindlichen Überfällen benutzt und regelmäßige Locksignale mit Weiden- oder Rohrpfeifen eingeführt. Ebenso erzählt man von der Mehlhorst beim „Ländchen", daß sich dorthin die Ländchenbauern mit Vieh und Proviant geflüchtet und den Zugang durch Verhaue versperrt hätten.

Die Drömlingsbauern waren die ersten in der Altmark, die gegen Ende des Dreißigjährigen Krieges zur blutigen Selbsthilfe griffen und sich in bewaffneten Abteilungen zu Fuß und zu Roß

unter selbst gewählten Hauptleuten zur Abwehr und Rache gegen die Soldateska erhoben. Den Drömlingern folgten die Bauern der Salzwedeler Umgegend, dann die im Kalbeschen Werder unter ihrem tapferen Führer, dem Freischulzen Stappenbeck von Jeetze, dem Werderschen Kommandanten, und endlich stand die Bauernschaft der ganzen Altmark unter Waffen. Wehe den einzelnen oder in kleinen Trupps umherstehenden Marodeuren, die diesen Bauerncorps in die Hände fielen. Die fragten nicht danach, ob es Kaiserliche oder Schweden oder Brandenburger waren, geraubt und geplündert hatten ja alle. Dem Tode waren sie unfehlbar verfallen. Am liebsten jagte man sie in Sümpfe auf trügerische grüne „Dotlewer" (Todleber). Unter ihren Füßen brach die dünne Grasdecke durch und sie erstickten elendiglich im Moder. ✳✳✳

Durch Friedrich den Großen kam über den Drömling eine neue Zeit. Schon seit 1770 hatte er der Regierung befohlen, ihr Hauptaugenmerk mit darauf zu richten, „daß zur Etablierung mehrerer Kolonisten durch nützliche Rodungen auch der Drömling urbar gemacht werden möge". Durch eine Kabinettsorde vom 16. Dezember 1776 befahl er weitere Vorarbeiten. Es heißt darin:

„Übrigens so befindet sich in der Altmark der sogenannte Drömling, wo noch eine sehr ansehnliche Verbesserung zu machen stehet, die aber deshalben etwas schwer zu machen ist, weil das Lüneburgische und das Braunschweigische daran zugleich mit Antheil nehmen muß" usw.

Der Minister Derschau sollte sich mit dem Minister des Auswärtigen in Verbindung setzen, damit dieser die Höfe sondiere, ob sie sich nicht an einer so nützlichen Verbesserung beteiligen und die Kosten nach Verhältnis festsetzen möchten.

Im Winter 1777 zu 1778 begann die Ausführung. Sie wurde aber schon im Frühjahr 1778 wegen Geldmangel auf mehrere Jahre unterbrochen. Erst 1782 wurden die Arbeiten mit Eifer wieder aufgenommen und so eingerichtet, daß man die Beteiligung der Lüneburger und Braunschweiger entbehren konnte. Sie dauerten eine Reihe von Jahren. Zeitweilig wurden bis 2000 Arbeiter beschäftigt. In der Regel aber „waren ihrer nur gegen 300 bei der Arbeit zu halten"… „Die Furcht ausländischer Arbeiter vor gewaltsamer Aushebung zum Militär, die mühselige Arbeit in sumpfigem Boden, die Schwierigkeit von Unterkunft und Unterhalt – alles das machte es meist unmöglich, eine gleichmäßig große Zahl Arbeiter zusammenzubringen." (Oberlehrer Mänß: Die Entwässerung des Drömlings)

Mehrere große Vorflutkanäle wurden gezogen mit einer Menge Abzugskanäle und Gräben, Brücken, Schleusen, Fang- und Staudämmen. Die Ohre erhielt ein regelmäßiges Bett. Durch vier breite Hauptdämme wurde der Drömling passierbar gemacht. Der große König schenkte, wie viele eigenhändige Kabinettsordres beweisen, bis zu seinem Lebensende der Regulierung lebhafte Aufmerksamkeit. Erst lange nach seinem Tode wurde sie als vollendet angesehen.

Friedrich der Große hatte, wie bei anderen ähnlichen Regulierungen, einen erheblichen Teil der dem Wasser abgerungenen Grundstücke zur Ansetzung von Kolonisten behufs „Vermehrung der Volksmenge" verwenden wollen. Dementsprechend wurde nach dem 1791 entworfenen Plan von den beteiligten Gemeinden verlangt, daß sie von den ihnen als neugewonnenen berechneten 72,579 Morgen zur Ansiedlung von 514 Kolonisten ihrerseits 17,045 Morgen abtreten sollten, wogegen der Staat für die aufgewendeten Kosten keine Entschädigung fordere, und der von den Kolonisten zu entrichtende Kanon zur Deckung der auf 8878 Taler veranschlagten Unterhaltungskosten der Drömlingsanlagen zu verwenden seien. Hiergegen erhoben die Bauern lebhaften Widerspruch. Sie verweigerten, Land abzutreten und bestritten den Nutzen der Regulierung. ✳✳✳

In den altmärkischen Drömlingsdörfern sind, wie im Hansjochenwinkel, die alten heidnischen Feste, vor allem das Erntefest Vergôdendêl, in lebhafter Erinnerung, und Frau Gode mit der wilden Jagd rast lärmend und tobend gar oft über den Drömling fort. Wer sie kommen hört, eilt schnell in den Hof, um nichts davon zu sehen. Und hier, wie in anderen Gegenden der Altmark, erzählt man von Spöttern und Verwegenen, die in das Toben mit einstimmen. Es wird ihnen ergehen wie jenem Bauern in Mehrin bei Kalbe an der Milde, der trunken aus der Stadt nach Hause wanderte. Auf den „Bergen" begegnete ihm die wilde Jagd. Frechen Mutes stimmte er in das Jagdgeschrei ein, ohne daß ihm etwas widerfuhr. Schon graute der Morgen, als er endlich Mehrin erreichte. Da kam die wilde Jagd bereits zurück. Wiederum rief der Bauer sein Halloh! zum Himmel hinauf. Da hörte er eine Stimme: „Hast du mitgejagt, kannst du auch mitschmausen!" Im selben Augenblick fiel ein schwerer Körper vor ihm nieder. Mit Entsetzen erblickte er einen Weiberschenkel mit rotem Strumpf und blankem Schuh angetan.

Manche schöne altdeutsche Sitte ist als heidnisch von geistlichen Eiferern verfehmt, zuletzt törichten Polizeiverboten unterlegen. Samuel Walther, der Drömlinger, warnt seine „Landsleute an der Ohra" im letzten Kapitel der Magdeburgischen Denkwürdigkeiten 1737 vor heidnischen Gaukeleien und rühmt seinen Vater, daß er oft dawider gepredigt und bei Anfang seines Predigtamtes in Wegenstedt „das Oster- und Notfeuer" abgeschafft habe. Noch sind die Osterfeuer, die allerdings aus dem alten, schon 743 von einer niederländischen Synode als heidnisch verdammten „Notfeuer" hervorgegangen sein werden, in der Altmark nicht erloschen. Noch leuchtet dort am Osterabend von vielen Anhöhen der helle Feuerschein fröhlich ins Land hinein. Nach Sonnenuntergang wird das Feuer entzündet. Auf dem Hügel ist eine hohe Stange aufgepflanzt, um sie herum sind Holz, Teertöpfe und andere leicht brennbare Dinge aufgeschichtet.

An der Stange hängt eine Teertonne oder ein Bienenkorb. Das junge Volk tanzt um das Feuer herum. Der Glaube, soweit das Feuer leuchte, gedeihe die Feldfrucht, ist erloschen. Die alten Oster- und Johannisfeuer aber sollten als schöne Festbräuche konserviert werden und wo sie gewaltsam ausgerottet sind, wieder aufleben.

Das Festhalten an guten und schönen Sitten der Altvorderen ist kein Hindernis einer schnellen, fortschreitenden Entwicklung, wie sie dem Drömling zu wünschen ist. Eine glänzende Zukunft könnte ihm blühen, wenn der seit Jahrzehnten geplante Weser-Elb-Kanal zur Ausführung käme und durch den Drömling geleitet würde. Schon jetzt hat der Besitzer des einzigen, mit erheblicher Fläche an ihm beteiligten Ritterguts, Hermann Rimpau auf Cunrau durch seine berühmten Dammkulturen den Weg gezeigt, auf dem die Gründlandsmoore des Drömlings zu reichen Erträgen gelangen können. Auf den eigentlichen Moorflächen links der Ohre schien das Moorland nach der starken Entwässerung vielfach ganz unfruchtbar geworden zu sein. Die Bauern begannen zu brennen, und der Drömling wurde eine derjenigen verrufenen Landschaften, deren Bewohner alljährlich an gewissen Tagen durch Erzeugung des Höhenrauches ihren deutschen Brüdern auf hunderte von Quadratmeilen Luft und Licht entzogen. War die abgeplaggte Rasennarbe zu Asche verbrannt und der durch tiefes Pflügen mit dem darunter liegenden Sand vermischte Moorgrund mit der aufgestreuten Asche gedüngt, so gab es zwar einmal eine gute Ernte an Sommerraps oder Hafer oder Timotheegras, aber es war ein Raubbau, der auf die Dauer die Grundstücke ganz entwertete.

Seit 1862 hat Rimpau begonnen, die 2000 Morgen Moor seines Gutes durch „Dammkultur" nutzbar zu machen. Bei ihr findet eine vollständige Entwässerung des Moores und Bedeckung desselben mit einer vier Zoll starken Sandschicht statt. Zu diesem Behufe werden in einer Entfernung von 72 Fuß parallele 16 Fuß breite Gräben gelegt mit einer Tiefe von vier bis sechs Fuß und mit elf Fuß breiter Sohle. Die zur vollen Tiefe aus den Gräben ausgeschachtete Moorerde wird auf der Oberfläche der sich zu Dämmen gestaltenden Beete gleichmäßig verteilt, ebenso wird der unter dem Moor stehende Sand zwei Fuß tief ausgegraben und gleichmäßig über die Moorerde gedeckt. Die Dämme werden von mehreren Ruten breiten Vorgewenden eingeschlossen, durch die das Wasser mittels großer Drainröhren aus den Parallelgräben in die Vorflutgräben geleitet wird.

Burg Flechtingen

Rimpau hat jetzt bereits auf der ganzen Moorfläche seines Gutes, mit Ausnahme von 120 zu Torfstich vorbehaltenen Morgen, die Dammkultur ausgeführt und dadurch 1350 Morgen fruchtbaren Acker (Dämme) ausschließlich der Gräben gewonnen. Die Gräben geben an Schilf und Gras den Ertrag von 9 Mark, und wo sie an den Böschungen mit Sahlweiden besetzt sind, 20 bis 30 Mark für den Morgen. Die Dämme bedürfen verhältnismäßig wenig Dünger (ammoniakalischen Superphosphat, Kainit, schwefelsaures Kalimagnesia), sind leicht bei jeder frostfreien Zeit zu bestellen, ohne Brache zu bearbeiten und geben dann in richtiger Fruchtfolge gleichmäßig hohe Erträge von den verschiedensten Feldfrüchten.

Rimpau, der die Dammkultur für alle Moore in Norddeutschland mit einer durchschnittlichen Tiefe von 0,3 Meter bis 1,3 Meter, sofern sie hinreichend entwässert werden können, für geeignet erklärt, hofft von der Ausführung des Weser-Elb-Kanals, wenn er den Drömling durchschneidet und vollständig entwässert, eine großartige Entwicklung desselben. Schon sieht er Fabriken und Industrien aus der Erde wachsen und die früher durch Moorbrand kümmerlich nutzbar gemachten Flächen in das üppigste Gartenland verwandelt.

Mögen diese Erwartungen auch zu hoch gespannt sein – jedenfalls liegt eine baldige Ausführung jenes Kanals unter Benutzung der Wasserläufe der Aller und Ohre im dringenden Interesse des Drömlings, wie der ganzen Altmark.

Das bei Parisius folgende Kapitel „Kloster Neuendorf" wurde hier nicht aufgenommen.

In der Letzlinger Heide

So große zusammenhängende Waldreviere, wie die alte Wendenheide, auch Gardeleger Heide genannt, gibt es wenige in Deutschland. Gegenwärtig faßt man den größten Teil dieser Waldungen unter dem Namen der Letzlinger Heide zusammen. Es sind die Forstbezirke von den fünf preußischen Oberförstereien Letzlingen, Jävenitz, Burgstall, Colbitz und Planken, die in 25 Schutzbezirke geteilt sind und einen Flächeninhalt von 28 677 Hektar ausmachen. ***

Die Letzlinger Heide gehört nur zum kleineren Teil der Altmark. Es sind an ihr die vier landrätlichen Kreise Gardelegen, Stendal, Wolmirstedt, Neuhaldensleben und das braunschweigische Amt Calvörde beteiligt. Man zählt in der Heide an die dreißig wüste Dörfer und Burgen. Mitten in alten Hochwaldsbeständen traf man, wie sich die Leute noch recht wohl erinnern, öfters verwittertes Gemäuer an, und die Forstleute erzählten, es seien Kirchen oder Häuser aus vormaligen Wendendörfern, die im Dreißigjährigen Krieg zerstört seien. Der Dreißigjährige Krieg ist an diesen Wüsten unschuldig, keine einzige der zerstörten Ortschaften war noch am Anfang des 16. Jahrhunderts vorhanden.

Die neuere Geschichte der Letzlinger Heide ist eng mit den Hohenzollern verbunden. Diese hatten die Jagdlust schon aus Franken mitgebracht. Als Friedrich I. zu Konstanz auf dem Konzil weilte und die schöne Else mit ihren Kindern auf dem Schloß Tangermünde Hof hielt, wurden die jungen Markgrafen bereits in der edlen Jägerei unterrichtet. Bei einem Raubzug, den die Magdeburger Mannen in die Altmark unternahmen, erbeuteten die Knechte Heise's von Steinfurt zugleich mit den Pferden der Bauern von Insel ein Jagdpferd, die Hunde und die neuen Jagd-netze der jungen Prinzen und schleppten sie nach Heise's Burg Alvensleben. Von dort wird dies Jagdzeug wohl erst im Herbst 1420 zurückgewährt sein, als Kurfürst Friedrich mit seinem Schwiegersohn Wilhelm von Braunschweig-Lüneburg Burg Alvensleben belagerte und Heise zu einem Vergleich gezwungen wurde.

Den Kurfürsten gehörte bis in die Mitte des 16. Jahrhunderts nur ein sehr kleiner Teil der jetzigen Letzlinger Heide, wohl nichts als ein Stück von der Jävenitzer Oberförsterei. Wenn sie von Tangermünde aus jagen wollten, war es ein weiter Weg bis zu den Revieren mit großem Wildstand. Die trefflichste Wildbahn war weitab bei Letzlingen. Hier pflegte mit Vorliebe der älteste Sohn des Kurfürsten Joachim II., Kurprinz Johann Georg, ein gewaltiger Jäger vor dem Herrn, des edlen Weidwerks.

„Aber kein gastlich Haus ringsumher auf dem weiten Gefilde nahm die müden Herren zur Jägerrast auf und lud sie ein, beim Mahle sich des Jagdglücks zu freuen und zu Neuem sich zu stärken. Wie sehnlich war da der Wunsch des Prinzen, hier, wo die ergiebigste Beute lohnte, eine Stelle zur Jagdruhe zu haben, hier selbst zu wohnen, hier selbst zu bewirthen die um sich versammelten Genossen der edlen Jagdlust. Und einer ihrer zögerte nicht lange, diesen Lieblingswunsch in Erfüllung zu setzen, zugleich zu gnädigstem Gefallen seines Lehnsherrn, des Prinzen geliebten Bruders. Ludolf von Alvensleben, zu Calbe gesessen, bot drei Feldmarken dar, da gelegen, wo der Prinz oft sein Jagdhaus sich erheben zu sehen gewünscht hatte. Mit Freuden ward das angenommen, lag auch gleich das neue Gut nicht im eigenen Lande des Erwerbers. Am Sonntage Jubilate 1555 kaufte der Kurprinz von dem von Alvensleben die drei Feldmarken Letzlingen, Wittenwende und Schönfeld, vom Erzstift zu Lehn gehend, für 3000 Thlr."

Alle drei Ortschaften waren wüst, nur in Letzlingen hatte man kurz zuvor einzelne Gebäude wieder aufzubauen begonnen. Erst 1559 ließ der Kurprinz ein stattliches Jagdschloß errichten, drei Stockwerk hoch, mit schmucken Giebeln und Erkern, mit einem Küchenhause und zierlichem Torhäuschen. Das Ganze umgeben von einer Ringmauer mit vier Ecktürmen, ringsum ein breiter Schloßgraben. Bald konnte Johann Georg seinen Besitz vergrößern. 1562 erwarb er von der Familie Bismarck deren Gut Burgstall nebst allem Zubehör und damit wohl den größten Teil des Bezirks der jetzigen Oberförsterei Burgstall. Vor Zeiten vielleicht in einer Beziehung zur alten Burg Dolle, deren Burgwall noch gezeigt wird, war Burgstall 1345 dem Stendaler Bürger Claus Bismarck zu Lehen gegeben und seitdem der Familie geblieben. Nunmehr erhielten Jobst und Jörg von Bismarck für die eine Hälfte des ganzen Hauses und Gutes Burgstall das Amt Schönhausen nebst Fischbeck, und Heinrich und Friedrich von Bismarck für die andere Hälfte die Probsteigerechtigkeit des Klosters Crevese nebst einer Menge von Dörfern und Höfen. 1579 kam zur „Markgrafenheide", wie jetzt der kurfürstliche Anteil genannt zu werden pflegte, noch ein Stück Neuendorfer „Klosterheide".

Der südwestliche Teil der alten Wendenheide umfaßte die unter magdeburgischer Oberhoheit stehende Halbgerichtsforst oder „Linderheide", einen gemeinschaftlichen Besitz der magdeburgischen Burg Alvensleben und der braunschweigischen Burg Calvörde, etwa zusammenfallend mit der heutigen Oberförsterei Planken. Der südöstliche Teil, die „Bischofsheide", jetzt Colbitzer Forst, war ebenfalls magdeburgisch. Das Erzbistum Magdeburg wurde 1552 von brandenburgischen Markgrafen regiert, seit 1566 von dem ältesten Sohn Johann Georgs, dem Administrator Joachim Friedrich, dem späteren Kurfürsten. Johann Georg ließ sich bald nach seinem Regierungsantritt (1571) von seinem Sohn die lebenslängliche Nutzung der Jagd urkundlich zusichern.

So hatte denn der Begründer von Letzlingen schon das ganze Jagdrevier in seinem jetzigen Umfang zu seiner Verfügung. Bloß mit den Braunschweigern gab es noch Streit. Ja, Herzog Julius von Braunschweig erteilte 1587 seinem Amtmann in Calvörde den Befehl, in seiner Halbgerichtsforst auf die brandenburgischen Schützen acht zu haben, sie gefangen zu nehmen, ihre Hunde tot zu schießen und das Jagdzeug in Stücke zu hauen. Dieser Streit ist auch nach dem Übergang des Erzstifts Magdeburg an Brandenburg (1680) nicht erloschen, bis er endlich 1700 durch einen Rezeß zwischen Preußen und Braunschweig beigelegt und die Linderheide mit Preußen für immer vereinigt wurde.

Auf solche Weise ist das große Jagdterritorium gebildet worden, dessen größter Teil jetzt durch ein sehr hohes Wildgatter eingeschlossen wird. Die Letzlinger Heide ist nur Hochwald. Vorherrschend sind Kiefern, aber auch Eichen-, Birken- und Fichtenwälder sind vorhanden, und endlich gibt es in der Heide einen 1600 Morgen großen Lindenwald mit wenigen eingesprengten, sehr alten Eichen.

Johann Georg hielt sich mit großer Vorliebe in Letzlingen auf. Sein Sohn, der Magdeburger Administrator, hatte sich der Jagd halber das nahe Schloß Wolmirstedt prächtig ausbauen lassen, und nun züchteten Vater und Sohn das Wildbret um die Wette. Als Johann Georg seine dritte Frau nahm, die junge Elisabeth von Anhalt, feierte er Hochzeit in Letzlingen auf seiner fröh-

lichen „Hirschburg". Der Wildstand war damals sehr bedeutend, denn in dem harten Winter 1573 gingen fast 3000 Stück Rotwild zugrunde und dennoch konnte 1590, als ein Neffe des Kurfürsten, der Herzog von Braunschweig sich vermählte, der Kurfürst ihm 400 Stück Rotwild, die in der Heide eingefangen waren, als Hochzeitsgeschenk überbringen. Wenn Vater und Sohn, wie gewöhnlich, auf dem magdeburgischen Grund und Boden gemeinschaftlich jagten, so teilten sie das Wild. Außerdem erhielt der Sohn jährlich acht Tonnen eingesalzenes Hirschwildbret und ebensoviel eingesalzenes Schweinewildbret. Dieses gemütliche Jagdfamilienleben wurde nach dem Tode Johann Georgs während der Regierung seines Sohnes Joachim Friedrich gleichermaßen fortgesetzt. Denn wiederum war einer seiner Söhne, Markgraf Christian Wilhelm, Administrator von Magdeburg und ein ebenso großer Jagdliebhaber, wie sein Vater und Großvater. Mit dem Tode des Kurfürsten Joachim Friedrich (1608) war die Glanzzeit Letzlingens für lange vorbei. ✳✳✳

Eine neue Glanzperiode der Heide begann seit dem ersten Besuch, den Friedrich Wilhelm IV. der Altmark abstattete (Frühjahr 1843). Er besichtigte das alte Schloß Letzlingen, durchfuhr die Heide und ließ sich namentlich den großen Lindenwald zwischen Colbitz und Planken zeigen. Die schönen Waldungen, belebt von prächtigem Wild, gefielen ihm über die Maßen. Sofort nahm er den Umbau des alten Schlosses Letzlingen in Aussicht und berief unseren Gewährsmann von Meyerinck als Oberförster nach Letzlingen mit dem Auftrage,

„dort allmählich eine nachhaltige Hofjagd einzurichten. Die ganze Heide wurde von da ab zu einem Leibgehege Sr. Majestät bestimmt und Niemand außer den angestellten Forst- und Jagdbeamten durfte daselbst pürschen und Wild abschießen, wenn nicht Se. Majestät die spezielle Erlaubnis dazu erteilt hatte."

Ein hohes, festes Wildgatter, die Pfosten aus Eichenholz, die Querlatten aus Kiefernstangen, wurde schleunigst hergestellt und das Wild in das neue Wildgehege eingetrieben.

„Viele Einsprünge und Wildfänge längs des Wildzaunes wurden hergerichtet, um das noch außerhalb des Geheges stehende Wild, wenigstens theilweise, einzufangen. Ferner wurden in allen Reviertheilen, die man bei den Hofjagden voraussichtlich berührte, die Wege und Gestelle gehörig fahrbar hergestellt und theilweise mit Linden, Kastanien, Eichen, Birken und Pappeln bepflanzt."

Im Wildgehege, das 16 000 Hektar umfaßt, hat sich vor allem das Dammwild bedeutend vermehrt. Für die Rothirsche scheint die Äsung nicht mehr reichlich genug zu sein, nachdem durch die Entwässerung des Drömlings der Wasserspiegel in der Heide allmählich überall $1^{1}/_{2}$ bis 2 Meter gesunken ist. An verschiedenen Stellen der Forst bebaute man Blößen mit Kartoffeln, Lupinen, Hafer und dergleichen, friedete diese Flächen durch verstellbare Gatter ein, um sie jedesmal kurz vor der großen Herbstjagd dem Wilde preiszugeben. In den wildreichen Bezirken errichtete man Wildschuppen mit Raufen und fütterte dort in strengen Wintern das Wild. In allen fünf Oberförstereien wurden Saufänge gebaut, um starke Keiler für die Hofjagden zu fangen und „um sie dann in die eingestellten Jagen kurz vor der Jagd auszusetzen". Da Bachen und Frischlinge geschont wurden, so hob sich auch der Schwarzwildstand schnell. ✳✳✳

Seit dem Herbst 1844 sind größere Hofjagden mit zahlreicher Jagdgesellschaft abgehalten worden. Im Jagdschloß wurden später noch ein Eßsaal, ein Empfangszimmer und ein Billardzimmer angebaut. Dann wurde ein Kavalierhaus und ein zweites Logierhaus für die Gäste und Dienerschaft errichtet. In der Nähe des Schlosses wurde eine neue Kirche erbaut.

115

Unser Kaiser hat die Hofjagden in der Letzlinger Heide in der Weise seines verstorbenen Bruders seit 1858 fortgesetzt. In zwei bis drei Jagdtagen, im Oktober oder November, wird jedesmal vor ihm und seinen Gästen eine Menge Wildbret „gestreckt". Bisher wurde „im Jahr 1869 die größte Wildstrecke erreicht, indem 24 Stück Rotwild, 349 Stück Damwild, 250 Sauen, 2 Füchse und 1 Hase erlegt wurden". Der jetzige Vize-Oberjägermeister von Meyerinck berechnet in dem erwähnten Aufsatze, daß von 1844 bis 1878, in 35 Jahren, bei den dortigen Hofjagden in Summa geschossen wurden: 336 Stück Rotwild, 7652 Stück Damwild, 3806 Sauen, 4 Rehböcke, 12 Füchse, 10 Hasen und 3 Dachse, „mithin Summa Summarum 11 813 Stück, welches Jagdergebnis wohl kein anderes Jagdrevier der Welt mehr aufzuweisen haben dürfte".

Die eingestellten Jagen, „die in den verschiedenartigsten Formen je nach der Beschaffenheit der Bestände und der Figur der geeigneten Forstorte hergerichtet werden", dürften freilich für Jäger, die im Hochgebirge Gemsen zu pürschen gewohnt sind, wenig Anziehendes haben. Das Rot- und Damwild wird in den Dickungen hin- und hergetrieben und dann dicht vor die Schützen gebracht. Die Sauen sind einige Tage zuvor durch ausgelegte Köder in umfriedete Räume gelockt und dort mittelst Falltüren in Kasten eingefangen, die an den Seiten eiserne Ringe haben. Diese bieten eine bequeme Handhabe, um jeden einzelnen Kasten mitsamt der eingefangenen Sau, falls sie bei einer sorgfältigen Prüfung sich geeignet erweist, bis unweit der Schießstände zu tragen. Aus dem Kasten gelassen, läuft die Sau mit ihren Leidensgefährten in einen dicht umhegten Gang, den entlang sie vor die Stände der Schützen getrieben wird, um dort den sicheren Tod zu finden.

Die Kaiserjagden in Letzlingen sind für die ganze Umgegend hohe Festtage. Außer den vielen eingeladenen Gästen strömen von weit und breit die Leute herzu, um sich das lustige Getümmel bei der edlen Jägerei anzusehen. In

Die Königseiche

jedem Hause sind Gäste des Kaisers einquartiert. Die vielen kleinen Besitzer, Häusler und Erbpächter, zum Teil Nachkömmlinge von pfälzischen und französischen Kolonisten, haben sich ein kleines Logierzimmer eingerichtet mit Waschtisch und sauberen Betten, um es auf die drei Jagdtage zu hohen Preisen zu vermieten. Im Schloß wohnen nur der Kaiser und von seinen Gästen die regierenden Fürsten nebst ihren Leuten. Die Regimentsmusik der altmärkischen Ulanen, die Trompeter, sind von Salzwedel und Gardelegen herzugeritten und spielen zur Tafel auf. Für das Publikum bildet das meist im Freien eingenommene Jagdfrühstück das Hauptschauspiel. Während der Jagd selbst, zu der die Neugierigen nicht zugelassen werden, vergnügt man sich auf Spaziergängen im „Tiergarten" zunächst dem Jagdschloß und bewundert dort die herrlichen alten Eichen, vor allem die mächtigste von ihnen, von Friedrich Wilhelm IV. bei einer Besichtigung 1843 „Königseiche" getauft. Der prächtige Baum hat einen Umfang von mehr als 20 Fuß.

Ist die Königsjagd vorüber, so drängen sich in den breiten Straßen des Dorfes ganze Wagenreihen. Gefährte aller Art, feine Equipagen, Kaleschen und Leiterwagen der Besucher aus Stadt und Land im weiten Umkreis der Heide müssen Platz machen den zahlreichen Extraposten, die mit sechs, vier und zwei Pferden bespannt und von Postillonen in schmucken Gala-Uniformen begleitet, den Kaiser mit seinen Gästen durch die weite Heide zurück zu dem Gardeleger Bahnhof zu fahren haben. Hat die ganze Wagenreihe unter lustigen Klängen der Posthörner das Dorf verlassen, so zerstreuen sich schnell nach allen Richtungen auch die übrigen Besucher, und wiederum auf ein ganzes Jahr ist Letzlingen das einsame, stille Heidedorf, fernab von der Landstraße.

Klosterkirche Crevese.

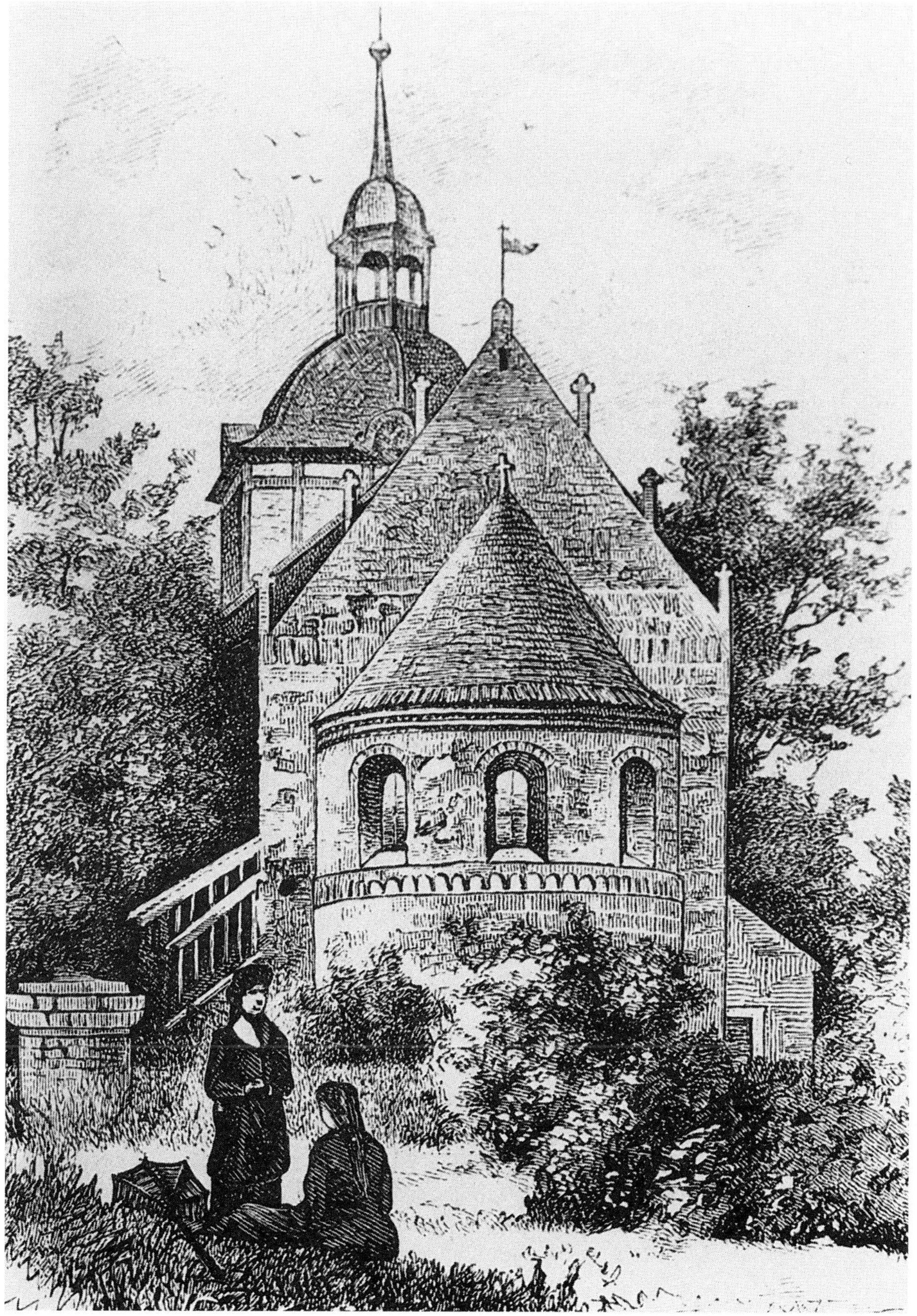

Jagdschloß Letzlingen.

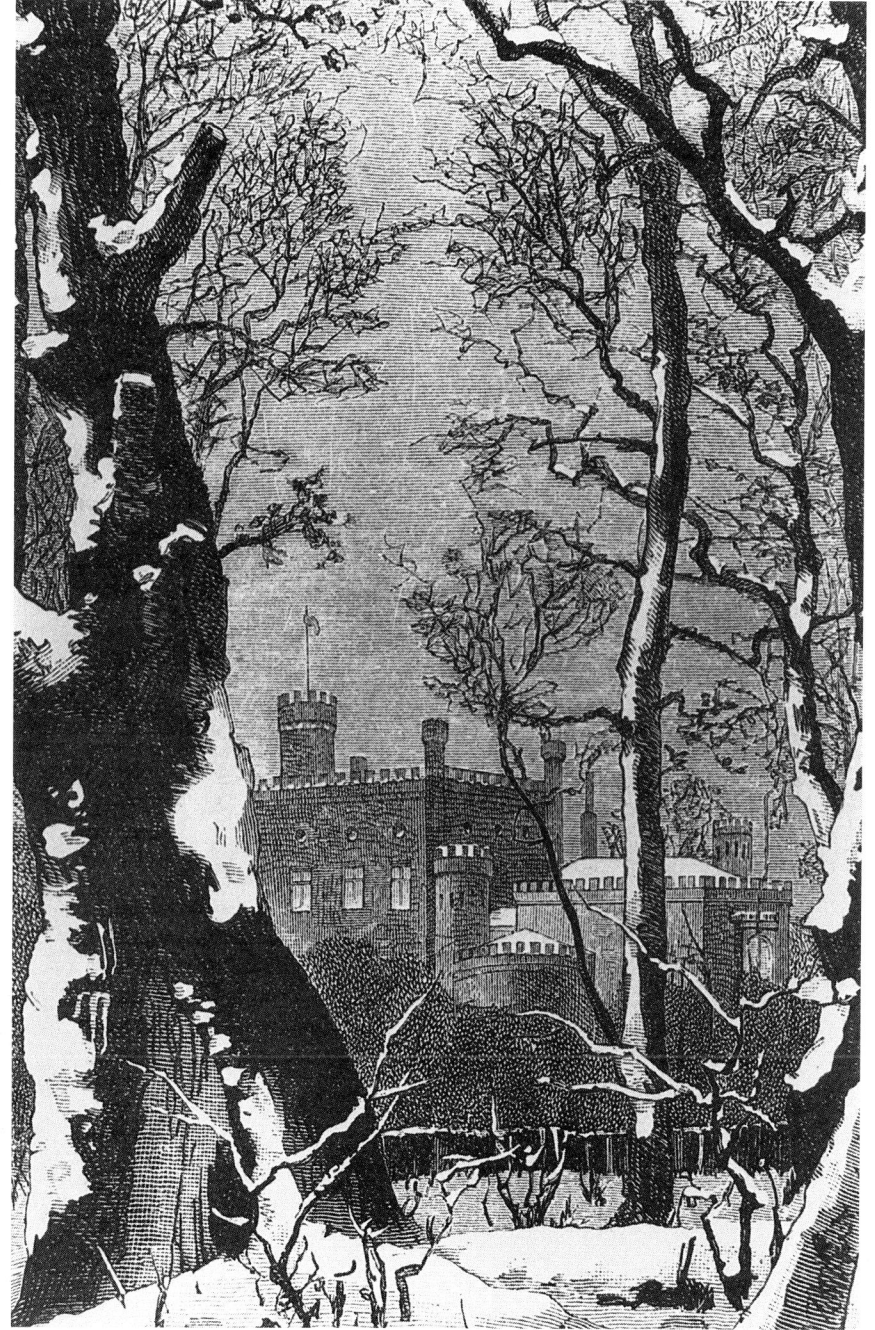

Bismark

Bismark ist ein uralter Flecken inmitten der Altmark. Zum ersten Mal wird er in einer Urkunde von 1209 erwähnt. Es war damals der Bischof Segebodus, der Probst Engelbert und das ganze Domkapitel der Kirche zu Havelberg, sowie der Markgraf Albrecht mit Gefolge in Biskopesmarke versammelt. Das Stift Havelberg ließ sich hier vom Markgrafen seine altmärkischen Besitzungen landesherrlich bestätigen. Aus einer Urkunde von 1186, durch die das Bistum Halberstadt das dicht bei Bismark gelegene Dorf Döllnitz vom Havelberger Stift eintauschte, wird mit großer Wahrscheinlichkeit geschlossen, daß Bismark ebenso wie Döllnitz früher dem Havelberger Stift gehörte und gleichzeitig mit Döllnitz an Halberstadt vertauscht wurde.

In Bismark war in den ältesten Zeiten ein Schloß vorhanden. Dieses mag dem Stift Havelberg bei Beginn seiner Missionstätigkeit geschenkt oder von ihm erbaut sein und zum Ansammeln des Fruchtzehnten gedient haben. Vielleicht war es auch eine Zufluchtsstätte der Domherren, wenn diese von den Wenden vertrieben und über die Elbe gejagt wurden. Das ist die Annahme von Klöden und Riedel, während Wohlbrück und Ledebur sich der Ansicht zuneigen, Biscopesmark habe ursprünglich zum Schutz der Zehntscheunen des Halberstädter Bischofs gedient.

Zum zweiten Mal wird der Ort, und nun bereits unter dem abgekürzten Namen Bismark, in der Schreckenszeit um die Mitte des 14. Jahrhunderts erwähnt. Als der schwarze Tod durch Europa zog und man sich in der Mark in jenen wirren Kämpfen um den falschen Waldemar befand, durchzogen die Geißler oder Kreuzbrüder auch Norddeutschland. Die Magdeburger Schöppenchronik schildert den wüsten Unfug der zumeist

aus landfahrendem Gesindel bestehenden Büßer bis zu ihrer Vertreibung aus dem Erzbistum. Sodann fährt sie fort:

„Desselben Jahres begann das Volk zu laufen nach Bismark. Da war ein wunderthätiges Kreuz. Da war solange geopfert, daß sie sich zuletzt schlugen und mordeten um das Opfer. Also verging die Fahrt."

Nach dieser dürftigen Mitteilung scheint es fast, als ob schon in demselben Jahr 1349 die Wallfahrten wieder eingestellt worden wären. Dies ist aber nicht anzunehmen. Unweit der Stadt im freien Felde befindet sich noch heute „die goldne Laus", die Trümmer einer alten Wallfahrtskirche, die von dem Opfergeld gebaut sein soll, „der Weg von der Stadt nach der Kirche hieß der heilige Weg, denn ihn wandelten die Wallfahrer mit Gesängen und Gebet, mit Kreuzen, Fahnen und Lichten". (Klöden)

Über den wunderlichen Namen der Wallfahrtskirche berichtet die Sage: Oben auf dem Turm über dem Kreuzgewölbe sei der Teufel in Gestalt einer Riesenlaus an einer goldenen Kette festgehalten und täglich mit einem Pfunde Fleisch gespeist worden. An Wallfahrtstagen zeigte man das Wundertier den Gläubigen durch ein Loch, das nur knapp die gehörige Kopfweite hatte, und durch das man nichts als die höllische Finsternis sah. Wahrscheinlicher klingt die Erzählung, über der Tür der Wallfahrtskirche habe eine lateinische Inschrift gestanden, mit den Anfangsworten Laus deo (Gottes Lob). Wegen der reichen Opfergaben erfand der Volkswitz daraus für die Kirche den Spottnamen der goldenen Laus.

Das „Städtchen" oder der Flecken (bleck) Bismark ist schon unter den bayerischen Markgrafen in den Lehnsbesitz der Familie Alvensleben gekommen. In einer Urkunde von 1370 verschrieb Markgraf Otto der Witwe Busso's von Alvensleben ein Leibgeding, darunter in dem Städtchen zu Bismark drei Wispel Roggen, zehn Hühner, acht Scheffel Hafer und den dritten Teil des Schosses zu St. Walburgentag und zu St. Martinstag und des Städte-Pfennigs, des Zolles und Scharren-Zinses, wie solches die von Alvensleben besessen hatten. Unter den Hohenzollern wurde dies Verhältnis erneuert. Die „lieben und getreuen Rathmänner und Einwohner der Flecken Bismark und Kalbe hatten sich lange Zeit geweigert, denen von Alvensleben zu Kalbe Erbhuldigung zu thun, sie meinten, ihnen stünde dies nicht zu thun". Darauf befahl ihnen dies Kurfürst Friedrich im Dezember 1464. Er wies sie an die von Alvensleben „mit Hand und Mund, und hieß und befahl ihnen, daß sie ihnen Erbhuldigung thun und sich fürder mit allen billigen und redlichen Sachen an sie und ihre Lehnserben als ihre rechte Erbherrschaft halten sollten". Der Kurfürst Albrecht gab sodann 1472 seinen Räten und lieben getreuen Rittern Busso, Ludolf und Gebhard, Gebrüder von Alvensleben, unter anderen großen Besitzungen auch „dat blek to bismarcke mit aller siner tobehorunge, mit gerichten, hogest unde sidest, (hohen und niedrigen) dat kerklehn unde eine vicarien" zu Lehen.

Die Alvensleben aber begannen, gegen Ende des Jahrhunderts, die daraus erwachsenen Rechte möglichst zu versilbern. So verkauften sie dem Rat und der Gemeinde zu Bismark ein großes Gehölz (Elsbruch) am Kahnstieg, ferner dem Vikar an der Pfarrkirche zu Stendal das Stättegeld, das die Gewandschneider und Lakenmacher von Stendal, Tangermünde, Osterburg und anderen Orten im Flecken Bismark zu zahlen hatten, für 100 rheinische Gulden. Später kamen in der Veräußerung an die Marienkirche (1511) und die Peterskirche (1525) zu Stendal bedeutende Roggenpächte und die Bierziese (Biergeld) an die Reihe. Als in der Reformation den adligen Patronen gestattet war, ihre Schenkungen an Kirchen unter gewissen Voraussetzungen zurückzuziehen, hatte Ludolf von Alvensleben Monstranzen, Kelche und Kreuze aus der Bismarker Kirche an sich genommen. Er mußte sie aber auf Verlangen der Kirchenvisitatoren zurückgeben, um so mehr, als sie keine Geschenke seiner Familie waren.

Ein Schloß war während der Besitzzeit der Alvensleben in Bismark nicht mehr vorhanden. Von einem Burgwall kann man noch jetzt Überbleibsel in den Gärten der Stadt erkennen. Von den späteren Schicksalen Bismarks ist herzlich wenig zu berichten. Wie überall in der Altmark, hat auch hier die Pest oft entsetzlich gehaust, auch ist der Ort im Dreißigjährigen Krieg viermal ausgeplündert worden. In Bismark selbst läßt sich über seine Vergangenheit nichts ermitteln, da durch eine furchtbare Feuersbrunst im Jahre 1676 der ganze Ort mit Kirche und Rathaus vollständig zerstört wurde, und dabei auch alle städtischen Urkunden zugrunde gingen. Nur vier Häuser blieben übrig, und selbst der massive Turm war ausgebrannt.

Seitdem hat sich das Städtchen mit Hilfe der umliegenden Landschaft mehr und mehr zu einer wohlhabenden, lebhaften Ackerstadt entwickelt. 1730 hatte sie erst 530 Einwohner, 1801 842, 1816 945, bei der Volkszählung vom 1. Dezember 1871 fanden sich 2065 Einwohner in 282 Wohngebäuden vor. Die Zählung von 1880 wies 2099 Einwohner nach. Eine gewisse letzte Verbindung mit der Familie Alvensleben ist erst 1849 vollständig gelöst, da die Stadt bis dahin der Alvenslebenschen Patrimonial-Gerichtsbarkeit unterlag. Die Reichsjustizgesetze haben ihr endlich auch ein eigenes Amtsgericht verschafft.

Die goldene Laus

Arneburg

Wir stehen nunmehr auf einer Stätte, die für die älteste Geschichte und die Kultur der märkischen Elblande von höchster Wichtigkeit gewesen ist: auf dem Schloßberg bei Arneburg.

Die Landschaft, die wir überblicken, trägt in ausgeprägter Weise jenen schwermütigen Chrakter, der dem norddeutschen Tiefland eigentümlich ist. Langsam, leise rauschend, zieht unter dem steil ansteigenden diesseitigen Ufer die Elbe dahin. Die graugrünen Weidenbüsche, die sich drüben am jenseitigen, flachen Rande des Flusses weithin ausdehnen, wissen davon zu erzählen, wie wütend in mancher stürmischen Frühlingsnacht die Wasser des Stromes das Land überfluten. Hinter diesen Weiden aber breiten sich fast unabsehbar die Wiesen aus. Es ist das „Ländchen Schollähne und Klietz", in das wir blicken. Nur drüben im Südosten zeigt sich blauschwärzlicher Hochwald. Es sind die Forsten von Hohengöhren und Schönhausen, die dort vor uns auftauchen. Wenden wir uns nach Westen. Hier ebenes Land ohne hervorragende Ruhepunkte für das Auge. Auf dem Berge aber hier über der Elbe erhebt sich vor uns ein burgartiges Gebäude aus neuerer Zeit, das die Stätte des alten, erinnerungsreichen Schlosses von Arneburg bezeichnet, und unten am Bergesabhange gewahren wir das Städtchen Arneburg selbst. Wenden wir uns der Geschichte des Schlosses zuerst zu!

Die überaus günstige Lage dieses Berges am Ufer der Elbe hat wahrscheinlich gleich unmittelbar, nachdem die deutschen Waffen und mit ihnen das Christentum bis hierher vorgedrungen waren, zur Erbauung einer Burg Veranlassung gegeben, die wir als eine der ältesten Vesten der Altmark, älter selbst als Werben,

kennenlernen. Die sächsischen Kämpfer legten ihr den Namen „Adlerburg" bei, sollte doch von hier aus der Adler des deutschen Reiches seinen Flug fortsetzen bis zu den fernen, noch wenig gekannten Wäldern und Sümpfen des Wendenlandes. Diese Burg muß von hoher Wichtigkeit für die sächsischen Eroberer gewesen sein. Um 977 weilte auf dieser Veste sogar ein Verwandter des großen ludolfingischen Kaiserhauses, der Graf Bruno mit seiner Gemahlin Friderun und seinen drei Söhnen Rikbert, Ziazo und Urno. Der heiligen Jungfrau und dem Apostel Thomas zu Ehren stiftete derselbe zu Arneburg, vielleicht auf dem Burgberg selbst, vielleicht dort unten im Frieden und Schutz des Schlosses, ein Benediktiner-Mönchskloster, dem der Papst Benedikt VII. gern die Bestätigung erteilte. Dann zog Graf Bruno mit Kaiser Otto II. in den Kampf gegen die Westfranken. Auf dem Zug nach Paris starb er, „lobenswert erfunden in allen Dingen", wie Dithmar von Merseburg ihm rühmend nachruft.

Furchtbar wild hat um die Arneburg in jenen alten Tagen der Völkerkampf getobt. Oft haben sich die Slawen zur Nachtzeit bis zu den Befestigungen dieser deutschen Warte herangeschlichen. Dann rissen sie wohl die Pallisaden aus der Erde und schleuderten mit starkem Arm die Brandfackel in weitem, feurig glühenden Bogen auf die Holzdächer der Arneburg. Im Jahre 997 aber stürmte Kaiser Otto III. heran. Er trieb die Wenden zurück, und seine Krieger mußten Schaufel, Hacke und Beil ergreifen, um die Arneburg neu zu befestigen. ✳✳✳

Im 12. Jahrhundert hatten Burggrafen auf der Arneburg Wacht gehalten. Wir wissen freilich kaum mehr von ihnen, als ihre Namen. Das aber spricht einer von ihnen, Graf Siegfried, im Jahre 1187 als seines Geschlechtes Ruhm und Ehre

aus: „Wir haben die Kirche Gottes in diesen Landen gegründet und Heidenblut in Hülle und Fülle vergossen."

Und wie mag sich das Bild der alten Arneburg etwa dargestellt haben? Sicher war diese Veste nur eine hölzerne Burg. Ihr folgte die Warte, der hohe feste Turm mit feldsteinernem Mauerkranz und diesem endlich das aus Backsteinen aufgeführte Schloß, dem die Pracht und Zierlichkeit gotischer Türme und Erker nicht fehlte. ✳✳✳

Am 9. Januar des Jahres 1499 sah die alte Veste noch eine erschütternde Szene. In einem weiten und hohen Gemache der Burg, dessen Fenster die freundliche Aussicht über den breiten Strom und über das schneebedeckte Wiesenland gewährten, lag Kurfürst Johannes Cicero im Sterben. Die Ärzte hatten den schon seit langer Zeit kränkelnden Fürsten hierher zu bringen geraten, weil sie die Luft Arneburgs als vorzüglich gesund erachteten. Aber ihre Kunst vermochte den Fortschritten der Wassersucht keinen Einhalt mehr zu tun. Am Morgen jenes 9. Januar war ein jugendlicher Reiter mit zwei Knechten auf dampfenden Rossen in den Schloßhof gesprengt. Auf den Wunsch seines Vaters, der das Nahen des Todes empfand, war der Kurprinz Joachim nach Arneburg berufen worden. Der junge Fürst fand hier die Räte Johanns bereits vor. Und jetzt, als der Sohn vor seinem Bett kniete, richtete Johannes Cicero das männlich schöne Haupt mit dem lockigen Bart noch einmal auf und mahnte den Prinzen zu kraftvoller und gerechter Regierung mit jenen unvergeßlichen Worten, die uns eine alte Überlieferung aufbewahrt hat:

„Deinen Fürstenthron wirst Du nicht besser befestigen, als wenn Du den Unterdrückten

hilfst, den Reichen nichts nachsiehst, falls sie den Geringen überwältigen, und wenn Du gleiches Recht einem Jeden angedeihen lässest. Vergiß nicht, mein Sohn, den Adel im Zaume zu halten, denn sein Übermuth verübt das meiste Böse. Strafe die Edelleute, wenn sie die Gesetze übertreten, und laß' nicht zu, daß sie irgend Jemand, wer es auch sei, über Gebühr beschweren. Denn ich hinterlasse Dir ein großes Land, mein Sohn; allein es ist kein deutsches Fürstenthum, in welchem mehr Zank, Mord und Grausamkeit im Schwange gehen, als in unserer Mark."

Nachdem der Kurprinz in die Hand des Vaters das Gelöbnis geleistet hatte, so edler Vorschrift immer zu folgen, legte sich Johannes Cicero auf die Kissen zurück. Bald hatte das edle, friedliebende Herz des Kurfürsten zu schlagen aufgehört. Die Mark hatte einen neuen Herrn, einen Herrn, der es niemals vergessen hat, was er dem sterbenden Vater gelobt hatte. Von Schloß Arneburg setzte sich der Leichenzug Johann Cicero's nach dem Kloster Lehnin in Bewegung. ✳✳✳

In neuester Zeit ist die Arneburg gleich der alten Burg Gardelegen, der Isenschnippe, in den Dienst der Industrie getreten. Oberst von Meyern verkaufte seinen Besitz 1865 an einen Industriellen. Das Schlößchen wurde zu einer Ofenfabrik umgebaut.

Das Städtchen Arneburg, das im Schutze und Frieden der Burg entstanden ist, hat keine Merkwürdigkeiten, keine Geschichte. Einst war dasselbe von einer Mauer umgeben, durch die drei Tore hindurchführten, eines nach Stendal, eines nach Tangermünde, eines nach Werben zu. Längst sind die Mauern, die Tore gefallen. Jetzt hat Arneburg nur noch eine Hauptstraße, in deren Mitte sich der Marktplatz befindet, und von der sich einzelne enge und schmale Gassen sich abzweigen, denn ein großer Brand hat im Jahre 1767 den Flecken fast völlig vernichtet. Friedrich der Große steuerte 26 664 Taler zum

Aufbau des gänzlich verarmten Ortes bei. Das neue Arneburg hat sich nur langsam gehoben. Vom Eisenbahnverkehr ausgeschlossen, treiben die Bewohner, deren Zahl sich allmählich bis zu 2191 vergrößerte, neben den üblichen Kleingewerben vornehmlich Landwirtschaft und auch

Der Burgberg von Arneburg

etwas Großindustrie und Schiffahrt. Nachdem der Flecken im Jahre 1778 das Stadtrecht erhalten hat, ist am Markt das betürmte Rathaus entstanden, die niederen Fachwerkbauten des Ortes hoch überragend. Zweierlei aber ist's, was den Fremden gern zu Arneburg weilen läßt: diese sehr anmutige Lage des Städtchens hoch über der Elbe und die Bedeutsamkeit der geschichtlichen Erinnerungen des Ortes. Und von denen weiß nicht allein der Schloßberg, sondern auch die alte Kirche des Städtchens zu erzählen, die aus Granitsteinen in Kreuzesform, aber ohne Gewölbe erbaut ist. Sie stammt aus den Tagen der ersten ballenstädtischen Markgrafen her und ist, wie wir bereits erwähnten, dem Ritter St. George geweiht, unter dessen Banner deutsche Krieger und Mönche fort und fort zum Strande der Elbe zogen, bis die Marken ein deutsches Land wurden, und der blutgetränkte Schloßberg der Arneburg den Wenden für immer entrissen wurde.

Osterburg

✳✳✳ **O**sterburg ist heute ein freundlicher Ort, ziemlich regelmäßig und gut gebaut, die Häuser natürlich zumeist aus Fachwerk errichtet. Große Brände in den Jahren 1521, 1565, 1631 und 1761 haben mit den Resten der alten Zeit innerhalb der Mauern, die Kirche zu St. Nikolai allein ausgenommen, völlig aufgeräumt. Bemerkenswert aus der Stadtchronik ist, wie jene Feuersbrunst von 1761 entstand. „Einem Brauer zu Osterburg", so heißt es, „wollte kein Gebräu mehr gerathen; er mußte zuletzt glauben, daß seine Bottiche ihm verhext seien. Als kein Mittel mehr anschlagen wollte, ließ er aus Stendal einen Mann herbeiholen, welcher behauptete, nichts sei ihm leichter, als diese Hexerei 'auszubrennen'. Der Versuch wurde gemacht; ehe aber der Brauer sich dessen versah, schlug ihm die helle Flamme aus seinem Hause entgegen; zwei Drittheile der Stadt brannten nieder, mit ihnen der Kirchthurm von St. Nikolai, welchen man ehedem für den höchsten und künstlichsten Thurm in der Altmark gehalten hatte."

Diese St. Nikolai-Pfarrkirche zu Osterburg stellt sich uns heute als ein sehr unregelmäßiges Gebäude aus den verschiedensten Kunstepochen dar. Der Unterbau des Turmes, die Schiffs- und Vierungspfeiler mögen bis auf das Jahr 1170 zurückgehen. Im 14. Jahrhundert aber hat ein gründlicher gotischer Umbau stattgefunden, ja der dreifache Chor ist erst gegen Schluß des Mittelalters hinzugekommen. Nirgends Regel und Gleichmaß! So möchte man sagen, wenn man vor diesem Bauwerk steht. Die Verhältnisse des Gotteshauses sind nicht edel und schlank genug, um malerisch zu wirken. Wir ziehen aber immer einen solchen Bau, der uns deutlich sein Werden und Wachsen verrät, der platten architektonischen Schablone vor. Bemerkswert ist der bronzene, pokalförmige Taufstein der Kirche, der in spätgotischem Rankenwerk die Inschrift trägt: „Mester volker van mundt. 1446." Ehedem war diese Kirche überaus reich an Gedächtnismalen. In ihren Fenstern erblickte man das Wappen der Osterburger Grafen, fünf rote Wekken in goldenem Feld und einen federgeschmückten Ritterhelm. An den Wänden des Gotteshauses lehnten die Grabsteine der Geschlechter Berndes und Salzwedel, die Jahrhunderte lang den Ratsstuhl zu Osterburg mit ihren Söhnen besetzt hatten, und in dem Estrich lag die Gedenktafel eines zweiten märkischen, eines im besonderen altmärkischen Schriftstellers und seiner Hausfrau, jenes Magister Christof Entzelt, den wir oben erwähnten. Die Grabschrift dieses Entzelt'schen Ehepaares lautete schlicht und einfach:

„Der Ehrwürdiger und wohlgelahrter M. Christophorus Entzelt von Saalfeld, Pfarrer allhie, ist selich im Herrn entschlafen den 15. Martij 1583 aetat. 66 pastoratus 33. Die Ehrbare und Tugendsame Catharina von den Gehren ist selichlichen entschlafen den 4. Sept. anno 1580 aetat. 61."

Magister Entzelt war Rektor zu Tangermünde, ehe er nach Osterburg kam. Seine „altmärkische Chronika" erschienen 1579 zu Magdeburg. Leutinger schrieb seine von ihm selbst nicht mehr

Die Pfarrkirche St. Nikolaus

herausgegebene „Geschichte" etwa zwei Jahrzehnte später. Aber welch' unendlicher Unterschied zwischen den beiden Werken in bezug auf Inhalt und Form! Entzelt ringt mühsam mit der deutschen Sprache und gibt uns fast nichts als eine Reihe zusammenhangloser Fabeln und Sagen. Leutinger schreibt pragmatische Geschichte in gutem Latein. Doch, seien wir gegen den alten Pfarrherrn von Osterburg nicht undankbar: Er hat manch Goldkörnlein alter Tradition aufbewahrt, und manche Stelle seines Buches liest sich wie die Auflösung eines uralten Epos, klingt wie die Weise einer verstümmelten Heldensage.

Die Geschichte von Osterburg ist freilich nur eine eintönige, wie diejenige aller kleinen altmärkischen Städte. Es fehlt aber das Bemerkenswerte doch wenigstens nicht ganz. Im Jahre 1136 hatte Osterburg die Freude, einen deutschen Kaiser, Lothar II., den supplingenburger Nachbar, in seinen Mauern zu sehen. Man sagt, die Osterburger hätten das Haupt des Reiches zu diesem Besuch aufgefordert. Wie dem auch gewesen sein mag: Der „Kaisertag zu Osterburg" lief schlimm genug ab. Vielleicht wollten sich die Osterburger wieder einmal „recken", wie ihnen der alte Spottvers über die Städte der Altmark nachsagt. Kurz, sie gerieten sehr bald in Streit mit den Leuten des Kaisers. Die Schwerter flogen aus den Scheiden. Die Messer wurden entblößt, und bald leckte die Flamme an den hölzernen Gebäuden der Stadt empor. Tief entrüstet verließ der Kaiser Lothar den brennenden Ort, von dessen Bürgern viele erschlagen worden waren. So erzählen die magdeburgischen „Centurien". Immerhin bleibt die Nachricht eine sehr dunkle.

Nach dem Tode des Grafen Siegfried, des letzten seines Stammes, fiel die Stadt Osterburg im Jahre 1238 als magdeburgisches Lehn an die Markgrafen von Brandenburg, die dieselbe nicht wieder „austhaten", sie hat seitdem keinen anderen Gebieter als das Staatsoberhaupt gehabt.

123

In hohem Maße wurde gerade Osterburg durch die Heimsuchungen des großen deutschen Krieges betroffen. Wir haben noch gute Kunde darüber, was diese Stadt in jener fürchterlichen Zeit hat erdulden müssen. Ihr Bürgermeister Friedrich Salzwedel hat es genau und ohne Übertreibung aufgezeichnet, was die Truppendurchzüge „gemeinem Säckel und deren Bürgern gekostet haben".

Im Jahre 1626 erschien das Regiment Coloredo unter dem Oberst-Leutnant von Bodendieck. Es folgten der Herzog Georg von Lüneburg, der die Stadt wiederholt besetzte, der Oberst Hausmann, die Pappenheimer, der General Karpzow und endlich die Schweden. Die „religiösen und politischen Befreier Deutschlands", die „hochherzigen Helden des nordischen Löwen" trieben es auch hier am Ärgsten, ärger selbst als die Kroaten des Grafen Gallas. Im Jahre 1636 plünderten die Regimenter Banner, Dewitz, Kurland und Finnland Osterburg so erbarmungslos, daß sechzehn Wochen lang kein Bürger in der Stadt bleiben konnte. Getreide, Vieh, Braupfannen sowie alle Hausgeräte von Wert wurden von den skandinavischen Gästen und ihren deutschen Helfern mit hinweggenommen. Schon im Jahre 1642 erfolgte unter Wrangel eine zweite Plünderung. Wieder mußten die Bürger entweichen. „Von Lichtmeß bis Ostern ließ sich niemand in der Stadt mehr sehen."

Eine Zusammenstellung der einzelnen Summen, die Osterburg in den 14 Jahren von 1616 bis 1644 an Contributionen gezahlt hat, ergibt nicht weniger als 337 438 Taler, oder 1 012 314 Mark, den damaligen höheren Geldwert und fünf Plünderungen ungerechnet!

Gottlob! Die zähe Kraft des altmärkischen Volkes hat auch das ertragen, und fröhlich ist Osterburg wieder aufgeblüht, Dank seiner fruchtbaren Umgebung! Das zierliche, freundliche Städtchen, in welchem sich bis zum Unglücksjahr 1806 eine Schwadron schmucker Panzerreiter, so gut es anging, die Zeit vertrieben hat, erfreut sich jetzt eines gediegenen

Wohlstandes, und reichlich spenden die „Seggewiesen" zwischen Biese und Ucht ihren duftigen Segen.

In der neuesten Zeit hat sich Osterburg zu einer wahren Schulstadt entwickelt. Es bestehen in der 4 112 Einwohner zählenden Stadt neben einer zehnklassigen Bürgerschule und zwei Volksschulen das seit 1859 von Gardelegen hierher verlegte königliche Schullehrer-Seminar mit 100, eine Privat-Präparanden-Anstalt mit 120, ein ständiges Taubstummen-Institut mit 27, eine höhere Töchterschule mit 35 und ein Privat-Progymnasium mit 140 Zöglingen.

Mit freudigen Eindrücken scheidet der Fremde von Osterburg. Die Jahrhunderte haben auch das alte, hänselnde Wort zunichte gemacht: Die klugen und fleißigen Osterburger von heute, sie stechen nicht mehr „den Bullen vör'n Baren!"

O. S.

Krumke

Zwischen Osterburg und Crevese liegt in einer fruchtbaren Niederung Dorf und Rittergut Krumke (früher Krumbke oder Krumbeke), noch heute ausgezeichnet durch die anmutige Umgebung und den prächtigen Gutsgarten. Vor bald hundert Jahren „ein Wallfahrtsort der Freunde der ländlichen Natur", wie uns Steinhardt überliefert hat. Das freundliche, zierliche Schloß, vor einigen zwanzig Jahren erbaut, befindet sich am linken Ufer der Biese auf einer Insel, die unter Benutzung der sich hier in die Biese ergießenden „krummen Beke" künstlich angelegt ist. Hier stand vor alten Zeiten eine Burg, von der am Anfang des 17. Jahrhunderts noch ein runder, mit Schiefern bedeckter und mit vorspringenden Erkern verzierter Turm übrig geblieben war.

Hildebrand (Aphorismen zur Geschichte der Burg Krumbke und ihrer Besitzer im 18. Jahresbericht des altmärkischen Vereins 1875) versucht nachzuweisen, daß das urkundlich erst 1321 erwähnte feste Schloß Krumke schon 1170 als markgräfliche Burg zugleich mit den Burgen

Schloß Krumke

Osterburg, Rossau, Gladigau die Befestigungslinie der Germanen an der Biese gegenüber den Slawen gebildet habe. Von der Mitte des 14. Jahrhunderts bis um das Jahr 1600 war Krumke im Besitz der Familie von Redern.

„Um das Jahr 1565, während Valentin von Redern im Besitz von Krumke war, begannen die über ein Vierteljahrhundert dauernden, heftigen und mit immer steigender Erbitterung geführten Streitigkeiten zwischen denen von Redern auf Krumke und denen von Bismarck auf Kloster Crevese. Streitigkeiten, die durch gegenseitige Vexationen auf die Spitze getrieben, schließlich in einer Unthat gipfelten und dadurch den Verlust des Gutes für die Familie von Redern herbeiführte."

Es handelte sich ursprünglich um Grenzstreitigkeiten und Prozesse, wie sie zwischen Gutsnachbarn auch anderwärts oft vorgekommen sind. Die Bismarcks wollten eine neue Windmühle bauen, wogegen die Redern Einspruch erhoben, weil die Bauern der Nachbardörfer ihr Getreide auf der Krumker Mühle mahlen ließen. Dann wieder war streitig, wem die Fischerei in den verschiedenen Teichen und in der Biese und wem die Hut und Trift auf der wüsten Feldmark Barsewisch zustände. Zuletzt sollten die Redern durch Versperrung der Biese mit Fischkörben, Wehren und Hürden die Überschwemmung ganzer Dorfschaften verschuldet haben. Die Feindschaft wurde von den Vätern auf die Söhne vererbt. Um 1589 erschoß Daniel von Redern den kaum großjährigen Abraham von Bismarck „böslich, ohn' Ursache", wie der Grabstein in der Klosterkirche zu Crevese besagt. Daniel von Redern wurde zwar zum Tode durch das Schwert verurteilt, aber vom Kurfürsten begnadigt. Krumke ging in den Besitz der Familie von Winterfeld über. Von diesen kam es an die Bülows. 1649 kaufte es der schwedische Oberst, der spätere brandenburgische General, Christoph von Kannenberg, Sproß einer schon 1320 erwähnten, nach dem Ort Kannenberg bei Arneburg benannten altmärkischen Familie. Um diesen General von Kannenberg hat sich ein ganzer Sagenkreis gebildet. Ungeheure Schätze, sagt Steinhart, habe er im Dreißigjährigen Krieg erworben und in Krumke in einem festen Turm verwahrt. Der größere Teil sei daraus durch einen kühnen, aber nie entdeckten Diebstahl entwendet. Auf dem Kirchhof in Berge sah man früher einen Leichenstein mit dem Bilde eines über der Tür lehnenden Bauern. Der General, erzählt man, ließ den Schulzen von Berge zu sich nach Iden berufen. Der erwiderte, der General habe bis Berge nicht weiter, als er nach Iden. Darauf kam der General richtig nach Berge. Der Schulze lehnte gerade über der Tür. Da nahm der General eine Pistole und zerschmetterte ihm die Hirnschale. Dem Mörder sei für die Untat nichts geschehen.

Die Familie des Generals endigte im Mannesstamm mit Friedrich Wilhelm von Kannenberg, der 1762 als preußischer General und Oberhofmeister der Königin starb. Dessen Witwe schuf die kostbaren Gartenanlagen, die Krumke damals weit und breit berühmt gemacht haben.

„Der Garten war in französischem Geschmack angelegt. Schöne Alleen aus Linden und Kastanienbäumen überschatteten ihn. Die Hauptgänge waren mit hohen Buchen- und Taxushecken eingefaßt. Man stieß beim Spazierengehen auf verschiedene Lusthäuschen und Nischen mit Tischen und Bänken... Ein runder Pavillon, reizend durch seine stille, schauerliche Dunkelheit, hieß die Eremitage und lag im sogenannten Irrgarten. Ein Muschelhäuschen spielte in tausend Farben. Der Karpfenteich war mit Quadern ausgelegt und bildete eine Insel. Die Karpfen kamen auf den Ruf einer Glocke herbei... Die Königin Elisabeth Christine, die Gemahlin Friedrichs II., weilte gern in Krumke und wohnte oft wochenlang dort.“

Die Oberhofmeisterin von Kannenberg, eine geborene Gräfin von Finkenstein, wird von Steinhardt als der gute Genius der Altmark bezeichnet. Ihre einzige Tochter verheiratete sich mit dem General von Kahlden und brachte ihm außer Krumke eine Reihe „der besten adligen Güter der Wische“ in die Ehe. Von diesen ist Krumke noch heute im Besitz ihrer Nachkommen.

Werben

Zu den erinnerungsreichsten geschichtlichen Stätten der Altmark gehört das kleine Städtchen Werben, nahe dem Zusammenfluß von Elbe und Havel. Schon im Jahre 937 erwähnt, wurde die deutsche Burg Werben, deren Namen indessen auf eine noch ältere, zwischen den „Weiden“ der Flußniederung gelegene wendische Ansiedlung zurückweist, die Schutzwehr (dieser Gegend) der Nordmark gegen die immer von neuem über den Elbstrom in ihr altes Gebiet zurückdrängenden Slawen. In den Mauern dieser Burg, deren Stätte freilich niemand mehr kennt, weilte der deutsche König Heinrich der Heilige in den Jahren 1005 und 1012. Demütig und, wie es slawische Sitte war, die Hände über der Brust gekreuzt, erschienen hier in beiden Jahren finsterblickend die Edlen der Wenden, um dem deutschen Reich Treue und Gehorsam zu geloben.

Es soll im Jahre 1034 gewesen sein, als Kaiser Konrad II. hier abermals eine Zusammenkunft mit den Abgesandten der slawischen Völkerschaften jenseits der Elbe veranstaltete. Laut erhoben die Slawen vor dem Thron des Kaisers ihre Klagen über die Sachsen, deren Grausamkeit und nimmer zu ertragende Gewalttätigkeiten den Streit verschuldeten, während die Deutschen mit den alten Vorwürfen über wendische Treulosigkeit antworteten. Da sollte nach der Ansicht der Zeit der allwaltende Gott selbst den Richterspruch tun. Ein Zweikampf vor des Kaisers Augen sollte Recht und Unrecht entscheiden. Mit gleichen Waffen und gleichem, trotzigem Rechtsgefühl begannen zwei Krieger, ein Sachse und ein Wende, den Streit. Gespannt schauten die Parteien ihnen zu. Endlich sank der Sachse, von des Feindes Schwert zu Tode getroffen, auf dem Kampfplatz nieder: „Unser ist Sieg und Recht!“ jubelten die Wenden. „Nimmer

Das Elbtor Werben

kann das sein!“ riefen die Deutschen ihnen zu. „Die Geister der Finsternis – nicht Gottes Wille – haben unsern Kämpfer gefällt!“ Kaiser Konrad selbst trat auf die Seite seines Volkes und verweigerte den Slawen jede Genugtuung. Unversöhnt also, den tiefsten Groll im Herzen tragend, verließen dieselben den Tag zu Werben. Um Fastnacht des nächsten Jahres 1135 begannen sie ihren Rachekampf mit der Eroberung dieser Stadt. An dem Altar der uralten, hölzernen Kirche des Ortes fielen auf Befehl des Liutizenfürsten Gottschalk, der einst ein Christ gewesen war, den mißgestalteten Götzen der Wenden christliche Opfer in Menge. Graf Dedo, der die Besatzung der Grenzveste befehligte, wurde gefangen hinweggeführt.

Schon das nächste Jahr brachte den Rachezug. Die zerstörte Burg fiel wiederum in die Hände der Deutschen und ward von ihnen noch stärker als vorher befestigt. Es schien, als ob endlich der Friede in die furchtbar verwüsteten Elblande einkehren sollte. Eitle Hoffnung indessen! Die Fürsten der Hevellen drüben über der Havel, eines Volkes, das durch seinen entschlossenen Mut und seine begeisterte Liebe zur Freiheit besonders hervorragte, erhoben wiederum die Stanitza, die Fahne der alten Götter und der Ehren ihrer Nation. Kaiser Heinrich III. gebot dem Markgrafen Wilhelm, sie ernstlich zu züchtigen. Ehe indessen der deutsche Heerführer noch seine Rüstungen beendet hatte, überfielen ihn die Slawen bei Pritzlawa. Wahrscheinlich ist dies der slawische Name der Burg Werben, die sich neben der Stadt Werben nach wendischer Art auf einer Sumpfwiese an der Elbe erhob. Wenigstens hat noch lange Zeit eine dieser üppig grünenden Flächen den Namen „Prentzlaw" getragen, und nach Entzelts Berichte hat man in dem moorigen Grund, der später durch die Eindeichung des Flusses zu fruchtbarem Wischakker umgeschaffen wurde, Schwerter, Spieße und Panzerstücke in Menge gefunden. Der Ausgang des Überfalles war für die Deutschen in hohem Maße verhängnisvoll. Markgraf Wilhelm und mehrere sächsische Grafen, unter ihnen der tapfere Dietrich, starben den Heldentod. Die deutsche Herrschaft in den Elblanden war vernichtet. ✳✳✳

Erst der Dreißigjährige Krieg hat den Namen der Stadt Werben wieder in aller Munde gebracht. Schon im Jahre 1626 hatte der dänische General Fuchs hier bei Werben die Elbe überschritten, um im Lüneburgischen sich mit dem König Christian IV. zu verbinden, und im Jahre 1631 bemächtigte Gustav Adolf sich dieses hochwichtigen Strom-Überganges. Er übertrug dem Obersten Baudissin die Führung der Vorhut. Dieser setzte mit 1000 Pferden durch die Elbe, überfiel die Stadt und machte in ihr dreihundert Lichtensteiner zu Gefangenen. Am folgenden

Tag, den 11. Juli, nahm Gustav Adolf selbst Quartier in Werben. Zum Truppenlager aber erwählte er „die Mersche", eine Gegend nahe den Elbdeichen. Über den Fluß wurde eine Brücke erbaut, und auf dem Werder, bei dem sich die Havel in die Elbe ergießt, eine feste Schanze angelegt, um namentlich den Transport von Lebensmitteln auf der Elbe und der Havel völlig zu beherrschen. Die einzige Stelle, an der der Werder mit den Sürewiesen zusammenhing, wurde durchgraben. Dann ließ Gustav Adolf starke Umwallungen und Batterien aufführen. Nunmehr fühlte er sich als Herrn der unteren Elbe. Dem Grafen Tilly entging es nicht, welche wichtigen Vorteile die Schweden mit der Besitzergreifung gerade dieses Platzes errungen hatten. Er

griff deshalb den König an, beschoß Stadt und Schanze, konnte jedoch den Gegner nicht zu einer Schlacht verlocken. Der Werbener Kirchturm verlor damals seine hohe, kunstvolle Spitze. Mißmutig zog Tilly nach Wolmirstedt ab, der Schwedenkönig folgte ihm und übergab die Schanze dem Obersten Rose.

Im Jahre 1535 vertrieb zwar der sächsische Oberst Unger die Schweden aus ihrer so starken und wichtigen Stellung, jedoch schon im Mai 1636 eroberte Banner dieselbe zurück. Am 5. August 1637 übergab der Generalmajor Ruth die Werbener Schanze an die Sachsen und Brandenburger. Er endete dafür auf dem Markt zu Wismar unter dem Richtschwert des Henkers.

127

Friedrich Wilhelm der Große ließ endlich die Werbener Werke bis auf wenige, noch heute erkennbare Trümmer niederlegen.

Damit endet die Geschichte dieser Landschaft und der Stadt Werben. Die letztere hat Erwähnenswertes nicht mehr erlebt. Halb eingeschlossen von dem mächtigen Elbdeich liegt sie fern von den großen Straßen des Verkehrs vor uns, prangend in dem Grün ihrer äußerst fruchtbaren Umgebungen und geziert mit altehrwüdigen Baulichkeiten, über die die Kunst einen reichen Schmuck gebreitet hat.
Übergehen wir die alten Mauern, den runden Wartturm an der westlichen, die alte Heiligegeist-Kapelle an der nördlichen Seite der Stadt, jetzt ein Magazin, sowie das im vergangenen Jahrhundert neu erbaute Rathaus. Es bleiben uns dann als hervorragende Werke der Kunst noch das Elbtor und die Kirche der Johanniter.

Das erste ist eines jener charakteristischen Bauwerke, mit denen die spätere Gotik etwa um 1460 die altmärkischen Städte geschmückt hat. Im Innern desselben befinden sich drei Gewölbe übereinander, im Fundament unter ihnen liegt ein tiefer Brunnenschaft. Das Äußere ist sehr gefällig. Dasselbe besteht aus zwei Zylindern, überaus zierlich mit Zickzacklinien und Zinnenkränzen geschmückt, das obere Stockwerk natürlich verjüngt, um einem geschützten Umgang Raum zu gewähren. Neben dem Turm eröffnet sich der mit Wappenblenden verzierte Durchgang durch die Mauer. Hochedle Formen und vortreffliches Material! Dasselbe gilt von der spätgotischen St. Johanniskirche und ihren durch wundervoll gezeichnetes Maßwerk verzierten Strebepfeilern, den Portalen und Friesen, ihrer vorzüglich reichen, dreifachen Choranlage, ihren kühn aufsteigenden Gewölben und ihrem sehr wertvollen inneren Schmuck.

Im Chor erhebt sich ein hoher, fünfarmiger Leuchter. Auf drei Löwen ruhend und mit zierlichen Lichtkappen versehen, trägt er die Inschrift: „Anno domini 1487 do makede hermann Bonstede dese luchte."

Auf denselben berühmten niedersächsischen Meister geht laut Inschrift die Taufe der Werbener Kirche zurück. Sie wurde 1489 verfertigt. Ein gleich ausgezeichnetes Kunstwerk ist der alte, prächtig geschnitzte, bemalte und übergoldete Hochaltar aus derselben Zeit mit Darstellungen aus der Geschichte der heiligen Maria. Auf beiden Seiten des Chores befinden sich ferner die im 16. Jahrhundert entstandenen Bilder der zwölf Apostel, denen sich als Dreizehnter Dr. Martin Luther zugesellt.

Unter den Grabsteinen der Kirche erwähnen wir die Denkmäler der beiden Komthure Joachim von Kleist, Balthasar von der Marwitz und des 1631 im Kampf mit den Pappenheimern gefallenen Pfalzgrafen Karl Ludwig von Lautereck. Dies alles vereinigt sich zu einem hervorragend erinnerungsreichen Schmuck der alten Johanniterkirche, dessen köstlichster Teil freilich immer die von Markgraf Friedrich dem Eisernen im Jahre 1467 gestifteten Glasmalereien des hohen Chores bleiben werden.

Diese herrlichen Kunstwerke stellen die Auferstehung und das jüngste Gericht dar. Sie enthalten außerdem das Wappen der Stadt Werben und das des Kurfürsten sowie das rote Bannerzeichen, das zur See, und das weiße Kreuz im schwarzen Felde, das zu Lande den Johannitern voranwehte. Die bildlichen Darstellungen tragen bemerkenswerte Spuren jenes überaus lebendigen, ketzerischen Geistes an sich, der, durch die Bekämpfung des Wunderblutes zu Wilsnack heftig angeregt, damals sich hier zu Lande zeigte. Böse Geister ziehen in diesen Malereien den Papst sowie hervorragende Vertreter des Klerus in den offenen Höllenrachen hinab. Harmloser sind die Gegenstände aus der heiligen Geschichte aufgefaßt, denen wir sonst hier begegnen. Jene malerischen Ketzereien aber ziehen so sehr die Aufmerksamkeit auf sich, daß sie zu einem Wahrzeichen der Kirche und der Stadt Werben geworden sind.

Andere Merkwürdigkeiten des schön geschmückten Gotteshauses treten im Vergleich mit den erwähnten Kunstgegenständen erheblich zurück. Und so möge denn nur noch ein Bild vergangener Tage aus diesem Gotteshause zu St. Johann vor uns aufsteigen. Es ist der Abend des Johannistages in einem der Jahre um die Wende des 15. Jahrhunderts zum 16. Wie ist der 24. Juni doch so reich an wunderbaren Gnaden! Wasser und Kräuter, Luft und Tau, das alles hat heute besondere Kräfte, heilende, beglückende! Da wollen auch die Johanniter gern die Dürftigen erfreuen, die in den Schutz des weißen, achtspitzigen Kreuzes sich geflüchtet haben. Vor dem Altar der Armen und Elenden, dort, über dem im goldnen Lichte des Abends St. Mariens Himmelfahrt erglänzt, ist soeben die Vigilie gehalten worden. Jetzt wird die Spende verteilt, die einst ein frommer Ritter für des Ordens Festtag gestiftet hat. Der milde Komthur selbst, Herr Liborius Schaptow, und der jugendliche Priester, Herr Dietrich Rottidecke, verteilen den Johannispfennig und des Täufers Gabe vor dem Altar, vor dem sich die Armen zahlreich eingefunden haben. Dann, als die Austeilung vorüber ist, jubeln die Töne der Orgel noch einmal auf. Sie präludiren dem berühmten Hymnus des Guido von Arrezo auf St. Johannes, den Vorläufer Christi, nach dem des Gesanges Töne selbst ihren Namen erhalten haben. Und als nun endlich der Strom der Andächtigen nach dem Anhören des priesterlichen Lobgesanges das Gotteshaus verlassen hat, da reicht der Commendator dem Priester die Hand: „Nun hin zum Ordenshause", spricht er, „und einen vollen Becher zu St. Johannis Minne und auf das Wohl der ritterlichen und milden Brüderschaft!"   O. S.

Stendal: Dorf, Burg und Stadt

Wenige Städte gibt es in Deutschland, die sich dem Fremden von außen so stattlich präsentieren, wie Stendal, die Hauptstadt der Altmark. Seitdem die Stadt ein Knotenpunkt von Eisenbahnen geworden und dadurch in Bevölkerung und Verkehr schnell angewachsen ist, sind freilich an der Südseite vor den Toren im Anschluß an den Bahnhof ganz neue Straßen entstanden, die auch das äußerliche Bild der mittelalterlichen Stadt auf dieser Seite verdeckt haben. Um die noch heute vorhandenen alten Bauwerke möglichst vollständig überschauen zu können, wählt man am besten die alte Landstraße nach Gardelegen, die zum Dorf Groß-Möringen sanft in die Höhe steigt. Von hier erblickt man unten im Tal die weitläufig gebaute Stadt in ihrer längsten Ausdehnungslinie. Schon von fern erkennt man eine Reihe umfangreicher, großartiger und hervorragender Bauwerke,

„die mehr, als Urkunden oder geschichtliche Überlieferung es vermögen, von der einstmaligen Größe, der politischen Bedeutung und dem Kunstsinn der mittelalterlichen Stadt laut und vornehmlich reden und bis zu dieser Stunde den Charakter der heutigen Stadt ausschließlich bestimmen. Die Stadt Stendal besitzt noch jetzt an kirchlichen Bauwerken: die Domkirche St. Nikolaus; drei Pfarrkirchen: St. Maria, St. Peter und St. Jakob; zwei Jungfrauenklosterkirchen: St. Katharina und St. Anna; den Rest eines Franziskanerklosters, die Hospitalkirche St. Gertrud und an Profangebäuden: das Rathaus und die beiden Prachtthore, das Ünglinger und Tangermünder Thor." (Adler)

Rechts und links vom Dom erblickt man von dem erhöhten Standort aus über die Stadt fort zwei der stattlichsten märkischen Kirchen, die St. Stephanskirche von Tangermünde und die Klosterkirche von Jerichow. Noch viel großartiger als jetzt muß sich Stendal im späteren Mittelalter von außen dargestellt haben. Damals war es durch einen Wall mit doppeltem Graben befestigt und mit einer hohen Ringmauer versehen, die auf einem besonderen Wall stand und unterhalb aus Granit, oberhalb aus Backsteinen erbaut war. An und auf der Mauer befand sich eine große Zahl vorspringender, halbrunder und quadratförmiger Mauertürme. Vier Tore, das Ünglinger, das Tangermünder, das Viehtor und das Arneburger Tor, durchbrachen mit mächtigen Tortürmen und Graben-Übergängen die Mauer. Von dieser ausgedehnten und starken Befestigung haben sich nur Teile der Ringmauer und die inneren Tortürme des Ünglinger und Tangermünder Tores erhalten.

Wer von der Höhe von Groß-Möringen die Landstraße hinabgeht und durch das herrliche Ünglinger Tor in die Stadt eintritt, befindet sich auf einer breiten geraden Straße, die für eine Lindenallee, für Fahrwege und breite Bürgersteige zur Rechten und Linken Raum bietet. Hier ist der älteste Teil Stendals zu suchen, noch heute heißt diese Straße das alte Dorf.

Das Dorf Steinedal war eines von drei Dörfern im Gau Belsheim, im Balsamgau, mit denen der Bischof Bernward von Hildesheim 1022 das Michaelskloster daselbst bei dessen Gründung begabte. Auf welche Weise diese Orte des nach damaliger kirchlicher Einteilung zum Bistum Halberstadt gehörenden Gaues in Besitz des Hildesheimer Bischofs gelangt waren, ist nicht aufgeklärt. Vermutlich durch Vertauschung kam das Dorf Steinedal (Steintal) oder niederdeutsch Stendal genannt, im 12. Jahrhundert in Besitz des Markgrafen Albrecht des Bären. Das Dorf war ein deutsches, von deutscher Bauart und von Deutschen bewohnt. Südlich vom Dorf, da, wo jetzt der Dom steht, lag an der Uchte, dicht bei dem Dorf Schadewachten, die Burg Stendal, die vermutlich schon von König Heinrich I. begründet ist und den Übergang über die Uchte sicherte.

Im Jahre 1151 verlieh Albrecht der Bär dem Dorf Stendal einen öffentlichen Markt, der bis dahin in dieser Gegend gefehlt hatte. Die Bürger erhielten Magdeburger Stadtrecht, auf fünf Jahre Erlaß aller landesherrlichen Abgaben, für immer Zollfreiheit an den älteren märkischen Zollstellen und eine Feldmark als erblichen, veräußerlichen Besitz. Mit der richterlichen Macht belehnte Albrecht erblich „seinen Mann Otto", den Burggrafen, dergestalt, daß ihm ein Drittel, dem Markgrafen zwei Drittel der Gerichtsgefälle gehören sollten. Die Kaufleute, die hier ihren Wohnsitz aufschlugen, nahmen den Platz zwischen den Dörfern Stendal und Schadewachten zur Anlage des Marktplatzes, zum Bau des Kaufhauses und Rathauses und in dessen unmittelbarster Nähe zur Errichtung der Marktkirche oder Kaufmannskirche. Vermutlich war die älteste Kaufmannskirche dem heiligen Johannes als dem Schutzpatron der Kirche der Magdeburger Kaufmannsstadt geweiht. Die kleine Johanniskirche oder Johanniskapelle, die erst im 17. Jahrhundert abgebrochen ist, wurde bald bei zunehmender Ausdehnung und wachsendem Reichtum der Stadt durch die stolze Marienkirche ersetzt, die in ihrer unmittelbaren Nähe, zwischen ihr und dem Kaufhaus, erbaut wurde.

In ältester Zeit umfaßte die Stadt nur den engen mittleren Raum zwischen den beiden faulen Uchten. Noch im 12. Jahrhundert scheint das

129

alte Dorf zur Stadt gezogen zu sein. Inzwischen war die Burg als solche durch die Gründung der Stadt überflüssig geworden. Graf Heinrich von Gardelegen, Bruder des regierenden Markgrafen Otto II. und Enkel Albrecht's des Bären, stiftete um 1188 auf der Burg das Domstift zu Stendal. Der ganze Raum der Burg wurde dafür bestimmt, die Domkirche erbaut und dem heiligen Nikolaus gewidmet. Um sie herum wohnten in ihren Kurien die zwölf Domherren. Zwischen 1229 und 1255 wurde dann auch das Dorf Schadewachten in die Stadt hineingezogen. In dem letzten Viertel des 13. Jahrhunderts endlich wurden unter Vereinigung eines dritten Dorfes Wusterbusch mit der Stadt die Mauern beträchtlich erweitert. Um das Jahr 1300 hatte die Stadt Stendal bereits denselben Umfang, den sie bis in die Gegenwart beibehielt.

Die Bauwerke

Keine Stadt der Altmark ist so reich an wohlerhaltenen Backsteinbauten wie Stendal. Die Verbreitung des Backsteinbaues über den Nordosten Deutschlands ging wahrscheinlich von der Altmark aus. Für die Entwicklung der Baukunst wurde die seit 1146 durch Markgraf Albrecht den Bären und Bischof Anselm von Havelberg erfolgte Einführung niederländischer Kolonisten von größter Wichtigkeit. Auf diese ist das plötzliche Auftreten des Backsteinbaues in den Bauwerken der Altmark zurückzuführen (Adler).

Den eigentlichen Ausgangspunkt bot das Prämonstratenser-Kloster Jerichow in dem damals zur Altmark gehörenden Lande Jerichow. Zur Begründung desselben wurden, nachdem Mark-

graf Rudolf von Stade 1144 von den Ditmarsen erschlagen worden war, vom letzten Sohn des Stadeschen Hauses, von Hartwig, Domherrn zu Magdeburg und Dompropst (später Erzbischof) zu Bremen, die Burg Jerichow und eine Reihe anderer Besitzungen geschenkt. Auch Bischof Anselm und das Mutterkloster Unser Lieben Frauen zu Magdeburg gaben reiche Güter zur Ausstattung der nach Jerichow ziehenden Klosterbrüder. Diese erbauten außerhalb des Dorfes Kloster und Kirche. Um dieselbe Zeit kamen die Niederländer, die schon seit 1106 im Bremer Land angesiedelt waren, und brachten, neben der Kunst Sümpfe zu entwässern und Dämme und Deiche gegen Wassergefahr zu ziehen, auch die Kunst des Backsteinbaues mit, die nun in großem Umfang angewendet wurde.

Die Klosterkirche zu Jerichow ist das Urbild für alle Bauten dieser Art im nordöstlichen Deutschland. Sie ist eine dreischiffige flachgedeckte Säulenbasilika mit geviertem Hauptchor, zwei Nebenchören und einer zweischiffigen Krypta. Zwei stattliche viereckige Türme schmücken die Vorderfront. Von dem 1159 beendeten Bau rührt noch der Kern des Gebäudes her, Nebenchöre und Türme sind späterer Zusatz.

Gleichzeitig mit der Kirche erstanden die Klostergebäude und Kreuzgänge. Aber die durch gediegene Technik hervorragenden Sandsteinarbeiten zum Schmuck von Portalen, Fenstern und Säulen sind auf eine erweiternde, verschönernde Bautätigkeit zu Anfang des 13. Jahrhunderts zurückzuführen. Sie gehören nach Adler „zu dem

Ausgezeichnetsten, was deutsche Kunst jemals in spätromanischen Kunstformen geschaffen hat". Leider werden die schönen Baureste zu Futterräumen für das Vieh der Domäne benutzt. Auch bei schonender Behandlung seitens des Pächters müssen sie in absehbarer Zeit vollständig vernichtet sein. Hat der preußische Domänen-Fiskus kein Geld, andere Wirtschaftsgebäude zu bauen und die alten Klosterräume zu restaurieren und würdigerer Bestimmung zurückzuführen?

Die ersten Backsteinbaumeister der Altmark waren sicher Mönche von Jerichow. In dem schnell aufblühenden Stendal werden sie ihre Kräfte zuerst der Jakobikirche gewidmet haben, deren Türme 1808 eingestürzt und nicht wieder aufgebaut sind. Einzelne Teile der Kirche scheinen noch Reste eines 1150 – 1160 stattgefundenen Baues zu sein.

Die erste Stelle unter den Baudenkmälern nicht bloß der Stadt Stendal, sondern der Altmark, nimmt der Dom ein. Wie Adler, auf dessen ausführliche Beschreibung wir verweisen, dartut, steht der Dom, „wegen der Klarheit seiner Plananlage, wegen der Schönheit seiner Verhältnisse im ganzen wie im einzelnen und wegen der strengen Detailbehandlung …" ganz ohne Gleichen da und muß als die reichste Schöpfung der kirchlichen Architektur des Spätmittelalters in Norddeutschland betrachtet werden. Graf Heinrich von Gardelegen hatte bereits 1188 das Domstift gegründet. Der Stiftungsbau war Mitte des 13. Jahrhunderts durch Anbau der Westfront mit zwei Türmen erweitert. In den zwanziger Jahren aber des 15. Jahrhunderts begann der großartige Neubau des Domes, der 1475 fertig wurde. Noch ist „trotz aller Zerstörungen das edle Bauwerk in allen wesentlichen Teilen erhalten". Götze schreibt darüber wie folgt:

„Hoch empor über alle übrigen Gebäude von Stendal ragt der gewaltige dreischiffige Kreuzbau mit den hohen Spitzbogenfenstern,

131

während die Seitenkapellen zwischen den Strebepfeilern dem Innern das Ansehen einer fünfschiffigen Kirche verleihen. Noch entzückt der Nordflügel des Querschiffes, dessen breite Giebelfläche durch ein riesiges fünftheiliges Spitzbogenfenster unterbrochen ist, mit seinen elegant profilierten Giebelpfeilern und stufenartig emporsteigenden Zwischenwänden, sammt der reich getheilten Rose nebst sonstigem Zierrat, den der Backsteinbau verstattet, das Auge des Kenners, wie des Laien, die bereitwillig diesen Theil als eine der edelsten und musterhaftesten Schöpfungen des Backsteinbaues anerkennen. Unter dem gewaltigen Fenster befindet sich der Haupteingang, bewacht von den Gestalten des heiligen Nikolaus und Bartholomäus, denen diese Stiftskirche geweiht war. Noch ragt im Osten in fast schmucklosen, aber sehr reinen Verhältnissen der hohe Chor. Noch schließt die Westfront ab mit den beiden quadratischen Thürmen und dem Glockenhause dazwischen; aber – der Hauptschmuck fehlt: die beiden hochragenden Thurmspitzen, deren eine mit Blei, die andere mit Kupfer gedeckt, jede aber von vier schlanken Eckthürmchen flankirt war, sind nicht mehr vorhanden. In einer unglücklichen Mainacht des Jahres 1660 wurden beide durch den Blitz entzündet, brannten herunter und wurden in jener verarmten Zeit durch die ärmlichen Walmdächer ersetzt, welche noch heute die Domthürme verunzieren. Die eine Spitze war noch das letzte Werk der Bauthätigkeit des Domstifts gewesen, und die Urkunde, welche die geistlichen Herrn damals (1525) in den Thurmknopf gelegt hatten, enthielt bereits bittere Klagen über die wachsende Ketzerei und die Verfolgung des altgläubigen Klerus. Von der hohen Marienkapelle, welche einst der Westfront vorgelagert war, sind jetzt nur noch die Ansatzspuren zu sehen. Sie stürzte während des Dreißigjährigen Krieges zusammen; aber noch hundert Jahre lang ließ man ihre traurigen Ruinen stehn."

Das ganze Gebäude ist innen wie außen in sauber gefugter Verblendungsarbeit aus gut gebrannten Backsteinen hergestellt, deren braunrote Färbung im Innern einen ernsten feierlichen Eindruck macht. Im hohen Chor „strahlen die Glasmalereien der elf hohen Bogenfenster in gesättigter Farbenpracht". Einst waren sämtliche Fenster des Domes mit gleichem Zierrat geschmückt, jetzt haben die Überreste noch nicht einmal hingereicht, die Fenster des hohen Chores vollständig zu füllen.

Der Dom von Stendal

Außer diesen Glasmalereien und vier Reihen geschnitzter Chorstühle aus dem 15. Jahrhundert sowie einigen weniger wertvollen alten Bildern und Grabdenkmälern besitzt der Dom nichts mehr an Kunstwerken. Bekmann (1747) rühmt einen Taufstein, „ein ansehnliches großes metallenes Werk, an dessen Fuß und Deckel samt darauf stehendem, zugetürmten Gehäuse, viel künstliche Bilder sich befinden". L. Götze hat in einem das Schicksal dieses Taufbeckens darstellenden Aufsatz (19. Jahresbericht des Altmärkischen Vereins 1864) nach den Akten der Regierung und des Domes mitgeteilt, wie man auf Antrag eines der ersten Geistlichen des Landes, des Generalsuperintendenten der Altmark und Priegnitz Silberschlag, unter Genehmigung der Landesuniversität Frankfurt, als Patronin

des Domes 1780 bis 1787 das vielgepriesene Werk abbrach und als Glockengut und altes Eisen in öffentlicher Auktion verkaufte. (Zusammen waren es einschließlich 6 Statuen $18\frac{1}{5}$ Zentner Glockengut, 5 Zentner 20 Pfund Eisen vom eisernen Gitter und 64 Pfund Blei. Käufer waren die Schutzjuden Heinemann und Levi; der Gesamterlös betrug etwa 340 Thlr. Außerdem wurden 1783 7 messingene Leuchter von 54 Pfund, 2 Kruzifixe von 3 Pfund und 1787 der große silberne Abendmahlskelch des Domes, 4 Pfund 2 Loth schwer, verauktionirt. Letzteren kaufte ebenfalls der Schutzjude Levi für 31 Thaler, das Loth zu 15 Groschen.)

An der Südseite des Domes führen hohe Türen nach dem gewölbten Refektorium und nach dem Kreuzgang, der mit drei Flügeln den Domkirchhof umschließt und Kirche und Stiftsgebäude verbindet.

„Seine unteren Innenmauern, die noch dem 13. Jahrhundert angehören, öffnen sich in breiten Spitzbogen nach dem Friedhof; zwei schlanke Sandsteinsäulen mit romanischen Blattkapitälen stehen in jeder Öffnung und tragen spitzbogig ausgeschnittene Sandsteinplatten. So hat man überall den Durchblick nach dem Friedhofe, den die sterblichen Überreste von zwanzig Generationen um mehrere Fuß über die Sohle des Kreuzgangs erhöht haben." (Götze)

Der Fremde freilich, der heute den Kreuzgang des edlen, vor vierzig Jahren auf Staatskosten restaurierten Bauwerks besichtigt und Pfeiler und Gewölbe bewundern will, findet sich wieder einmal durch einen preußischen Fiskus gehindert. Diesmal ist es der Militärfiskus. Er hat in einem erheblichen Teile des Kreuzganges, der von den Soldatenhorden des Dreißigjährigen Krieges zu Pferdeställen benutzt wurde, die Öffnungen nach dem stillen Domfriedhof durch häßliche hölzerne Bretterwände vernagelt und seine Trainwagen dort untergebracht. (Solche Behandlung widerfährt also „der reichsten Schöpfung der kirchlichen Architektur des Spätmittelalters in Norddeutschland" – nach dem Ausspruch Adlers, der allgemein als die erste Autorität auf diesem Kunstgebiet gilt und nebenbei auch, wie das Berliner Adreßbuch bezeugt, zur Zeit Geheimer Baurath und vortragender Rath im Ministerium der öffentlichen Arbeiten, ordentlicher Professor an der Königlichen technischen Hochschule, Mitglied der Kunst- und Bauakademie ist. Gibt es denn kein Mittel, den verschiedenen Fiskussen Preußens einen größeren Respekt vor den Bauwerken und Kunstschätzen, und vor den für die vaterländische Geschichte bedeutsamen Orten der Altmark beizubringen?)

An der Stadtmauer

Vor dem Dom auf dem geräumigen Domplatz steht eine mächtige Linde. Vielleicht ist sie einst zur Erinnerung an einen für den Neubau des herrlichen Domes wichtigen Tag des 15. Jahrhunderts gepflanzt worden. Jedenfalls hat sie den großen Dombaumeister walten sehen, dessen Name uns keine Urkunde und keine Inschrift überliefert hat.

Um dieselbe Zeit, wo das Domkapitel den Umbau des Domes vornahm, vollendete im regen Wetteifer der Rat der dazumal reichsten Stadt der Mark den herrlichen Neubau der Marienkirche.

> *„Der Grundriß zeigt eine dreischiffige, gewölbte Hallenkirche, deren Seitenschiffe um den halbachteckig geschlossenen Chor herumgeführt und an allen Seiten durch niedrige, zwischen den Strebepfeilern hinaus gebaute Nebenkapellen erweitert sind. Im Westen besitzt St. Maria in dem stattlichen, mit hohen Spitzen geschmückten Thurmpaare die einzige wohlerhaltene Westfront unter den zahlreichen Pfarrkirchen der Altmark, und ein zierlicher Dachreiter über dem Chordache vervollständigt die einfach großartige Bauanlage. Ohne Schwierigkeit erkennt man, daß mit Ausnahme der unteren Thurmgeschosse die Kirche einer Bauzeit entstammt und nach einem Plane gebaut worden ist. Ebenso leicht überzeugt man sich, daß der Dom zu Stendal das Vorbild für St. Maria gewesen ist..."*

Das Schiff der Kirche ist von 1435 bis 1447 erbaut worden. Einzelne nicht mehr vorhandene Kapellen stammen aus der zweiten Hälfte des 15. Jahrhunderts. Die Kirche besitzt im hohen Chor einen großartigen, reich ausgestatteten Hochaltar mit gewaltigen Flügeltüren, ein Holzschnitzwerk mit einer Darstellung aus dem Leben der Heiligen in reichem Farben- und Goldschmuck, eine tüchtige Arbeit des späteren Mittelalters. Die Kirche besaß nicht weniger als 26 Neben-Altäre in den Seitenkapellen.

Die schönste Zierde der Kirche sind die beiden schlanken, 270 Fuß hohen Türme mit ihren kupfergedeckten Helmdächern. Zwischen beiden schwebt auf luftiger Brücke die dritte Turmspitze, die im verjüngten Maßstab die beiden Schwestern getreulich nachahmt.

Ein schönes, hohes Helmdach trägt auch noch der Turm der Petrikirche, die in ihren verschiedenen Teilen aus dem 14. und 15. Jahrhundert stammt. Die Turmspitze wurde 1563 durch einen Sturmwind heruntergeworfen. Die Stadt war damals noch reich genug, um die schlanke, achteckige Spitze aufzusetzen.

Von den Klöstern und deren Kirchen sind noch mehrere Baulichkeiten erhalten, so die Katharinenkirche auf dem Schadewachten, unweit des Tangermünder Tores, die Kirche eines von Kurfürst Friedrich II. an Stelle eines Hospitals gestifteten Benediktinerinnen-Klosters, von dem außerdem nur noch ein Stück Kreuzgang übrig blieb. Jetzt die Kirche der vereinigten deutsch und französisch reformierten Gemeinde, ist sie in der Hauptsache ein Bau aus der zweiten Hälfte des 15. Jahrhunderts.

Auf dem von alten Linden beschatteten, mit freundlichen Anlagen geschmückten weiten Mönchskirchhof am Stadtwall ist an die Stelle des alten Klosters der Franziskaner-Bettelmönche und ihrer Kirche jetzt das Gymnasium getreten. Schon 1540 wurde der nach einem Brand (1523) notdürftig wiederhergestellte Chor der Klosterkirche provisorisch „zur Zeit" zum Schulhause bestimmt und blieb es 244 Jahre lang – ein mit Steinen gepflasterter, halb unterirdischer, kalter und feuchter Raum. Vom Kloster selbst steht nur noch ein Backsteingebäude, ein tüchtiger alter Bau aus dem 14. Jahrhundert, der vom Klosterrefektorium zunächst in ein Zeughaus und schließlich in ein Krankenhaus verwandelt wurde. Auf demselben Platz befand sich aber auch das Franziskaner-Nonnenkloster, das bei der Reformation ein protestantisches

Jungfrauenstift für Stendaler Bürgertöchter wurde. Die noch erhaltene Klosterkirche, der heiligen Anna gewidmet, ist indes den Katholiken zu ihrem Gottesdienst überlassen.

Endlich ist von den vielen Kapellen und Spitälern, die einstmals vor dem Tor der Stadt lagen, dicht vor dem Ünglinger Tor gegenüber dem Spital der Aussätzigen St. Georg, noch ein kleines, merkwürdiges Bauwerk erhalten, eine kleine Kapelle des Spitals St. Gertrud. Nach außen mit einfachen Strebepfeilern besetzt, bekommt sie durch „drei schlanke Spitzbogenfenster mit abgestuften Profilen und gut gegliedertem, zweiteiligem Maßwerk aus Sandstein" ihr Licht. Sie hat Gewölbe von trefflicher Technik sowie Überbleibsel von Freskobildern (vergl. Adler). Das Spital St. Gertrud wurde 1370 von dem reichen Knappen Klaus von Bismarck in Gemeinschaft mit dem Stendaler Arzt, Magister Johann Sweder und dessen Bruder, dem Domherrn Burghard Sweder, für arme Pilger und Reisende gegründet. Klaus von Bismarck behielt sich und seiner Familie das Patronat vor. Die Beziehungen der Familie zu dem Hospital, das später viele erkrankte Dienstboten verpflegte, sind nach dem Dreißigjährigen Krieg erneuert worden.

Unter den weltlichen Bauwerken ist das Ünglinger Tor,

„ein Bau von einer solchen Vollendung, daß die bewährtesten Fachmänner ihm eine der höchsten Stufen unter den Backsteinbauten des ganzen norddeutschen Tieflandes angewiesen haben. Auf quadratischem Unterbau von behauenem Granit, der dem Ende des 13. Jahrhunderts angehört, setzt der spätere Backsteinbau auf. Ein Thor von fünfzehn Fuß Höhe in reichprofilierten Spitzbogenöffnungen vermittelt den Durchgangsverkehr. Darüber erheben sich zwei weitere quadratische Stockwerke, die einst zur Wohnung der Besatzung dienten. Sie schließen oberhalb mit einem reich gegliederten Zinnenkranze, wäh-

St. Annenkapelle

rend runde, zierlich gebildete Eckthürmchen, ebenfalls mit Zinnenkranz und massivem Kegeldach versehen, einen höchst wirksamen Abschluß gewähren. Hinter dem Zinnenkranze des quadratischen Unterbaues erhebt sich in zwei weiteren Stockwerken ein Rundthurm, welcher oben wiederum mit einem Zinnenkranze als Brustwehr umgeben ist." (Götze)

St. Gertrudskapelle

Das innere Tor hatte noch eine feste Vorburg. Die Brücke über dem tiefen Graben war durch hohe Flügelmauern eingefaßt. Ein starker Außenturm und massive Wachthäuser, die den zwingerartigen Vorhof deckten, sind heute nicht mehr vorhanden. Man schließt aus dem Bauwerk selbst, daß es von dem nicht nahmhaft bekannten Baumeister des Domes errichtet und um 1440 vollendet worden sei.

134

Der innere Stadtwall war auf beiden Seiten des Ünglinger Tores sehr hoch. Links vom Tor, nach Norden zu, ist die Stadtmauer noch vielfach erhalten. Außerhalb derselben führt ein Spaziergang durch den sogenannten Irrgarten zum Viehtor. Hin und wieder sind die Mauertürmchen in kleine Häuschen armer Leute umgewandelt worden.

Die hohe Mauer mit vielen vorspringenden Weichhäusern ist auf dem Wall rechts vom Ünglinger Tor in der Mitte dieses Jahrhunderts ganz niedergelegt worden. Auf dem Wall führt jetzt ein Spazierweg beim Mönchskirchhof und dem Domplatz vorbei nach dem Tangermünder Tor. Auch hier ist nur noch der innere Torturm vorhanden, der dem Ünglinger Chor nachgebildet, aber einfacher und minder reich geschmückt ist. Wie beim Ünglinger Tor ist auf dem außen noch 32 Fuß hohen Rest eines aus Granitquadern hergestellten älteren Torgebäudes „das neue, mit Eck-Türmchen flankierte Torhaus" erbaut worden. Die Bauzeit des letzteren fällt jedenfalls später als die des Ünglinger Tores, der Marienkirche und des Rathauses, aber doch noch in das dritte Viertel des 15. Jahrhunderts.

Demselben Jahrhundert gehört in seinen Hauptteilen der Bau des Rathauses an, das nur durch einen schmalen Gang von der Turmfront der Marienkirche getrennt ist. Von den zwei rechtwinklig zusammenstehenden Flügeln des Rathauses ist der niedrigere, von Osten nach Westen gerichtete, das eigentliche Stadthaus, wogegen der von Norden nach Süden gerichtete Flügel das Gewandhaus und das Gerichtshaus umfaßt. Das Gewandhaus enthielt die Geschäftsräume der Gilde der Kaufleute, Gewandschneider und Seefahrer, der mächtigen Großhändlergilde, die lange die Herrschaft in der Stadt führte. Das Gerichtshaus hat in dem oberen Geschoß zwei große Räume, den bunten Saal und die Gildestube.

135

„In dem bunten Saal waren die Wände mit den Bildern hoher Herren, des Kaisers Rudolf II. (1576 bis 1612) und des Kurfürsten Joachim Friedrich (1598 bis 1608) und seiner Brüder und Söhne bemalt; in den Fenstern aber befanden sich, in Farben bunt und klar, die Wappen der Kurmark, der Städte Stendal, Alt- und Neustadt Salzwedel, Gardelegen, Tangermünde, Seehausen, Osterburg, Werben, Perleberg, Pritzwalk, Kyritz, Havelberg und Lenzen. Denn Stendal war einst der Vorort der altmärkisch-priegnitzischen Städte. Auch die Wappen vornehmer Bürgerfamilien der Stadt, deren Glieder zu jener Zeit (1598) im Rathsstuhle saßen, waren auf den Fenstern des bunten Saales zu erblicken. Die Decke aber bestand aus Holzschnitzwerk im reichsten Geschmack. Hier wurden jährlich die Statuten der Stadt verlesen, hier die neu gewählten Bürgermeister und Rathmänner feierlich in ihr Amt eingeführt, hier wurden ebenfalls Hochzeiten angesehener Familien gehalten. Aber die alte Herrlichkeit, die noch zu Anfang des 18. Jahrhunderts großenteils erhalten war, ist jetzt verschwunden. Etwas günstiger hat das Schicksal die Gildestube, den ehemaligen geselligen und geschäftlichen Sammelpunkt der Gewandschneidergilde behandelt. Von deren ebenfalls sehr reichem Holzschnitzwerk ist eine ganze Wand von 26 Fuß Länge und 12 Fuß Höhe vortrefflich erhalten. Eine Figur mit Spruchband, Anno domini MCCCCLXII in festo Martini überliefert sicher das Datum dieses Kunstwerks. Das untere Geschoß dieses Gerichtshauses bildet die Gerichtslaube, welche sich in weiten Spitzbögen nach vorn und nach den Seiten hin öffnet.“ (Götze)

Das eigentliche Rathaus enthält im ersten Stock die alte Ratsstube, mit reichem achtteiligem Sternengewölbe bedeckt. Die Rippen desselben laufen in einem großen Schlußstein mit dem Bild eines Bischofs zusammen. Man hat in ihm, wie in dem Bischof auf einem geschnitzten Altaraufsatz, der aus dem alten Gildehaus der Tuchmacher herrührt, den Bischof Dietrich Kagelwid erblicken wollen, den Gewandmacherssohn von Stendal. ✳✳✳

Das Rathaus

Auf dem Marktplatz vor der Gerichtslaube steht der steinerne Roland, vielleicht der stattlichste, den es in Deutschland gibt. Von der Sohle bis zum Scheitel mißt er $5^1/_2$ Meter. In seiner Rechten hält er das mächtige, an 14 Fuß lange Schwert, in der Linken den Schild mit dem brandenburgischen Adler. Der Roland lehnt an eine steinerne Stütze, an deren Rückseite sich Eulenspiegel, ein lachendes Narrenbild, befindet. Die Jahreszahl 1525 weist nach, wann diese Rolandsäule, wahrscheinlich an Stelle einer älteren, errichtet worden ist.

Östlich von der Marienkirche, nur durch einen Schwibbogen von ihr getrennt, stand vor Zeiten bis zu den fünfziger Jahren unseres Jahrhunderts das Gebäude des Schöppenstuhls und neben ihm der Ratskeller. Der Platz, einstmals von der alten Johanniskapelle Johanniskirchhof genannt, hieß später der Marienkirchhof. Jene Gebäude sind fortgeräumt, die höhere Töchterschule steht jetzt dort. Nur der durch Feuer halbzerstörte uralte Lindenbaum ist aus der alten Zeit noch übrig. In der Mitte des freien Raumes befindet sich jetzt die Statue Johann Joachim Winckelmanns und der Platz heißt Winckelmannplatz.

Die Kellereien unter dem Rathaus stammen, wie das Gebäude selbst, aus dem 15. Jahrhundert. Ein Keller unter dem alten Gewandhaus scheint eine Art Stammkneipe der reichen Gewandschneidergilde gewesen zu sein. Im Gegensatz zu den anderen Kellerräumen zeigte er die Erfordernisse einer Trinkstube, wie sie in jener Zeit auch die Rats- und Gewandhäuser der Hansestädte besaßen: reiche Architektur, einen großen Kamin, lange Gesimse zum Hinstellen der Humpen und Kannen, endlich Spuren eines Herrensitzes. Im ersten Stock des Gerichtshauses in der Gildestube wurden prunkvolle Feste gefeiert und wahrscheinlich auch alle vier Monate die Morgensprachen abgehalten, bei denen die Kaufleute und Gewandschneider die „Gilde tapfer und sehr tapfer“ zu trinken hatten. Unten im kühlen Keller aber saßen vielleicht die Aldermänner mit ihren Freunden allabendlich und tranken echte Biere und fremde Weine, zuweilen auch als Schlaftrunk mit Honig gesüßten Würzwein aus den einheimischen sauren Trauben. Mit dem Untergang der Gewandschneidergilde verlor auch dieser Keller seine Bedeutung. Im Dreißigjährigen Krieg haben ihn kaiserliche Ge-

Keller der Gewandschneidergilde

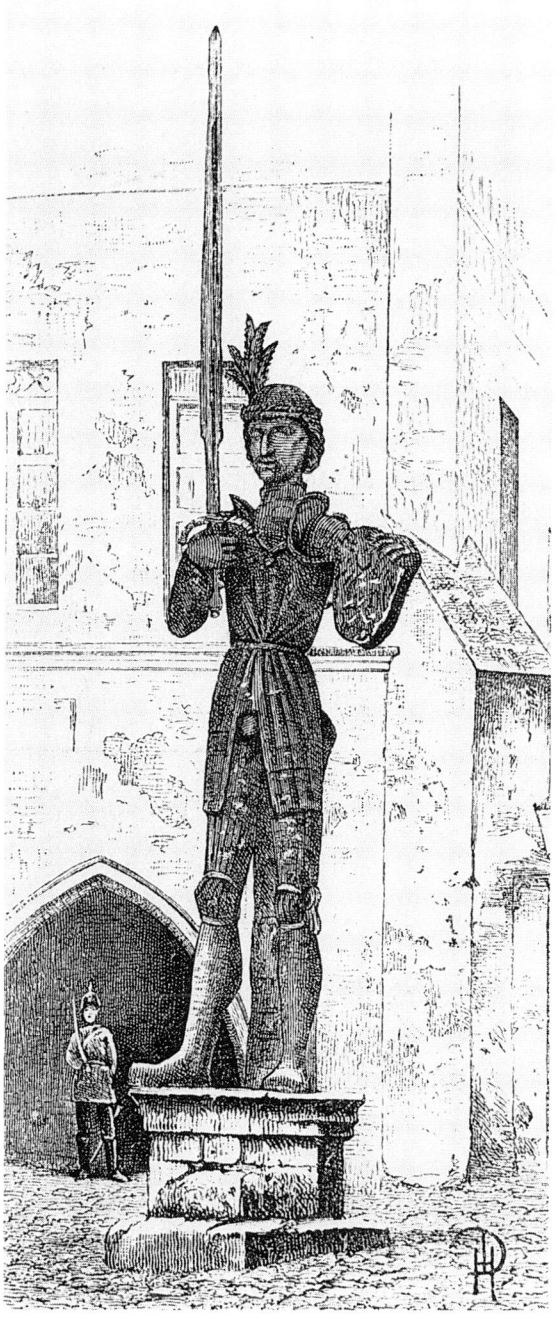

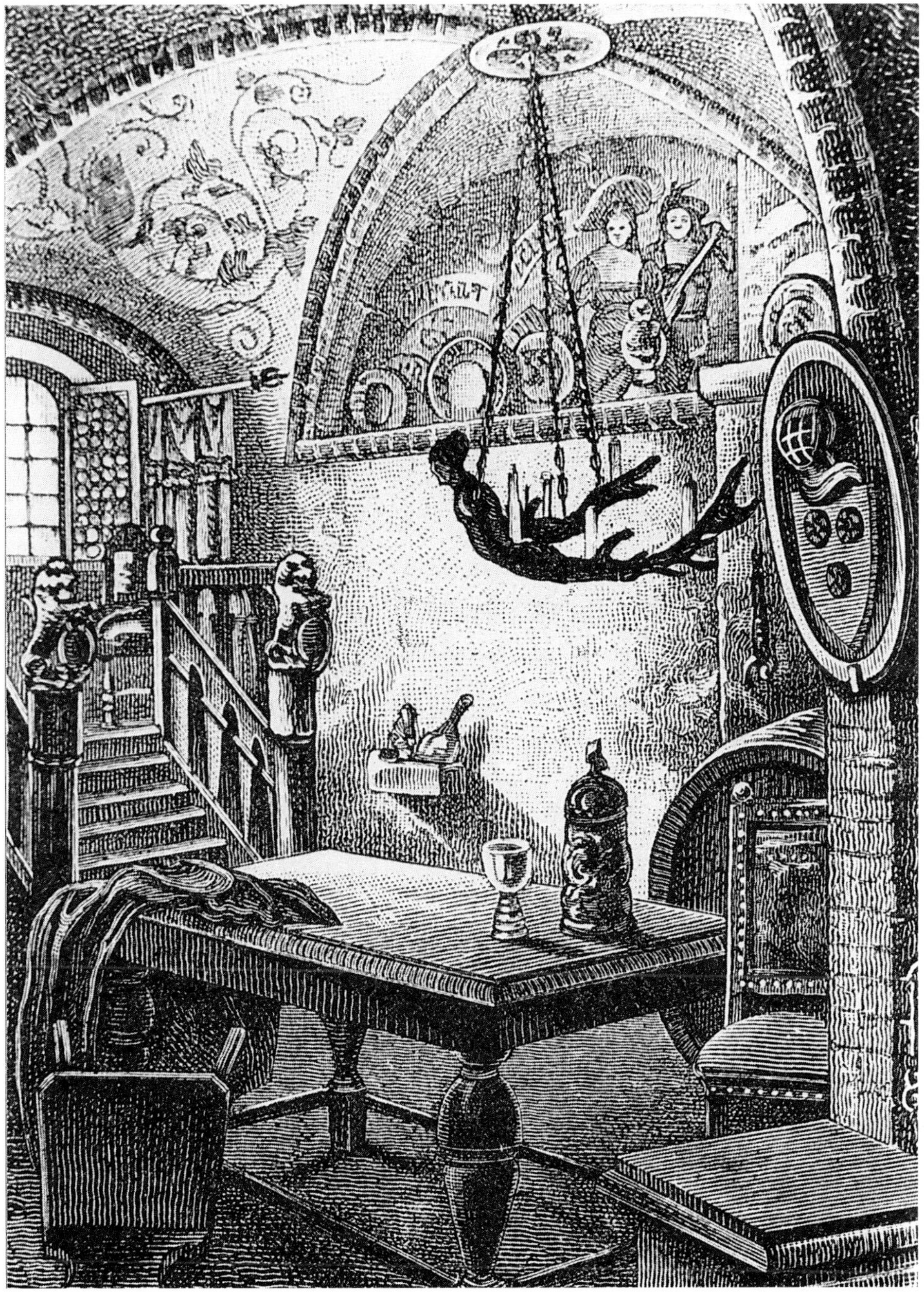

Der Roland

neräle vergebens nach Wein durchsucht. Später wurde er als Holzschuppen benutzt. Erst neuerdings haben ihn die Offiziere des sechsten Dragonerregiments seiner alten Bestimmung wiedergegeben. Mit künstlerischem Geschmack geschichtlich treu wiederhergestellt, ist der Keller zu einer Sehenswürdigkeit der alten Stadt geworden. Nicht gefahrlos freilich ist die Besichtigung für schöne Frauen, denn eine Inschrift vermeldet:

Jedwedes Mannsbild so allhier
Eingeht in dieses Weinrevier,
Das soll davor zum ersten Malen
Ein Maß Johannisberger zahlen.
Doch sei er dessen los und frei,
Zahlt er zwo Maß Domdechanei.
So aber von den schönen Frauen
Wollt eine diesen Keller schauen,
Zahlt sie zur Strafe und zur Buß
Dem, der sie leitet, einen Kuß.

Von Rechtswegen.

Geschichte Stendals bis zur Reformationszeit

Stendal wurde schnell der bedeutendste Marktplatz der Mark. Unter den tüchtigen Herrschern aus dem askanischen Hause erblühten Handel und Gewerbe und erwuchs überall ein selbstbewußter, unternehmender, tapferer Bürgerstand. Die Errichtung des vom Bischof unabhängigen, also unmittelbar unter dem Papst stehenden Domstifts (1188) mit einem Propst, einem Dechanten und zehn anderen Domherren war für das Ansehen der Stadt von großer Bedeutung.

Schon 1215 erwarben die Bürger Exemtion von dem Gerichtsstande des Burggrafen. Bald darauf schloß sich nach dem Vorbild Magdeburgs die bisherige Stadtgilde mit den Kaufleuten und Gewandschneidern zu einer Korporation zusammen. Die Tuchmacher erhielten 1233 ihr Gilderecht. Der märkische Handel dehnte sich bis nach Flandern und England aus, und die Urkunden über Zölle, Zollfreiheiten und Zollermäßigungen beweisen den bedeutenden Ausfuhrverkehr. Um die Mitte des 13. Jahrhunderts bildete sich eine eigene Seefahrergilde, also eine Vereinigung aller Bürger, die nach überseeischen Ländern den Handel auf ihren eigenen Seeschiffen betrieben. Diese Gilde schloß sich eng an die der Kaufleute und Gewandschneider an.

Das Stendaler Stadtrecht wurde bald auf östlicher gelegene Städte übertragen. Dasselbe erwarben in der ersten Hälfte und um die Mitte des 13. Jahrhunderts Prenzlau, Kyritz, Wittstock, Neuruppin, Friedland. Auch die Stendaler Innungs-Statuten wanderten nach Städten des Ostens. Ein starker Weinbau entwickelte sich seit 1249, wo Johann I. und Otto III. der Stadt 60 Morgen Land zur Anlage von Weinbergen aus besonderer Gnade schenkten. „De Stendaler drinken gern Win" heißt es in dem alten Städtespruch. Sie konnten es, denn sie hatten weitaus die größten Weinberge und rühmten sich ihres Reichtums. Die steten Geldverlegenheiten der Markgrafen wurden von der reichen Stadt zur Vermehrung ihrer Gerechtsame benutzt. So erlangte Stendal 1282 für den Betrag von 2850 Mark die Fixierung der Urbede auf jährlich 100 Mark brandenburgischen Silbers, sowie die Befreiung von jeder außerordentlichen Bede, ausgenommen 200 Mark Beisteuer zur Auslösung eines Markgrafen aus feindlicher Gefangenschaft, ferner das Recht, sich bei Verletzung des Vertrages zu einem beliebigen anderen Herrn zu halten. 1305 erkauften die Bürger die Befreiung von der Heeresfolge außerhalb der Mark und 1314 gegen Zahlung von 200 Mark die Befreiung von der Heeresfolge außerhalb der Stadtmauer. Mit Recht sagt Götze:

> „Der Stendaler Bürger brauchte sich also, wenn er nicht wollte, hinfort um nichts weiter zu bekümmern, als um seine Stadt; allgemeine Landesinteressen gab es für ihn nicht; die beschränkteste Kirchthurmpolitik war auch von seinem Landesfürsten als berechtigt anerkannt... Der Begriff eines Staates war damals noch unbekannt; sonst hätten sich wenigstens die Fürsten nicht in solcher Weise zur Aufgabe ihrer Hoheitsrechte bereit finden lassen."

Je mehr die Bedeutung der Stadt nach außen wuchs, desto mehr Streit und Unruhe entstand im Innern. Die Großbürger weigerten sich beharrlich, den Handwerkern, unter denen an Zahl und Bedeutung die Tuchmacher weit voranstanden, einen Einfluß auf die Stadtverwaltung und namentlich auf die Besetzung des Rats einzuräumen. Die vielen Streitigkeiten im 13. Jahrhundert führten zu keiner Änderung. Diese trat erst im 14. Jahrhundert ein. ✳✳✳ Aus dem Kirchenbann machte man sich dazumal in den Marken sonst herzlich wenig. Berlin blieb fast ein Menschenalter in demselben. In Stendal schloß die vornehme Stadtverwaltung schon nach wenigen Jahren ihren Frieden mit der Kirche. ✳✳✳

Dieser Aufstand war für die Entwicklung der Stadt von hoher Bedeutung. Stendal erhielt eine neue Stadtverfassung, durch die den Handwerker-Innungen ein größerer Einfluß auf das Stadtregiment zuteil wurde. Fortan waren die zwölf Ratsherren aus den Gilden zu wählen, je zwei von den Gewandschneidern, den Gewandmachern, den Krämern und den gemeinen Ackerbürgern, je einer von den Kürschnern, den Gerbern und Schuhmachern, den Knochenhauern, den Bäckern. Jährlich schieden zwei Drittel der Ratmänner aus, die Ausgeschiedenen waren in den nächsten zwei Jahren nicht wieder wählbar. Die Kämmerer sollten jährlich zweimal vor Ratmännern und Gildemeistern Rechnung legen, nämlich zu Jakobi, den 25. Juli, und zu Lichtmessen, den 2. Februar. Die Gewandschneidergilde, die vorher das Stadtregiment geführt hatte, verlor die Rechte als politische Korporation und blieb nur eine Gewerbs-Innung wie die übrigen. Neben den Ratsherren bestanden lebenslängliche unabsetzbare Schöppen. Alle vierzehn Tage sollte Gerichtstag sein. Alle Bürger, arm wie reich, sollten gleichen Teil haben an Wasser, Holz, Weide, Feld und an allem gemeinsamem Eigentum. Der Kurfürst bestätigte die neue Stadtverfassung, wogegen die Stadt auf das ihr 1282 wie anderen märkischen Städten zugebilligte Recht, sich einen beliebigen anderen Herrn wählen zu dürfen, wenn sie sich von dem regierenden beeinträchtigt glaubten, Verzicht leistete.

Die neue Stadtverfassung war kaum in Kraft, da kamen die entsetzlichen Jahre des schwarzen Todes mit den Wanderungen der Geißelbrüder und mit den Judenverfolgungen. Im Gegensatz zu Salzwedel, das die Juden schützte, scheinen die Stendaler sie verjagt, wenn nicht gar beraubt und getötet zu haben.

Dem falschen Waldemar öffnete Stendal schnell die Tore. Am 26. Januar 1349 schlossen die märkischen Städte einen Vertrag, in dem sie einander gelobten, bei ihrem rechten Erbherren Waldemar mit gutem Willen und mit ganzer Treue zusammenzubleiben, und sich gegenseitig mit Mannschaft und Geld zu unterstützen, wenn eine der Bundesstädte deswegen in Bedrängnis geriete. Ferner versprachen sie, vom Landesherren, wenn er eine der Städte versetzen wollte, zu verlangen, daß er vorher ihre Zustimmung einhole, auch einander mit ganzer Macht beizustehen, wenn wegen verweigerter Zustimmung eine oder mehrere der Bundesstädte in Gefahr gerieten. Nach Waldemars kinderlosem Tode wollten sie in gemeinsamer Versammlung in einer der Städte Brandenburg, Stendal, Perleberg, Berlin oder Prenzlau sich über die Person desjenigen Herrn entscheiden, an den sie durch Ehre und Recht gewiesen sein sollten. Doch sollte keine Stadt abgetrennt werden dürfen, es sei denn, mit Zustimmung der Ratmänner sämtlicher Städte. Dieser Vertrag zeigte sich indes nicht wirksam. Schon in demselben Jahre 1349 wurde die Altmark an den Erzbischof von Magdeburg zur Bestreitung der Kriegskosten verpfändet. Um diese Zeit scheint eine Versöhnung der Stadt mit den in der Revolution von 1345 vertriebenen vornehmen Familien der Bismarck, Schadewachten und anderen zustande gekommen zu sein.

Von den Zeiten des falschen Waldemar bis zum Ende der Regierungszeit Albrecht Achilles', also anderthalb Jahrhunderte lang, hörten in der Altmark die Räubereien nicht auf. Wie Stendal, die reiche, wohlbefestigte Stadt darunter zu leiden hatte, und wie sie sich dagegen zu wehren such-

te, darüber ist in alten Urkunden und Akten ein reiches Material vorhanden. ***

Stendal war eine reiche Stadt, als die Hohenzollern in die Mark kamen. Unter allen märkischen Städten leistete es zuerst Friedrich I. die Huldigung (14. November 1412). Zu einem Eingriff in die städtischen Rechte bot sich dem Markgrafen Johann, dem Statthalter seines abwesenden Vaters, 1429 die Gelegenheit durch einen von den Lakenmachern (Tuchmachern) angestifteten Aufstand. Derselbe scheint gegen das kurfürstliche Geleit auf der Elbe gerichtet gewesen zu sein und mit Ausnahme der Gewandschneider schließlich alle Gilden ergriffen zu haben. Der Aufruhr wurde schnell gedämpft, die Hauptschuldigen, zwei Tuchmacher, Winkelmann und Bode Kappe, mit dem Schwert hingerichtet, andere des Landes verwiesen. Der Gilde wurde ihr Gildehaus konfisziert, sie verlor auf ewige Zeiten das Recht, Ratmänner zu wählen, ja ihre Mitglieder wurden grundsätzlich, ebenso wie die Kürschner, für immer vom Rat ausgeschlossen. Ferner wurde der Gilde zur Strafe verboten, ohne Genehmigung des Rats Morgensprache zu halten und, abgesehen von Söhnen von Gildenbrüdern, neue Mitglieder aufzunehmen, bis die Zahl der Meister auf 100 herabgesunken wäre. Über 100 sollten sie niemals wieder steigen. War die Zahl 100 durch Söhne von Gildenbrüdern nicht zu ergänzen, so durften Fremde mit Genehmigung des Rats bis dahin aufgenommen werden. Kein Meister durfte mit mehr als einem Stuhl und drei Knechten (Gesellen) arbeiten.

In den langjährigen Kämpfen der altmärkischen Städte mit dem Kurfürsten für Beibehaltung der direkten Steuern gegen die ihnen ungerecht auferlegten indirekten Steuern übernahm Stendal öfters die Führung. Friedrich I. hatte seinem Sohn Friedrich II. eine Schuldenlast von mindestens 400 000 Gulden hinterlassen. Letzterer verschaffte sich zwar außerordentlich hohe Einnahmen dadurch, daß er bei Gelegenheit eines Streits zwischen den Gilden und Geschlechtern

in Berlin und Kölln das Vermögen vieler reicher patrizischer Familien einfach konfiszierte, geriet aber doch gegen Ende der Regierung durch den Krieg mit Pommern wieder in Schulden. Als er 1470 mit seinem in Franken residierenden Bruder Albrecht Achilles über die Abtretung der Mark verhandelte, meinte dieser, ein reicher Burggraf wäre besser, als ein armer Kurfürst, das Land bringe nichts als „Fälle", das heißt, bringe nur bei Gelegenheit etwas ein und höchstens bis 4 000 Gulden jährlich. Friedrich antwortete darauf, er habe doch in den Marken auch nicht wie der Stör vom Winde gelebt, und „hier seien mehr denn Fälle, hier seien Orbeden, Landbeden, Zölle, Mühlen, Fischereien, Münzen, Juden usw.", freilich sei ein Teil dieser Einnahmen versetzt. Schließlich einigte man sich dahin, daß Albrecht seinem Bruder für die Abtretung der Mark das Schloß Plassenburg in Franken und eine Leibrente von 6 000 Gulden jährlich zugestand. Dem kurfürstlichen Albrecht gegenüber waren die Ratmänner von Stendal klug und weise. Sie ließen sich erst die Konfirmation geben, ehe sie huldigten. ***

Albrecht verlangte nun 1472 auf dem Landtag zu Berlin von den Ständen, daß sie zur Tilgung von 124 000 Gulden Schulden außerordentliche Steuern aufbrächten. Die Städte wollten die „Bede" bewilligen, nicht aber das „Ungeld", die stets wachsende indirekte Steuer der Bierziese. Aber Albrecht verlangte die Bierziese auf vier Jahre. Von jeder Tonne Bier sollte, wenn sie gebraut werde, ein Groschen, und wenn sie gekauft werde, noch einen Groschen besteuert werden. Dadurch könne man auch die Fremden im Lande besteuern.

Man kannte damals außer einigen Land- und Flußzöllen überhaupt noch keine indirekten Steuern. Eine neue Biersteuer hätte den landesherrlichen Beamten die Befugnis gegeben, sich in bisher unbekannter Weise in den Haushalt der Bürger einzumischen, die Gewerbe zu beschränken usw. Überdies war die alte Bede eine kontingentierte Steuer. Man wußte genau, welche Geldsumme man mit ihr dem Landesherrn bewilligte und konnte die Steuerlast nach seinem wirklichen Bedürfnis abmessen. Die neue Biersteuer aber war ihrem Ertrage nach unbestimmt. Bier wurde gerade damals immer beliebter und das Braugewerbe nahm einen außerordentlichen Aufschwung. Man hätte daher dem Kurfürsten leicht mehr bewilligt, als er zur Tilgung seiner Schulden bedurfte. Auf einem neuen Landtag zu Berlin, am 25. Juli 1472, machte der Kurfürst einen neuen Vorschlag: man sollte versuchsweise ein Jahr lang die Bierziese zahlen, gefalle das nicht, solle man noch drei volle Landbeden geben. Die Städte, die es nicht wollten, sollten vier Landbeden geben. Zusammen sollten die Städte 50 000 Gulden, die übrigen Stände 30 000 Gulden in vier Jahren beitragen, während der Kurfürst den Rest von 44 000 Gulden für seine Person tragen wolle. Hierauf erklärten sich die Herren, Prälaten und Ritter und die beiden Städte Stendal und Osterburg für den ersten Vorschlag, die versuchsweise Zahlung der Bierziese, während die übrigen Städte der Altmark sowohl, wie die der anderen Marken, nichts von der Bierziese wissen wollten. Die Stendaler und Osterburger kamen dadurch in den Ruf der Wankelmütigkeit, man schalt sie „Wendehoiker" und „Karrenberger" (Karrenberger hängt wohl mit der alten Redensart: eine Karre machen, sich heimlich verständigen, zusammen. Ein angelegter Karren = ein abgeredeter Handel. Wendehoiker, der den Mantel nach dem Winde dreht, von Hoike = Mantel. Siehe Grimm's Wörterbuch bei Hoike und Karren). Auf einem folgenden Landtag kam der Rezeß demgemäß zustande. Bald aber zeigte sich die „falsche List" des Kurfürsten. Die 44 000 Gulden wollte er nun aufgrund eines kaiserlichen Privilegiums durch einen Tonnenzoll nicht von Bier, sondern von anderen Handelsgegenständen zusammenbringen. Von jeder Tonne Hering oder Fisch, Wein, Honig, Schmalz, Talg, Fleisch, Teer und allen anderen Waren, die man tonnenweise führt, sollten drei brandenburgische Groschen bezahlt werden. Die Städte der Altmark und Priegnitz, die bisher im Innern des Landes Zollfreiheit genossen hatten, weigerten sich, die neuen Zöllner aufzunehmen und die Zölle an anderen Orten zu bezahlen. Sie verlangten die Einberufung eines Landtages. Der Kurfürst aber erwiderte, Landtage habe er genug gehalten, und zur Einführung solchen Zolles bedürfe er nach kaiserlichem Privilegium nicht der Zustimmung des Landtages. („Zwar meinte der Kurfürst, Fremde zahlten dabei viel; die Staatsweisheit war aber damals noch nicht so weit gediehen, um einzusehen, daß der fremde Kaufmann sich für die von ihm gezahlten Zölle an den Einheimischen entschädigte, und also nicht die Fremden, sondern die Einheimischen die Zölle bezahlten. Zu dieser Erkenntnis konnten die Städter bei ihrem Verkehr viel leichter kommen, als die damaligen Staatsmänner, und es ist ihnen sicher nicht verborgen geblieben." So schrieb von Klöden, damals Direktor der städtischen Gewerbeschule zu Berlin, in seiner Geschichte einer altmärkischen Familie, ohne zu ahnen, daß die maßgebenden „Staatsmänner" dreißig Jahre später zu der nach seiner Ansicht vor vierhundert Jahren abgetanen „Staatsweisheit" zurückkehren würden.) Bald aber wurde er gefügiger. Seine Zöllner wurden verjagt, und nun leisteten auch die Stendaler mannhaften Widerstand, um ihren bürgerlichen Ruf wiederherzustellen. Sie drohten, den kurfürstlichen Räten die Köpfe abzuhauen, „was", schreibt der Kanzler Albrechts, der Bischof von Lebus, Dr. jur. Sesselmann, „mir meinethalben nicht bequem wäre". Man hielt sich nun nicht mehr an den Landtagsrezeß gebunden und verweigerte auch die bewilligte Bede.

Der Kurfürst suchte jetzt durch gerichtliche Erkenntnisse seinen Willen durchzusetzen. Unter dem Vorsitz des Kanzlers Bischof Sesselmann verurteilten Schiedsgerichte, aus Prälaten und Herren, Edelleuten, städtischen Bürgermeistern und Bauern bestehend, die Städte einstimmig, sowohl den Zoll zu dulden, als auch ihren Teil an den 50 000 Gulden zu zahlen. Der Kurfürst ließ sich beide Urteile vom Kaiser mit Androhung schwerer Strafen gegen die Widerspenstigen bestätigen (1473, Februar und März) und erbot sich gleichzeitig, den neuen Zoll fallen zu lassen, wenn man ihm 4 000 Gulden jährlich zu der bewilligten Landbede zulegen wollte.

Aber nichts, gar nichts gestanden die Städte zu. Der Kurfürst zog fort aus der Mark und bestellte seinen Sohn Johann und den Bischof von Lebus zu Regenten. Diese hatten einen schweren Stand. Der Widerstand der Städte gegen den neuen Zoll wuchs. Den Altmärkern folgten die Priegnitzer, sodann Rathenow und Brandenburg.

Der Kurfürst hatte seinem Sohn befohlen, in Tangermünde Hof zu halten, er antwortete aber:

„man würde den widersetzlichen altmärkischen Städten doch nicht nach Gebühr zu begegnen vermögen und damit nur die Ohnmacht der Herrschaft zeigen, und den Widerstand steigern."

Der Kurprinz trug großes Verlangen, die Prinzessin Margarethe von Sachsen zu heiraten, scheute aber die Hochzeitskosten. Der Hase sei teuer, schrieb er dem Vater, und er habe keinen Pfennig Geld, zudem wären die niederdeutschen Fürsten als Hochzeitsgäste so ungenügsam, statt ihrer wolle er lieber noch einmal so viel Franken, Meißner oder Thüringer bewirten. Seinem künftigen Schwiegervater schämte sich Markgraf Johann die Ursache der Verzögerung anzugeben und verlangte von den Ständen eine Beihilfe von 10 000 Gulden. Die Städte weigerten sich aber, ungeachtet aller Bitten, etwas zu geben, bevor nicht der Zoll abgeschafft werde. Markgraf Johann befand sich auch abgesehen davon in großer Dürftigkeit. Es fehlte ihm an allem, um seine Muhme, die Herzogin Dorothea von Lauenburg, die ihn besuchen wollte, aufnehmen zu können. Er besaß nicht genug Bettgewand, Laken, Sammetpolster, Tischtücher und

Silbergeschirr, obgleich er erst zwölf silberne Löffel hatte machen lassen. Er konnte die längst verfallenen Zinsen nicht bezahlen, wurde täglich gemahnt und mußte doch alles zur Hofhaltung Nötige borgen. Der Kurfürst schrieb dem Markgrafen auf seine Klagen, er möge sehen, ob er sich mit den Städten auf 3 000 Gulden jährlich (bis dahin hatte er 4 000 Gulden für die Abstellung des Zolles verlangt) einigen könne, doch so, als ob es ohne sein, des Kurfürsten Willen geschehe. Dies brachte der Markgraf nun vor, aber auch hiervon wollten die Städte nichts wissen.

Nun suchte man statt gütlicher Unterhandlungen wieder Drohungen anzuwenden. Kurfürst Albrecht Achilles erwirkte draußen ein Machtgebot gegen die Städte. Er ließ sich vom Kaiser Friedrich jene von ihm veranlaßten Urteile mit Androhung einer schweren Strafe gegen die Widerspenstigen bestätigen, wobei der Kaiser zugleich erklärte, daß niemand bei ihm gegen jene Erkenntnisse appelliert habe, sie daher in Rechtskraft übergegangen seien. Diese Urkunden schickte der Kurfürst seinem Sohn, der ihm aber zurückschrieb, sie würden sehr verachtet. (Nach einem Aufsatz: Die ersten Steuerverweigerer unter den Hohenzollern. Ein lehrreiches Kapitel aus der guten alten Zeit. Von Eugen Richter).

Die Pommern rüsteten gegen Brandenburg. Der Markgraf wollte der bedrohten Stadt Garz Hilfe senden und bot dazu die Ritterschaft und die Städte auf. Aber diese blieben aus, erst sollte der Zoll abgetan werden. Johann beschwor seinen Vater, zu helfen, sonst gehe auch die Uckermark verloren. Es seien im Lande „etwieviel Bösewichter und ungetreue Leute". Garz selbst sei voll Unkraut, und die anderen in der Stadt müsse man behandeln, als seien sie in ein seiden Tuch gewickelt... Der Bischof von Lebus wollte vom Kanzleramt entbunden sein und schrieb dem Kurfürsten,

„er höre auf dem einen Ohre schlecht, er sehe nicht gut, sein Arm thue ihm so weh, daß er ihn zu Zeiten nicht heben könne, auch sei ihm Schadung an seinem Leibe widerfahren, das er nicht schreiben wolle – alles seit Albrecht weggezogen."

Johann mochte noch so dringlich schreiben: „in dem Schachmatt also zu sitzen, möchte einer lieber todt sein", Albrecht kam nicht, sondern erwarb sich lieber als oberster Feldherr in Kriegsgeschäften für das Reich großen Ruhm.

Die Sendboten der altmärkischen Städte aber erschienen am 6. Juli auf der Burg Tangermünde und erklärten einmütig, wenn ein Angriff auf die Altmark erfolge, so wollten sie dem gern steuern und wehren helfen, aber außerhalb der Altmark Sr. Gnaden zu folgen, hätten sie keine Macht und wollten es auch nicht tun. Dazu müsse erst ein Landtag angesetzt werden, dort wollten sie sich der Majorität fügen. Als nun späterhin die Mark in Kriege verwickelt wurde, tilgten sie wenigstens die schuldige Landbede, wenn auch erst 1477. Inzwischen hatte sich Stendal mit den Städten Magdeburg, Goslar, Braunschweig, Halle, Halberstadt, Hildesheim, Hannover usw. „zum Widerstande gegen unrechte Gewalt" gegen Straßenräuber und westfälische Fehmgerichte auf zehn Jahr (Juni 1476) und in Gemeinschaft mit diesen Städten am 31. Oktober desselben Jahres mit Lübeck, Hamburg, Bremen, Rostock, Stralsund, Wismar, Lüneburg nicht bloß zur Sicherung der Reichsstraßen, sondern auch „zur gegenseitigen Unterstützung", wenn eine Stadt in ihren Privilegien, Freiheiten, Gerechtigkeiten, alten Gewohnheiten und Herkommen verkürzt oder gekränkt oder mit neuen Auflagen und anderen Umpflichten und ungewöhnlichen Beschwerungen belastet würde, eng verbündet. Endlich am 12. März 1478 schlossen die Städte der Altmark, mit Ausnahme von Gardelegen zu Osterburg, auf fünf Jahr ein Bündnis, worin jede Stadt unter anderem versprach, in betreff Landbede oder anderer

Hilfe und Steuer, die die Herrschaft von ihnen verlangen, nichts ohne Zustimmung aller anderen tun oder zusagen zu wollen.

Im Juni 1478 aber kam Kurfürst Albrecht persönlich in die Mark und erlangte für dies und das folgende Jahr ein weit bedeutenderes Aufgebot der altmärkischen Städte, zuletzt von Salzwedel und Stendal zusammen 1000 Mann zu Fuß und 200 zu Pferd, und von den übrigen Städten der Altmark zusammen ebensoviel. Außerdem größere und kleinere Haubitzen. Zum Friedensschluß in Prenzlau (Juni 1479) wurden auch Ratsherren von Stendal und Salzwedel als Zeugen entboten.

Die altmärkischen Städte hegten dazumal große Hoffnungen, von den indirekten Steuern frei zu bleiben. Hatten doch die Bürger von Hildesheim 1485 mit Hilfe verbündeter Städte – neben Magdeburg, Braunschweig usw. auch Stendal – 1485 in ihrer Fehde wider den Bischof von Hildesheim die Auferlegung der Bierziese rückgängig gemacht.

Nach dem Frieden begannen über die aus den letzten Kriegen erwachsene Schuldenlast neue vergebliche Verhandlungen über die Bierziese. Neue Gerichtsverhandlungen und Verurteilungen, neue Proteste der altmärkischen Städte gegen die Zuständigkeit des Gerichtshofes unter Berufung auf ihre Privilegien, neue Bündnisse mit anderen Städten gegen unrechte Gewalt.

Am 11. März 1486 starb Albrecht Achilles. Sein Sohn, der Kurfürst Johann Cicero, nahm die Sache kräftiger in die Hand. Wir haben bereits bei Tangermünde und Salzwedel erwähnt, wie er auf dem Landtag vom 2. Februar 1488 die Bierziese auf sieben Jahre beschließen ließ, und wie darüber in den altmärkischen Städten Volksaufstände entstanden, die gewaltsam unterdrückt wurden.

„In Stendal empörten sich die Gilden der Tuchmacher, Schuster, Kürschner, Bäcker, Leineweber und die gemeinen Bürger gegen den Rat und die drei Gewerke, die auf seiner Seite standen (die Gewandschneider, Krämer und Knochenhauer), rückten ihnen auf das Rathaus und zwangen sie unter Anwendung von Gewalt zu dem schriftlichen Versprechen, daß die Bierziese nicht erhoben werden sollte. Dabei aber blieb es nicht: mehrere Edelleute, die Gebrüder Gebhard und Nikolaus von Borstel auf Schwarzlosen, ihr Vetter Otto von Borstel auf Schinne, Jakob von Gohre auf Nahrstedt und sein Sohn Hans, gegen die sich die Wut der Menge wahrscheinlich deswegen richtete, weil der Adel von der Bierziese freiblieb, und außerdem Nikolaus Knobloch, der vermutlich kurfürstlicher Zolleinnehmer war, wurden zuerst in der gröblichsten Weise insultiert. Danach wurden sie auf Befehl des Rates, entweder, weil er von dem Volkshaufen dazu gezwungen wurde, wahrscheinlicher aber, weil er sie vor weiteren Mißhandlungen schützen wollte, ins Gefängnis gesetzt. Hierauf wurden Nikolaus von Borstel und Hans von Gohre wieder herausgeschleppt und hingerichtet. Danach zog eine Rotte der verwegensten Aufrührer hinaus nach den Gütern jener Edelleute, wo sie Plünderung und Brandstiftung übten. Gebhard von Borstel und Nikolaus Knobloch wurden erst durch die Ankunft des Kurfürsten aus dem Gefängnis befreit. Die größten Helden bei dem Tumult waren wieder die Tuchmacher, deren Gilde bei weitem die zahlreichste war." ***

Stendal ist die einzige der märkischen Städte, die bereits im 15. Jahrhundert eine Buchdruckerei in ihren Mauern gesehen hat. Joachim Westfal, der Sohn Albrecht Westfal's, des Aldermanns von der Kaufmanns-Kompagnie, hatte in fernen Gauen die Kunst des Buchdruckens erlernt, wahrscheinlich bei Peter Schöffer in Mainz. Von diesem bezog er seine Typen, als er in Gemeinschaft mit Albert Ravenstein, vermutlich eben-

Joachim I.

falls einem geborenen Stendaler, 1483 die erste Buchdruckerei in Magdeburg gründete. Die Gemeinschaft wurde 1486 aufgehoben. Joachim Westfal zog nach seiner Vaterstadt Stendal und errichtete in seines Vaters Hause die erste märkische Druckerei. Die bemerkenswerteste Schrift derselben ist ein Sachsenspiegel mit Glosse, niederdeutsch mit Beigabe des lateinischen Textes vom Jahre 1488. Schon im folgenden Jahr muß die Druckerei wieder eingegangen sein. ***

142

Von der Reformation bis zur Gegenwart

*** Die Reformationsbewegung ergriff, wie andere altmärkische Städte, auch Stendal frühzeitig. Hier waren es, wie anderswo, die eingewanderten Handwerksgesellen, die die neuen Lieder und damit auch die neue Lehre einschleppten. Schon 1530 kam es darüber zu einem blutigen Aufstand. Der eigentliche Anstifter soll ein Bettelmönch Lorenz Kuchenbäcker gewesen sein. Der predigte am St. Annentage, den 26. Juli, in der Kirche der Franziskaner. Er forderte die Versammelten mehrmals auf, wie in Magdeburg und anderswo die Luther'schen Lieder zu singen: „Wer't kann, de heve an, ik kann et nich!" Da huben die Handwerksgesellen wirklich an, und ebenso geschah es in jeder folgenden Predigt.

Der Rat meldete die Sache nach Berlin. Der Kurfürst war in Augsburg auf dem Reichstag. Seine Söhne sendeten vier kurfürstliche Räte, den Landeshauptmann der Altmark, Busso von Bartensleben, ferner Fritz von Schulenburg, Gerhard von Lüderitz und Jakob von Jeetze, die Sache in Güte beizulegen. Diese kamen nach Stendal und forderten zum Sonntag, den 14. August, morgens sechs Uhr, alle Bürger vor das Rathaus. Auf Ermahnung, „sich nach alter kaiserlicher Gewohnheit zu halten und die Gesänge und Martin Luthers Ding abzuschaffen," erklärten die Gilden und gemeinen Bürger nach vorgängiger Besprechung, sich fügen zu wollen. Allein in der folgenden Nacht ließen die Räte einige Schuhknechte verhaften. Nun rotteten sich am Montag früh die anderen Gesellen zusammen und forderten vergeblich die Freigebung der Verhafteten. Nachmittags begaben sich die kurfürstlichen Räte nach dem Franziskanerkloster und empfahlen dem Gardian, Lorenz Kuchenbäcker besser zu beaufsichtigen. Der aber fürchtete für seine Person, überstieg die

Klostermauer und durchlief mit dem Geschrei, der Landeshauptmann wolle ihn greifen, die Straßen bis zur großen Bruchstraße, wo die Tuchmacher ihr Pantaleonfest feierten.

Inzwischen gelangte die Kunde, der Landeshauptmann habe Kuchenbäcker verfolgt und gestochen, in die Bierhäuser, in denen die Handwerksgesellen blauen Montag hielten. Diese stürzten auf die Straße und zogen in hellen Haufen zum Markt. Der Stadtrat hatte die kurfürstlichen Räte, die in der Domdechanei tafelten, von der Gefahr in Kenntnis gesetzt und aufgefordert, sich zu ihrer Sicherheit auf's Rathaus zu begeben. Diese begegneten auf ihrem Wege dorthin den Gesellen, die von Kuchenbäcker, der mit ihnen zog, und vom Stadthauptmann Matthias Schönwald, genannt Matz Rappe, aufgewiegelt wurden. Vor Steinwürfen und Büchsenschüssen retteten sich die Räte unter Lebensgefahr glücklich auf's Rathaus. Die Rotten versuchten einzudringen, schleuderten Steine in die Fenster, schossen mit Büchsen hinein und zertrümmerten die verrammelten Türen. Die eigentlichen Bürger blieben zu Haus und aßen ihr Abendbrot. Endlich, als auf den Türmen Sturm geläutet wurde, kam ein Teil von ihnen allmählich bewaffnet zum Rathaus. Mit den belagernden Aufständischen wurde jetzt ein Waffenstillstand bis zum anderen Morgen verabredet. Allein während die Bürger vor dem Rathaus Nachtwache hielten, zog ein Volkshaufen nach dem Dom, stürmte die Propstei, die Dechanei und die Kurien der Domherren, schlug Türen und Fenster entzwei, raubte und plünderte. Die Geistlichen entflohen. Am anderen Morgen endlich sammelten sich die Bürger, die dazumal wie gewöhnlich mit dem Rat in Streit lagen, in größerer Zahl mit Gewehr und Harnisch auf dem Markt. Man verhandelte mit den Aufstän-

dischen. Diese erklärten sich bereit, die kurfürstlichen Räte ihres Weges ziehen zu lassen, wenn sie sechs Artikel unterschrieben und untersiegelten und sich verpflichteten, den Kurfürsten zur Bestätigung derselben zu veranlassen. Zur „Verhütung weiteren Blutvergießens" nahmen die Räte diesen Vorschlag an. Bewaffnete Bürger geleiteten sie aus dem Ünglinger Tor.

Die kurfürstlichen Räte werden ihr Versprechen nicht haben halten können. Fast vier Monate später, am 12. Dezember, ritt Joachim II., damals noch Kurprinz, mit tausend Reitern in Stendal ein. Wieder einmal bekam der Scharfrichter Arbeit. Sechs Übeltäter, darunter Matz Rappe, der Stadthauptmann, wurden auf der alten Dorfstraße enthauptet. Andere wurden bis zur Rückkehr des Kurfürsten gefangen gehalten. Dieser untersuchte die Sache und erließ dann vom Schloß Tangermünde aus ein gar ungnädiges Schreiben „an die Gilden, Gewerke und die ganze Gemeinde zu Stendal": Sie sollten zum 26. Februar 1531 Bevollmächtigte zum Vergleich über die Strafe nach Berlin senden. Durch Fürsprache des Kurprinzen kam hier ein Vergleich zustande. Zum schweren Schaden der Stadt, die ihr altes Privileg der Zollfreiheit in der Altmark und Priegnitz verlor, den Geistlichen sowie den kurfürstlichen Räten und deren Dienern jeglichen Schaden ersetzen und dem Kurfürsten 10 000 Gulden als Geldbuße zahlen mußte. Die Haupturheber des Aufruhrs wurden des Landes verwiesen. Den Tuchmachern wurde für ewige Zeiten der Pantaleonsschmaus untersagt.

So geschehen 1531. Vier Jahre später kam Kurfürst Joachim I. noch einmal nach Stendal, um dort zu sterben (11. Juli 1535). Seinem Nachfolger huldigte Stendal am 8. Mai 1536. Zwei Jahre später predigte Dr. Justus Jonas, der mit dem

143

Kurfürsten von Sachsen durch Stendal reiste, in der Marienkirche, und am 30. Oktober 1539 teilte Dr. Conrad Cordatus, ein anderer Freund Luthers, in allen Kirchen Stendals das Abendmahl in beiderlei Gestalt aus, zwei Tage bevor der Kurfürst es in Spandau empfing.

Cordatus wurde von den Kirchenvisitatoren zum Pfarrer und Vizedechanten des Domstifts und Superintendenten der Stendaler Geistlichen eingesetzt. 1476 zu Weißenkirch in Österreich ob der Enns als Sohn hussitisch gesinnter Bauersleute geboren, war er bereits lange Jahre ein gut besoldeter Pfarrer in Ofen, als Luther den Kampf gegen das Papsttum begann. Cordatus schloß sich sofort der neuen Lehre an, mußte darum an drei Viertel Jahr lang im Gefängnis büßen und sein Vaterland verlassen. Er begab sich 1524 zu Luther nach Wittenberg. Auf dessen Empfehlung war er schon in verschiedenen sächsischen Städten, zuletzt in Eisleben, als Pfarrer tätig gewesen, bevor er 1540 in Stendal angestellt wurde. Hier hatte er einen harten Stand mit den Domherren und Vikaren. Man hatte diesen ihre Pfründen und Vikarien bei Einführung der Reformation gelassen. Sie blieben aber deren hartnäckige Widersacher und verfolgten den armen Cordatus mit ihrem Haß, namentlich weil er eifrig auf Abschaffung ihrer Pfarrköchinnen drang.

Cordatus starb 1546, einige Wochen nach Luther. Das Domstift ging ein. Seine Einkünfte wurden für die Universität Frankfurt an der Oder, später für die Universität Breslau verwendet. In Breslau befindet sich auch das reichhaltige Stiftsarchiv.

In jenen Tagen der letzten Domherren wird nicht bloß über deren Lebenswandel Klage geführt, selbst in der Bürgerschaft muß die Sittenverderbnis groß gewesen sein. Daneben herrschte der roheste Aberglaube. Auch das Hexenverbrennen kam in Schwung. Riedel berichtet darüber in seinem Aufsatz über das St. Nikolai

Domstift zu Stendal (Codex diplomaticus Brandenburgensis, Teil I, Band 5):

„Besonders waren der Pfarrer zu St. Jakob und frühere Vikar des Domstiftes Johann Wolter mit dem Bürgermeister Jürgen Möring arge Verfolger der Zauberei, deren Spuren sie überall wahrnahmen, wo sich ein Unglück zutrug. Als Georg Möring die Bürgermeisterschaft übernahm (1563), zeigte er dem gleichgesinnten Pfarrer ein Verzeichnis von Hexen und Zauberern, die es auch in Stendal gebe, so lang, wie der Pfarrer später schriftlich aussagte, daß, wenn er auch sogleich (es war in der Adventszeit) verbrennen zu lassen anfinge, und wöchentlich deren zwei oder drei verbrennen ließe, er doch schwerlich vor Ostern mit dieser Strafvollziehung werde fertig werden. Die traurigen Exekutionen kamen wirklich durch den Amtseifer des Pfarrers und Bürgermeisters guten Theils zur Ausführung. Die Untersuchungen aber gingen immer weiter fort, da man der Opfer des Wahnes nicht genug erhalten konnte. Zuletzt wurde der Pfarrer Johann Wolter selbst der Zauberei angeklagt, eines verdächtigen Händeauflegens überführt und nach einem Erkenntnisse des Brandenburger Schöppenstuhles vom Mittwoch nach Trinitatis 1579 nach 34jähriger Amtsführung seines Pfarramts entsetzt und mit Staupenschlag des Gerichtes verwiesen."

Vermutlich hatte eines jener unglücklichen Opfer des Aberglaubens sich an dem verfolgungssüchtigen Pfarrer gerächt und ihn auf der Folter als Mitschuldigen bezeichnet.

Seit der Reformationszeit ging es mit Stendal schnell bergab. Das Schicksal der Stadt im Dreißigjährigen Krieg hat Götze in seiner urkundlichen Geschichte derselben ausführlich geschildert. Zwar hatte sie keine Beschießung erlitten, war niemals mit Sturm genommen, niemals durch eine Generalplünderung heimge-

sucht, trotzdem stand der größere Teil der Stadt verlassen, der Wohlstand und die ehemalige Bedeutung waren vernichtet,

„die Zahl der Bevölkerung war auf etwa $^1/_3$ des Bestandes zurückgegangen. Die wüsten Stellen, welche vom 30jährigen Kriege herrühren, sind bis zum heutigen Tage (1875) noch nicht wieder vollständig angebaut und mancher Garten oder Hof, welcher jetzt an der Straßenfront liegt, war einst eine Hausstelle." (Götze)

Auch nach dem Krieg wurde die Stadt vom Unglück förmlich heimgesucht. Große Feuersbrünste (1666, 1680, 1687) vernichteten zusammen 170 Häuser in den besten Stadtgegenden. Die Pest tötete vom 10. Juni 1682 bis zum Januar 1683 nicht weniger als 1220 Personen.

Die entsetzliche Verödung der Stadt veranlaßte den großen Kurfürsten, Stendal als einen für fremde Kolonisten besonders geeigneten Ort ins Auge zu fassen.

Als Ludwig XIV. von Frankreich das Edikt von Nantes aufhob, das den Reformierten gleiche bürgerliche Rechte mit den Katholiken verbürgt hatte, lud der große Kurfürst seine Glaubensgenossen ein, sich in seinen Landen anzusiedeln. Von den zahlreichen französischen Flüchtlingen, die nach Brandenburg kamen, nahmen die ersten in Berlin und Magdeburg ihren Wohnsitz. Stendal, ihnen in erster Linie empfohlen, ging leer aus.

Da trat die Verfolgung der Waldenser in den savoyischen Hochalpentälern Luserne, Perouse und St. Martin ein. Auf Ludwig XIV. Veranlassung wurde den Waldensern, zu denen sich viele französische Hugenotten geflüchtet hatten, vom Herzog von Savoyen die Ausübung ihrer Religion bei Todesstrafe untersagt. Die Waldenser griffen zu den Waffen. Im heldenmütigen Kampf gegen das französische und savoyische Heer unterlegen, flüchteten sie zu Tausenden über die Alpen. Einer Einladung des Kurfürsten von Brandenburg entschlossen sich mehr als 800 Waldenser Folge zu leisten. Sie wurden direkt für Stendal bestimmt. In der wenige Wochen vor dem Tode des großen Kurfürsten erlassenen Verfügung vom 29. April 1688 heißt es:

„Gleichwie nun die Stadt Stendal fast vor allen andern unsern Kurstädten durch Krieg, Brand und andere Unglücksfälle dergestalt heruntergekommen und desolat worden, daß von der vorigen, sehr nombreusen Bürgerschaft die wenigsten mehr übrig, auch alles, was bisher zur Wiederbringung gedachter Stadt Flor und Wohlstandes vor die Hand genommen worden, und wodurch auch andere Orte wieder aufgekommen, daselbst fast gar nicht anschlagen wollen, – also haben wir unsere landesherrliche Vorsorge dahin gnädigst gerichtet, ob nicht durch diesen casum extraordinarium und gleichsam durch eine neue Kolonie gedachte unsere gute Stadt mit mehreren Einwohnern besetzet, und weil gedachte Waldenser ein ziemliches Vermögen mit sich bringen, Nahrung und Gewerb daselbst zu mehrerer Aufnahme befördert werden könne…"

Am 31. April 1688 kamen auf Wagen 359, am 6. September 481 Waldenser in Stendal an. In der armen, kaum 3000 Einwohner zählenden Stadt mit ihren meist kleinen elenden Häusern konnten die Ankömmlinge nicht untergebracht werden. Die meisten mußten wieder weiterziehen, nach Burg, Magdeburg, Spandau usw. In Stendal blieb nur eine Kolonie von 150 zurück. Schon nach zwei Jahren, als die für sie auf landesherrlichen Befehl erbauten Häuser noch nicht einmal vollendet waren, kehrten sie wieder nach ihrer Heimat zurück, gerufen von dem Herzog, der sich inzwischen von Frankreich losgesagt hatte.

Die für die Waldenser erbauten Häuser wurden in den folgenden Jahren an Pfälzer und Franzo-

sen übergeben, die eine bis 1705 schon zu 238 Seelen angewachsene Kolonie bildeten. Durch diese entstanden eine deutsch-reformierte und eine französisch-reformierte Kirchengemeinde. Der ersteren wurde die St. Katharinenkirche, der letzteren die St. Elisabethkirche zur gottesdienstlichen Benutzung übergeben. Erst 1813 erfolgte die Vereinigung beider Gemeinden.

Durch die sechzig bis siebzig Kolonistenfamilien konnte das so tief heruntergekommene Gemeinwesen sich vom Verfall nicht erholen. 1718 betrug die Zahl der wüsten Stellen noch 458! Handel und Gewerbe lagen darnieder. Aus dem Handwerkerstand aber entsproß Johann Joachim Winckelmann, der berühmte Schusterssohn aus Stendal.

In der Bürgerrolle, die ein ehrsamer Rat der Stadt Stendal im Jahre 1723 aufstellen ließ, findet sich unter Nr. 231 verzeichnet:

„Martin Winckelmann, ein Schuster, 40 Jahre alt, versteht seine Profession, nährt sich von ihr und sonst von nichts, besitzt ein Haus, ist nicht bemittelt, hat nur ein nothdürftiges Auskommen, obwohl er fleißig ist; hat einen Sohn von 5 Jahren, welcher in die Schule geht." (Götze)

Der ehrsame Rat konnte nicht ahnen, daß man in seiner Stadt Stendal 136 Jahre später dem armen Schustersohn ein Denkmal setzen würde. Wer hätte es auch dem kleinen unscheinbaren, nachmals zum Gedächtnis Winckelmanns mit einer eisernen Tafel versehenen Hause nahe der Petrikirche ansehen können, daß aus ihm „der Erforscher und beredte Verkünder der Kunst des Alterthums" hervorgehen würde, wie ihn die Aufschrift auf dem Sockel jenes Denkmals nennt.

Johann Joachim Winckelmann wurde am 9. Dezember 1717 geboren. Sein Vater Martin war einer jener kleinen Handwerker, die in mühevol-

ler Arbeit ihr ganzes Leben dahinbrachten, an den Werkeltagen ihrem Berufe oblagen und an den Feiertagen häufig ihren bescheidenen Holzbedarf aus dem Stadtwald zusammenlasen. Über Johann Joachims erste Lebensjahre wissen wir wenig. Daß er schon in früher Jugend zu lernen angefangen hat, verriet uns die Bürgerrolle, nicht aber, welche Schule er damals im Alter von fünf Jahren besuchte. Vermutlich war es eine der sogenannten Küsterschulen, in denen die ersten Elemente gelehrt wurden. Doch läßt sich annehmen, daß der kleine Winckelmann, beseelt von heißem Wissensdrang, die Elementarschule bald mit der Lateinschule vertauschte. An der Spitze derselben stand in der Zeit von 1696 bis 1738 ein würdiger tüchtiger Schulmann, der Rektor Esaias Wilhelm Tappert, von dem Götze in seiner „Geschichte des Gymnasiums zu Stendal" sagt:

„Eine wahrhaft kindliche Frömmigkeit und Gottergebenheit, welche überall ungesucht hervortritt, eine seltene Pflichttreue und Gewissenhaftigkeit, eine rührende Anspruchslosigkeit und Genügsamkeit sind die hervorstechenden Eigenschaften seines Charakters; sie erhielten ihm bis ins späte Greisenalter hinein die Freudigkeit zu seinem mühseligen Berufe, welcher ihm nicht bloß durch die kümmerlichen Lebensverhältnisse, sondern auch durch bösen Willen und Unverstand oft über Gebühr erschwert wurde."

Im Schulhaus, dem Chor der Bettelmönchskirche, saßen die Schüler auf kaltem Steinpflaster. Hier lehrte Tappert und lernte sein begabtester Schüler Winckelmann. Der Schustersohn muß ein gar eifriges, strebsames Kind gewesen sein, wurde er doch von dem Rektor mit manchen Auszeichnungen bedacht. So finden wir seinen Namen in dem Programm eines feierlichen Schulaktus vom 31. Oktober 1732. Es handelt „Von dem wunderbaren Rath Gottes, wie solcher an den Salzburgischen Emigranten herrlich ausgeführt ec."

Wenige Wochen zuvor waren tausende von Salzburgern durch Stendal gezogen. Sie waren, wie überall in protestantischen Landen, mit Sang und Klang und „ungemein liebreich" aufgenommen. In Stendal sonderte man diejenigen, die keine eigenen Wagen und Pferde hatten, von denen ab, die solche mit sich führten. Erstere mußten sofort nach Stettin abgehen, um zur See weiter befördert zu werden. Dies waren zusammen 1348. Die anderen reisten mit Wagen und Pferden über Tangermünde nach Berlin.

Es ist leicht erklärlich, daß der Durchzug der Salzburger, das merkwürdigste Ereignis, dessen Augenzeuge jedermann gewesen war, in zwei großen Schulfeierlichkeiten behandelt wurde.

Der Aktus vom 31. Oktober 1732 zerfiel in 14 Teile, an denen 28 Schüler sich beteiligten. Unter No. VI. lesen wir:

„Chr. W. Kläden Stend. und Joh. Joach. Winckelmann Stend. disputiren von dem Ebenbilde Gottes, dessen in der vorigen Rede gedacht worden, ob es dem Menschen anerschaffen, oder als eine übernatürliche Gabe hinzugethan worden, und wird das erste behauptet."

Man darf es nicht beklagen, daß der Inhalt dieser Disputation nicht erhalten ist. Was konnte der vierzehnjährige Lateinschüler Winckelmann wohl über jene theologische Streitfrage vorbringen? Gewiß nichts, was wir als sein eigenes Geistesprodukt hätten ansehen können.

In demselben Jahr hatte der Rektor Tappert das Unglück, das Augenlicht zu verlieren. Er behielt sein Amt, mußte aber jemanden in seiner Umgebung haben, der ihm auf der Straße als Führer und zu Hause als Vorleser und Sekretär diente. Er wählte sich dazu seinen begabtesten und fleißigsten Schüler, Winckelmann. Dieser rechtfertigte vollkommen das Vertrauen, das sein würdiger Lehrer in ihn gesetzt hatte. Er erhielt

nun in des Rektors Hause Wohnung und Unterhalt. Auch wurde ihm von seinem Wohltäter manche andere Begünstigung zu Teil. Mit der Beaufsichtigung der Lehrerbibliothek betraut, durfte er diese und die Bibliothek des Rektors zu seiner eigenen gründlichen Ausbildung in ergiebigster Weise benutzen. Aus dem Buch: „Neu eröffneter adliger Ritterplatz" schöpfte er die erste Kenntnis berühmter Werke der Malerei und der Bildhauerkunst. Für den armen Gymnasiasten war es ferner von der größten Wichtigkeit, daß Tappert ihn für die Jahre 1734 und 1735 zum „Präfekten" des Singechors machte. Dieser Chor (chorus symphoniacus)

„bestand aus den älteren Schülern unter Leitung des Cantors. Er sang theils beim öffentlichen Gottesdienste in der Marienkirche, theils herumziehend vor den Häusern, und zwar nur lateinische Lieder. Außerdem aber hielt er größere Umgänge, namentlich zum Martini- und zum Gregorienfeste, wobei die sämtlichen Schulkollegen mit vor den Thüren herumziehen mußten."

An der Spitze des Chores zog der zukünftige große Altertumsforscher alle Mittwoch und Sonnabend vor die sogenannten „Chorhäuser", deren Bewohner den Sängern Gaben zugesagt hatten. Der Anteil des Präfektus betrug ein Viertel bis ein Fünftel der Einnahme.

Mit einem Empfehlungsschreiben Tapperts verließ er 1735 Stendal und wendete sich nach Berlin, um hier ein Jahr lang das Kölnische Gymnasium zu besuchen. Als Schüler dieser Anstalt hörte er, daß in Hamburg die Bibliothek des gelehrten Fabricius zum Verkauf komme. Winckelmann wanderte nach Hamburg und erstand hier einige der besten Ausgaben alter Klassiker. Schon im Jahre 1736 verließ er Berlin und kehrte in die Altmark zurück, um das Gymnasium zu Salzwedel zu besuchen. Laut Schulbuch wurde er hier als neunzehnjähriger Jüngling am 15. November 1736 durch den

damaligen Rektor Scholle inskribiert. Nach zwei Jahren verließ er Salzwedel, um in Halle Theologie zu studieren.

Nach vollendeten Studien nahm er 1742 die kärglich besoldete Stelle als Konrektor an der Schule zu Seehausen an. Einmal hatte er, wie Pohlmann in seiner „Geschichte der Stadt Salzwedel" erzählt, Hoffnung, von Seehausen als Konrektor nach Salzwedel zu kommen. Er reiste dorthin, sich vorzustellen.

„Da er aber im Wirthshause zufällig hörte, daß ein anderer Mitbewerber gerade eine Probevorlesung hielt, so reisete er, wahrscheinlich aus beleidigtem Ehrgefühl, unverzüglich wieder ab, ohne weiter Jemand gesehen zu haben."

Fünf Jahre blieb er in Seehausen. Den mittelalterlichen Kunstdenkmälern der Altmark schenkte er, soviel man weiß, keine besondere Aufmerksamkeit. Dahingegen interessierten ihn die Hünengräber der Feldmark Bretsch. Die Grabkammer des größten derselben hat er bloßgelegt, ohne dem Bau des Ganzen zu schaden. (Danneil im 6. Altmärk. Jahresbericht 1843).

Winckelmann verließ endlich 1747 die Altmark und wurde zunächst Sekretär des gelehrten und kunstsinnigen Grafen von Bünau auf Nöthenitz. Die Nähe des mit reichen Kunstschätzen angefüllten Dresden entschädigte ihn einigermaßen für die kärgliche Besoldung. Er bekam 80 Taler jährlich. In Dresden unterhielt er einen seinem Streben nach der reinen Erkenntnis des Schönen ungemein fördernden Verkehr. Im Umgang mit angesehenen Kunstkennern, vor allem mit dem besonders durch Goethe bekannt gewordenen Maler Oeser ging ihm, der durch ein liebevolles Studium der griechischen Literatur trefflich vorgebildet war, das Verständnis der Antike auf. Darum litt es ihn auch nicht im kalten Norden, unwiderstehlich wurde er nach der Stadt hingezogen, wo die Marmorsäulen unter freiem Himmel stehen: Rom war das Ziel seiner Sehnsucht.

Nur unter der Bedingung eines Glaubenswechsels boten sich ihm die Mittel dar, künftig seinen Neigungen leben zu dürfen. Freilich mochte ihm das Opfer nicht schwer geworden sein, war er doch in das Wesen der Antike so tief eingedrungen, daß, wie Goethe meint, ein „heidnischer Sinn aus seinen Handlungen und Schriften hervorleuchtet". Winckelmann trat also im Jahre 1754 zum Katholizismus über und nahm dann seinen Aufenthaltsort in Dresden. Hier schrieb er seine „Gedanken über die Nachahmung der griechischen Werke in der Malerei und Bildhauerkunst" nieder und lenkte dadurch die Aufmerksamkeit des Kurfürsten von Sachsen und seines allmächtigen Ministers, des Grafen Brühl, auf sich. Auf des letzteren Veranlassung erhielt er für zwei Jahre ein Gehalt von 200 Talern zu einer Reise nach Rom. Sein heißester Wunsch war erfüllt, er sollte Rom sehen. Gegen Ende des Jahres 1755 kam er hier an. Für ihn wurde die ewige Stadt in der Tat „der Ort, in dem sich das ganze Altertum in eins zusammenzieht". Er hatte das Glück, der Freund des berühmten Malers Raphael Mengs zu werden, der ihn in die Welt der römischen Kunstschätze einführte.

Für seine äußere Wohlfahrt wurde ihm die Bekanntschaft mit dem ebenso begüterten als kunstliebenden Kardinal Albani noch wichtiger. Dieser römische Prälat ernannte Winckelmann zum Bibliothekar und Aufseher seiner Kunstsammlungen. Der drückenden Nahrungssorgen ledig, konnte der große Archäologe seine unsterblichen Werke schaffen. Von nun ab unterbrach er seinen Aufenthalt in Rom nur durch einige Reisen nach Neapel, Herkulanum und Pompeji und nach Florenz. Im Jahre 1764 erschien das Werk, das seinen Ruhm begründete: „Die Geschichte der Kunst des Alterthums".

So lebte und wirkte er heiter und ruhig in Rom, beglückt von zahlreichen Zeichen der Anerkennung und Wertschätzung, die ihm von allen Seiten entgegengetragen wurden. Da erfaßte ihn

Das Winckelmann Denkmal

die Sehnsucht nach dem Vaterland. Im April 1768 ging er nach Deutschland, doch kam er nur bis Regensburg. Er war so sehr Römer geworden, daß der trübe nordische Himmel ihn zur Umkehr trieb. Nach einem mehrwöchigen Aufenthalt in Wien trat er die Rückreise nach Italien an. Sein Weg führte ihn über Triest. Hier starb er am 8. Juni 1768, getroffen vom Mordstahl eines Räubers, des hinterlistigen Italieners Arcangeli.

Seine Vaterstadt Stendal setzte ihm am 18. Oktober 1839 ein Denkmal. Nach Goethe's Urteil hatte die Natur in Winckelmann „das gelegt, was den Mann macht und ziert". Was er auf dem Gebiet der Archäologie geleistet hat, wie er der Wiederentdecker der unvergänglichen Werke hellenischer Kunst gewesen, wird unvergessen bleiben.

Zu Anfang des 18. Jahrhunderts hatte Stendal eine Seelenzahl von 2 900 bis 3 000, in das 19. Jahrhundert ging es mit 4444 Zivil- und 786 Militär-Einwohnern.

Nach der Schlacht bei Jena kam Blücher mit seinen Truppenabteilungen am 23. Oktober 1806 durch Stendal. Schon am 26. Oktober rückte Marschall Soult ein. Im neuen Königreich Westfalen wurde die Stadt Hauptort eines Kantons und Sitz eines Friedensgerichts und eines Ziviltribunals. Das neue Regiment brachte mancherlei Wohltaten: Die allgemeine Gewerbefreiheit wurde eingeführt und die Wahrzeichen der „guten, alten Zeit", der hölzerne Galgen auf dem Marktplatz und der steinerne vor dem Ünglinger Tor wurden weggeräumt. Aber die aufgedrungene Fremdherrschaft blieb verhaßt, und viele gute Patrioten beteiligten sich an geheimen Verbindungen zur Abwälzung des Joches.

Das zeigte sich, als der frühere Hauptmann von Katte in der Nacht vom 1. zum 2. April 1809 mit 250 Bewaffneten, meist Reiterei, bei Werben über die Elbe ging und auf Stendal marschierte, um einen Volksaufstand zu erregen und die Festung Magdeburg zu überrumpeln. In Stendal wurde er sehnsüchtig erwartet. Der alte Stadtmusikus Henning war bestellt, die Schar mit Musik in die Stadt zu führen. Endlich in der Morgendämmerung des 3. April kam die Truppe an, sprengte das Viehtor und zog nun, voran mit klingendem Spiel das städtische Musikkorps, durch die Straßen auf den Markt. Die westfälischen Kassen wurden geleert, die Offiziere frühstückten im Gasthof zum Schwarzen Adler, die Leute wurden von den Bürgern verpflegt. Um Mittag zog die Schar, um fünfzig Mann aus Stendal verstärkt, weiter nach Wolmirstedt und bemächtigte sich hier noch an demselben Abend der reichgespickten Postkasse.

Katte wartete sehnsüchtig auf günstige Nachricht aus Magdeburg, wo Eugen von Hirschfeld die Unternehmung leitete. Da kam eine traurige Kunde: Rittmeister Baron von Gayl hatte alles verraten, Hirschfeld war entkommen, andere Verschworene verhaftet und Truppen bereits unterwegs gegen Kattes Schar. Es blieb nichts übrig, als wieder über die Elbe zu gehen und zu entfliehen. Katte und Hirschfeld entkamen nach Böhmen zum Herzog von Braunschweig. Von denen, die sich dem Korps angeschlossen hatten und bei Auflösung desselben auf dem linken Ufer der Elbe zurückgeblieben waren, wurden mehrere ergriffen und standrechtlich erschossen. So in Magdeburg der Tuchmacher Rieck, einst ein stattlicher Regimentstambour beim Tschammerschen Regiment, der Dammsetzer Futsch, der frühere Unteroffizier Burgow, der Handarbeiter Schmidt, sämtlich aus Stendal. Nach Stendal zurücktransportiert wurde Joseph Manns, ein junger Maurergeselle, um am 14. April auf dem Schützenwall vor dem Viehtor, durch das Katte seinen Einzug gehalten hatte, öffentlich erschossen zu werden. Joseph Manns starb wie ein Held. Akazien umgeben sein Grab, ein eisernes Kreuz steht darauf mit der Inschrift:

Joseph Manns aus Stendal.
Begeisterungsvoll dem Vaterlande treu
Fiel er durch das Geschoß der fremden
Tyrannei.
† den 14. April 1809.
Gewidmet von Vaterlandsfreunden
den 3. August 1835.

Mehrere Stendaler Bürger wurden als angebliche Teilnehmer des Unternehmens verhaftet und nach Magdeburg abgeführt, darunter der Stadtmusikus Henning, der im Gefängnis starb. Andere Bewohner von Stendal, Gardelegen und Wolmirstedt wurden nach Kassel geschleppt, unter ihnen der Assessor Lindenberg und der Justizkommissar Zarnack (Justizkommissar Zarnack, in Gardelegen gebürtig, war ein Bruder meiner Großmutter) aus Stendal. Diese blieben in Kassel im Kerker, bis sie 1813 von den einrückenden Preußen befreit wurden.

Die Vollstreckung des Standrechts an Joseph Manns hatte nicht abschreckend gewirkt. Als drei Wochen später, am 8. Mai, Schill mit seinen Husaren in die Stadt einzog, wurde er mit Jubel empfangen. Bei seinem Abzug schlossen sich ihm 48 Stendaler an.

Die ersten preußischen Soldaten, die Stendal im Jahre 1813 sah, waren 25 Lützower, die am Nachmittag des 21. April auf wenige Stunden einrückten. Vor dem Waffenstillstand lagen kurze Zeit zwei Schwadronen des Lützow'schen Freikorps, unter ihnen Theodor Körner, in der Stadt. Dann kam wieder französische Besatzung mit schweren Durchmärschen bis zum 9. September, als der letzte Franzose die Stadt verließ.

Seit Beendigung der Freiheitskriege nahm die Stadt anfänglich langsam, nachher schneller einen unerwarteten Aufschwung. Einen sehr günstigen Einfluß auf ihre Entwicklung übte jedenfalls das Gymnasium, das just wie das zu Salzwedel sich seit Anfang des Jahrhunderts durch einen ausgezeichneten Direktor aus tief-

stem Verfall zu einer hohen Stufe emporgehoben hat. Christoph Friedrich Ferdinand Haacke (geboren 26. Juni 1855) fand, als er im Oktober 1808 das Rektorat der Stendaler lateinischen Schule mit 350 Talern Jahreseinkommen bei freier Wohnung antrat, nur 33 Schüler vor, die meist den unteren Klassen angehörten. Wenige saßen in Sekunda, Prima stand leer. Die Schülerzahl war bis Michaelis 1813 auf 67, darunter 5 Primaner angewachsen. Die Primaner verließen jedoch sämtlich die Schule, um sich den Kämpfern für das Vaterland einzureihen, so daß die Schule das Jahr 1814 wieder ohne Prima beginnen mußte.

„Am 30. September 1854 legte Haacke das Direktorat nieder und nahm in feierlicher Schulversammlung von Lehrern und Schülern mit großer Bewegung Abschied. Wenn je ein Schulmann, so konnte er mit Befriedigung auf sein Werk zurückschauen. Aus einer kleinen, nicht mit Unrecht in geringer Achtung stehenden Schule von vier Lehrern und 33 Schülern war unter seiner Leitung ein großes Gymnasium von neun ordentlichen Lehrern und 232 Schülern geworden. Die Tüchtigkeit dessen, was die Anstalt leistete, war nicht blos durch zahlreiche dankbare Zöglinge und das allgemeine Urtheil, sondern auch wiederholt durch anerkennende Schreiben der Behörden bestätigt worden. Die Gesamtsumme der Schüler, welche seine Hand in das Album eingeschrieben hat, beträgt 1713, die Zahl derer, welche er mit dem Zeugniß der Reife entlassen hat, 268." (Siehe Ludwig Götze's umfangreiche „Geschichte des Gymnasiums zu Stendal von den ältesten Zeiten bis zur Gegenwart".)

Der bedeutende wirtschaftliche Aufschwung der Stadt datiert erst seit der Anlage neuer Verkehrsstraßen. Als der Verfasser von 1840 bis 1843 das Stendaler Gymnasium besuchte, besaß Stendal noch nicht einmal eine Chaussee. Auch auf den Hauptstraßen der Stadt wuchs zwischen dem Steinpflaster hindurch langes Gras. So öde und menschenleer wie Stendal war keine andere altmärkische Stadt. Erst 1844 wurde die erste Stendal berührende Chaussee von Magdeburg nach Wittenberge gebaut. Jetzt ist Stendal ein Eisenbahn-Knotenpunkt. Auf seinem Bahnhof laufen die Geleise für Eisenbahnzüge nach fünf Richtungen hin.

„Der alte Flor der Stadt ist vernichtet, und nie wird sich ihre Blüthe wieder entfalten", meinte Steinhart 1800, als Stendal wenig über viertausend Bewohner hatte. Seine Voraussage ging glücklicherweise nicht in Erfüllung: von 4 637 im Jahre 1843 wuchs die Einwohnerzahl bis 1850 auf 6 964, bis 1860 auf 7 516, bis 1871 auf 9 938 und bis 1880 auf 14 402 und wird bis zum Ende des Jahrhunderts, menschlicher Voraussicht nach, die Ziffer 25 000 überstiegen haben.

Möge die alte stolze Hauptstadt der Altmark durch Handel, Gewerbe und Industrie noch fernerweit, wie im letzten Vierteljahrhundert, wachsen und gedeihen, möge sie aber in Zukunft auch dahin trachten, ein Mittelpunkt für Förderung idealer Bestrebungen in der Altmark zu werden!

Die Hagemühle in Stendal

Seehausen

*** Seehausen ist ohne Zweifel eine Gründung der Holländer vom Jahre 1151. Die Stadt lag niemals an einem See. Sie bekam ihren Namen vermutlich vom Dorf Seehausen im Stedinger Lande unweit Bremen auf dem linken Weserufer. Hier hatten die 1142 vom Erzbischof Adalbert unter Mitwirkung des Markgrafen Albrecht herbeigerufenen Holländer auf dem ihnen zur Kolonisation übergebenen Gebiet zwischen den Flüssen Ochtum und Hunte ihre erste Kirche gebaut. In dem neuen Seehausen in der Altmark bauten sie auf dem höchsten Punkt der Altstadt aus Backstein eine dem heiligen Jakobus geweihte Kirche, deren letzte Reste erst vor sechzig Jahren abgebrochen sind. Bald aber erfolgte eine Einwanderung sächsischer Ansiedler. Diese kamen nach Seehausen und erbauten um 1170 bis 1180 aus Granitquadern die stattliche Kirche St. Petri und Pauli, und um sie herum ihre Wohnhäuser, durchaus getrennt von der Ansiedlung der Niederländer. Die ältere Ansiedlung ging ein, die gesonderten Wohnplätze der Niederländer wurden allmählich verlassen. Die alte Jakobskirche, die eine dreischiffige romanische Basilika gewesen sein muß, stand bald in freiem Felde, rings umgeben von Ackerland.

Wohl schon in der ersten Hälfte des 13. Jahrhunderts wird sich die Vereinigung der beiden Ansiedlungen und damit der beiden Pfarreien vollzogen haben. Die Petrikirche wurde Pfarrkirche. Schon damals – Adler nimmt an, zwischen 1220 und 1230 – erhielt „der in Granit hergestellte Stiftungsbau durch die Hinzufügung einer stattlichen, auf zwei Türme berechneten backsteinernen Westfront eine wesentliche Erweiterung". Diese Fassade, fährt Adler fort,

„entspricht in der Plananlage wie in den Kunstformen den gleichzeitigen und eng verwandten Westfronten von Jerichow und Stendal, übertrifft dieselben aber durch den seltenen Schmuck eines reich gegliederten Hauptportals. Dieses kraftvoll profilierte, aber dabei in ebenso reichen, wie eleganten romanischen Formen entwickelte Hauptportal ist das glänzendste Beispiel derartiger Portalanlagen in den Marken und darf ein um so größeres Interesse beanspruchen, als es, wie die Darstellung zeigt, aus der höchst sinnreichen und wirkungsvollen, gemeinschaftlichen Verwendung von Backstein- und Sandstein-Material hergestellt worden ist."

Der raschen, glänzenden Entwicklung der Stadt Seehausen entsprechend, wurde im 15. Jahrhundert das Langhaus zu einer dreischiffigen gotischen Hallenkirche erweitert, sodann erfolgte Umbau und Vergrößerung des Chors und Erhöhung der Türme. Letztere waren mit hohen, schlanken, achteckigen und von je vier Türmchen flankierten Zeltdächern geziert. Die stattliche Kirche verlor, nachdem die südliche Turmspitze 1563 durch einen Orkan heruntergeworfen und nur notdürftig erneuert war, 1676 beide Türme. Am 30. August traf sie ein zündender Blitzstrahl, sie brannten nebst dem Kirchendache nieder. Niedrige „welsche" Hauben verunzieren seitdem den Bau.

Seit 1255 besaß Seehausen ein Dominikanerkloster mit einer schönen, dreischiffigen, gotischen Kirche. Im Dreißigjährigen Krieg wurde sie durch schwedische Reiter, die die Balken zur Feuerung aus dem Dach sägten, zur Ruine, deren letzten Reste vor siebzig Jahren abgetragen sind. Zur Zeit der Reformation war das Kloster, das eine Terminarie zu Salzwedel besaß, schon in Auflösung begriffen. Die letzten drei Mönche schlossen 1539 mit der Stadt einen Vertrag, wonach sie und der einzige Laienbruder lebenslänglich Wohnung außerhalb des Klosters und Verpflegung, einschließlich eines Trankpfennigs und Brodhellers haben sollten.

Seehausen gelangte im Mittelalter wohl hauptsächlich durch den Kornhandel schnell zu großer Bedeutung. Ganz vom Aland eingeschlossen, war es durch hohe Wälle und Mauern befestigt. Von den Mauer- und Tortürmen ist wenig erhalten. Das Beustertor, ein einfacher, tüchtiger Bau aus dem Anfang des 15. Jahrhunderts, seit 1720 mit einem kleinen Turm verziert, ist der einzige erhebliche Rest der mittelalterlichen Befestigungsanlage. Von den alten Warten zum Schutz der städtischen Feldmark ist die Blumenwarte und Försterwohnung ein beliebter Endpunkt für Sonntagsausflüge geworden. Der Fangelturm, ein Auslug gegen die Stegreifritter, ist eine Ruine, die in ihren unteren Räumen von den Seehauser Kaufleuten zur Aufbewahrung von Pulver benutzt wird.

Von dem Reichtum der Stadt zeugen die einstmaligen großen Besitzungen des Kalands. Schon 1345 erwarb er den Hof Eikbom in Königsmarck und 1346 eine Hufe in Klein-Holzhausen vom Hof Blockland, der noch lange Kalandshof genannt wurde. Der Vikar des Bischofs zu Verden bewilligte aber auch 1358 einen vierzigtägigen Ablaß für diejenigen reuigen Seelen, die die Kalandsbrüderschaft durch Schenkungen bereichern oder selbst als Mitglieder eintreten, oder bei der Feier der von ihnen zu haltenden Messen und Vigilien zugegen sein würden. In einer Verordnung des Bischofs von 1450 wird die Zahl der „Kalandsherrn" auf vierzig beschränkt und den Kalandspriestern die persönliche Anwesenheit bei dem Leichenbegängnis eines Bruders oder einer Schwester bei Verlust der Teilnahme an der Festmahlzeit geboten. Gewisse Unordnungen wurden mit Kirchenbann und fünfzig rheinischen Gulden Strafe, zahlbar an den bischöflichen Fiskus, bedroht. Aus dem Kirchenbann muß man sich damals nicht viel gemacht haben. Die frühere Bedeutung des Kalands beweist noch heute die Kalandsstraße südlich der Pfarr-

Der Fangelturm

kirche. An dieser Straße lag einst das Kalandshaus unmittelbar neben dem Kirchhof und dem Propsteigarten. Der Kaland wurde 1548 aufgehoben, seine Besitzungen gingen zum Teil an den Berliner Dom über, zum Teil wurden sie der Stadt verkauft.

Außer dem Vorwerk Kalandshof oder Blockland, einem Einzelhofe von Klein-Holzhausen, besaß die Stadt seit alter Zeit zwei außerhalb gelegene Höfe, zunächst den Burgkrug, früher genannt „Die Burg am Aland" oder der Retvelden-Hof, inmitten der Feldmark von Geest-Gottberg, und den Kammerhof (Kämmereihof) oder Kamps an der Elbe. Die Einschiffung des Weizens für die Seehauser Kaufleute geschah am Kamps, wo sich dieserhalb große Speicher befanden. Der Kalandshof und der Burgkrug wurden in Erbpacht gegeben und gingen dadurch der Stadt verloren. Auf dem Burgkrug sind alle Gebäude 1871 niedergenommen, ein einfaches Tagelöhnerhaus am Aland erhebt jetzt den Brückenzoll, der dem Kruge zustand. Das Vorwerk Kamps mit 40 Hektaren Acker- und Wiesenland ist noch im Besitz der Stadt. Bis zur Erbauung der Chaussee von Magdeburg über Dolle und Stendal nach Wittenberge ging der ganze Güterverkehr von und nach Seehausen über Kamps. Die Speicher der Kaufleute sind nunmehr abgetragen, die Einladestelle ist aufgehoben und durch eine bequemere am Perditzenberg ersetzt.

Im Dreißigjährigen Krieg hat die Stadt mehrfache Plünderungen durch Kaiserliche und Schweden erfahren. Die Nähe von Werben mit seinem befestigten Lager war ihr besonders verderblich. In einem alten Aktenstück auf dem Rathaus befindet sich noch eine Darstellung der Kriegsereignisse, die für den älteren Bekmann am 12. August 1709 von einem fünfundachtzigjährigen Greise, dem Magister Hieronymus Ungnade zu Frankfurt a. O., aufgenommen und zum Teil in Bekmann'schen Schriften veröffentlicht ist. Darin werden die ersten Kriegserlebnisse folgendermaßen geschildert:

"Anno 1621 hat die Stadt die erste Trübseligkeit des Krieges empfunden, als bischöfliche Völker von Magdeburg und bald darauf die Dänischen angekommen. Anno 1626 am Martini-Abend ist die kaiserliche Armee hier zu stehen gekommen, die Soldaten, so in der Stadt gelegen, sind meist Welschen gewesen und haben übel Haus gehalten, unter anderem haben sie auf dem sogenannten neuen Schaden vier Rathspersonen, worunter referentis Frauen Großvater, Christoph Quierling mitgewesen, im harten Winter eingesperrt, sie erst mit starkem Einhitzen und Entziehung des Getränks, nachmals aber mit großer Kälte, nachdem sie Thüren und Fenster aufgemacht, gequälet, um von ihnen oder der Stadt Geld zu erpressen. Damals ist auch die Rathsstube aufgebrochen und viele Schriften und Documenta von den Soldaten auf dem Kirchhof herumverstreut worden. Diese Völker haben hieselbst gelegen, bis daß sie zur Belagerung der Stadt Magdeburg abmarschiret. Sobald aber die Stadt eingenommen gewesen, sind wieder vier Compagnien kaiserliche Reuter hieselbst zu liegen gekommen, welche aber bald darauf um Pfingsten von 1000 finnischen Reutern aus der schwedischen Armee mehrentheils niedergemacht worden. Denn als indessen die schwedische Armee an die Elbe gerücket und das Wasser sehr klein gewesen, so hätte Einer, welcher Trüden (?) geheißen, ihnen bei Appendorf den Weg durch die Elbe ausgesteckt, da die 1000 Reuter durchgeritten und obgemeldete vier Compagnien überfallen, des anderen Morgens sich aber alsofort retiriret. Darauf hat König Gustavus Adolfus eine Schiffbrücke bei Werben und das Lager in der Einlage an der Elbe geschlagen. Und weil die kaiserliche Armee von der anderen Seite der Stadt auch angerücket und mit Stücken in die Stadt hineingespielet, so ist unversehens eine Partei von etwa 50 kaiserlichen Reutern recht gegen die Ernte hereingekommen, alsofort die Kirche erbrochen, die Pferde in dem Chor vor den

Das Beustertor

Altar gestellet, die Sakristei und Kasten in der Kirche aufgebrochen, geplündert, die starke Leute in der Stadt gezwungen, ihnen den Raub nach der Armee zu tragen, und sobald sie dieses verrichtet, sich wieder fortgemachet. Worüber denn der König einen großen Verdruß spüren lassen, daß eine Stadt sich recht vor dem Lager von so wenig feindlichen Reutern plündern lasse, und ist darauf denen Schweden gleichfalls der Wille gelassen worden, und obzwar damals die Bürger die Thore zugemacht, sind sie doch mit Gewalt eingedrungen und drei ganzer Wochen Alles geplündert."

Nach dieser Darstellung hätte es den frommen König Gustav Adolf verdrossen, daß sich die reiche lutherische Stadt bereits früher von andern hatte plündern lassen, bevor er seinen Reuterbanden gestattete, in voller Sicherheit aus nächster Nachbarschaft „drei ganze Wochen" auf diese Arbeit zu verwenden. (Sonderbarer Weise steht Gustav Adolf noch heute in Seehausen in dem gänzlich unverdienten Ruf, ein Wohltäter der Stadt gewesen zu sein, indem er einen Steindamm, den alten „Schwedendamm", von Seehausen nach Werben angelegt habe. Man beklagt, daß in späteren Zeiten des Niedergangs der Damm zur Ersparung der Unterhaltungskosten und zur Ausnutzung der in der Wische so seltenen Feldsteine bis auf die kurze Strecke von Seehausen bis Neuhof aufgenommen sei. Im Jahre 1680 wußte man von jener vermeintlichen Guttat Gustav Adolfs noch nichts. In einem „unterthänigen Bericht, in was für einem Zustande die Stadt vor diesem gewesen und leider anjetzo sich befinde und wie sie etzlichermaßen wieder aufzubringen" vom 6. Februar 1680 ist gesagt, daß die Dämme und Brücken dieser Stadt „durch Überführung der großen Kanonen nach dem Werben'schen Lager und Überschwemmungen der Elbe überaus sehr verderbet und fast gänzlich grundlos geworden", und an einer andern Stelle ist angeführt, daß „die Steindämme, so mit unsäglichen Unkosten aufgeführt worden", durch die vielfältigen Durchbrüche der Elbe und Ergießungen des Alandstromes „gänzlich ruiniret, also daß alle Leute diese Stadt wegen der bösen Wege vermeiden und die commercia gänzlich ins Stocken gerieten", sowie daß die blutarme Stadt zur Reparatur der Elbdeiche und Steindämme habe über 20 000 Gulden aufnehmen müssen!

Der Aufsatz schildert ferner, wie später General Banier's (Banner's) Völker eine vierzehntägige Plünderung vollführten (1635) und dann einmal wieder eines Sonntags eine Partie Sachsen hereinkam, plünderte und „übelhandelte mit Schlagen und Peinigen". Die Bürger, sowie sie nicht längst entwichen waren, flüchteten in's Feld. Viele brachten die Nacht in der „sogenannten Öhrde" an der Klein-Holzhausen'schen Landwehr zu. Dann heißt es weiter:

„Anno 1637 sind die Bürger andern Sinnes geworden und haben angefangen, sich gegen die Parteien zu wehren. Als aber Anno 1638 der Kaiserliche General Gallas in Holstein gezogen, auf Martini aber wieder zurückgekommen und Perleberg geplündert, hat auch diese Stadt herhalten müssen und hat damals ein Herzog von Florenz sechs Wochen lang hier im Quartier gelegen. Damals ist eine erschrecklich theure Zeit geworden, der Scheffel Mehl hat $2^1/_2$ Thlr. gegolten, die Soldaten sind vor Hunger gestorben, gestalt Autor dieser Erzählung selbst mit angesehen, daß sich die Soldaten mit dem Degen einen Hund getheilet, auch umgefallener Pferde Fleisch gefressen und dahero denn auch die Armee nicht subsistiren können, sondern nach 6 Wochen, sehr ruinniret, weil so Viele Hungers gestorben, wieder aufgebrochen. Auf den Dörfern zwischen hier und Werben ist kein lebendiger Mensch gewesen."…

Auch in der Wische haben die Brandenburgischen Obristen mit ihren Truppen genau ebenso schlimm, wie die Feinde gehaust. Auf dem später Bülow'schen, jetzt Vester'schen Rittergute in Falkenberg fand ich in einer sorgfältig geführten Wirtschaftsrechnung auf dem Deckel von der Hand des Rechnungsführers notiert: „11. Octob. 1641 14 Hüner und 3 Hanen haben die Brandenburgischen Reuter alle getödtet und gefressen."

Seehausen hatte 1567 420 Bürger, 1608 370, 1653 nur noch 124. Im Jahre 1718 gab es noch 104 wüste Stellen. Während des Krieges litt die Stadt auch noch durch die Pest, durch Feuersbrünste und Wassersnot. Wie die anderen altmärkischen Städte, hat sie sich erst ganz langsam erholt. Allmählich ist sie wieder recht wohlhabend geworden. Die Einwohnerzahl betrug 1730 1044, 1750 1340, 1800 1829, 1816 2253, 1830 2717, 1855 3625, 1861 3949, 1867 4274, 1871 3992, 1880 4064.

„De Seehuser dat sind Ebenthür", heißt es in dem alten Städtespruch. Wodurch sie sich vor Zeiten den Ruf der Abendteuerlust zugezogen haben, weiß heute niemand. Jedenfalls haben sie in neuerer Zeit den Ruf gemeinnütziger Tätigkeit und Opferwilligkeit vor den Bewohnern mancher anderen Stadt voraus. Dessen gibt Zeugnis die Gründung des Seehauser Gymnasiums. Als vor etlichen zwanzig Jahren der Plan eines städtischen Gymnasiums auftauchte, gab der Kaufmann J. C. Schultze, damals Mitglied des Abgeordnetenhauses (Deutsche Fortschrittspartei) zur Errichtung des Schulgebäudes ein Geschenk von 30 000 Mark. Und als derselbe am 3. Juni 1871 starb, hatte er seinen Kindern im Testament die Verpflichtung auferlegt, der Stadt nochmals 30 000 Mark zu einem gemeinnützigen Zweck auszuzahlen. Es wurde daraus eine J. C. Schultze'sche Stipendienstiftung zum Besten unbemittelter Schüler. Gegenwärtig baut sich die Stadt, die sich auch einen Schillerhain angelegt hat, ein künstlerisch schönes, neues Rathaus. Steinhart rühmt anno 1800 an Seehausen, daß „der gesellschaftliche Ton ein weit ungezwungener sei, wie in anderen kleinen Provinzialstädten". In geselliger Beziehung hat Seehausen seinen alten Ruf bewahrt. Wie in den niederrheinischen Kasinos führt man in Seehausen in geschlossener Gesellschaft, im „Herrenhause" in eigener Kellerei vortreffliche Weine zu wohlfeilen Preisen. Mögen sich allzeit fröhliche, sorgenfreie Zecher zahlreich aus der Stadt und Umgebung dazu einfinden!

*** In den letzten Jahrhunderten sind für die Wische eine große Menge Rittersitze, mehr als in anderen Teilen der Altmark, nachgewiesen. Die Holländer brachten keine Edelleute mit, die Kolonisten brauchten keine Ritter zu ihrem Schutz. Woher nun aber schon vom 14. Jahrhundert an die vielen Edelhöfe?

Man wird zweierlei Erklärungen dafür finden: Gegen die Mitte des 13. Jahrhunderts wurde die Uckermark durch die askanischen Markgrafen in heißen Kämpfen erobert. Aus der Wische zogen sicherlich zahlreiche Kolonisten nach der Uckermark und dem Lande Stargard. Zählt man doch in ersterer einige vierzig Ortschaften mit den Namen altmärkischer Städte und Dörfer. Wie überall in der Welt bei Kolonisationen, wurde die neue Bewegung von den Pionieren der älteren Kolonie lebhaft unterstützt. Viele Kolonisten verließen die von ihnen besiedelten Ortschaften, verkauften ihre Besitzungen mit Vorteil und machten einem weniger abenteuerlichen Geschlecht Platz. Es läßt sich annehmen, daß der rings um die Wische auf den Dörfern angesessene Adel eifrig nachrückte und zahlreiche Höfe erwarb.

Aber ferner trat bald nach der Besiedlung der Wische gewiß mancher Holländersohn in die markgräfliche Mannschaft. Gab es doch in den folgenden Jahrzehnten Kriege und Kreuzzüge genug. Wenn wir auch nicht die Meinung teilen, daß die Kolonisations-Unternehmer, die sich als Gründergewinn mit der Freihufe das Richter- oder Schultheißenamt zu erblichem und veräußerlichem Recht übertragen ließen, überall zu

153

Edelherren geworden sind, so werden wir doch in den märkischen Edelleuten, die, in der Wische oder deren nächster Nähe angesessen, ihren Namen von neubegründeten Wischerorten entlehnten, Sprößlinge jener Gründer der Wische vermuten müssen, die aus Holland noch keine Familiennamen mitgebracht hatten. Dazu rechnen wir die von Giesenslage. Der bereits 1204 nachgewiesene Johann von Giesenslage wird ein Abkömmling oder Anverwandter jenes Giso sein, nach dem Giesenslage benannt wurde. Eine Familie von Rengerslage taucht urkundlich 1271 auf und hatte bis 1677 Besitzungen in Rengerslage. Auch Edelleute von Germerslage (bis 1702), von Retfeld, mit Besitzungen in Herzfeld und Lichterfelde bis 1640, von Osterholz von 1376 bis 1600, von Kruge (Crüden) von 1236 bis 1556, Paris von 1316 bis 1500, Valye, vermutlich Valke (nicht von Valye), rittermäßige Mannen von Arneburg, von 1226 bis 1323, wird man als Nachkommen der Holländer zu betrachten haben. Noch zweifelloser dürfte dies bei der Familie von Kannenberg sein, die von 1320 bis 1662 im Besitz von Kannenberg war und wahrscheinlich zur selben Sippe gehörte, wie die gleichzeitig in der Wische auftretende Familie „aus dem Pfuhl", von Pfuhl. Ritter Giso von Schönberg ferner wird bereits 1271 genannt. Im 15. und 16. Jahrhundert saß dessen Familie in Rengerslage, auf Speckhof, in Falkenberg, Schönberg, Lichterfelde, um noch vor 1600 zu erlöschen. Von altmärkischen Holländern aus Königsmark stammen auch vermutlich die von Königsmark, da Henricus de Kongesmark schon 1225 in einer die Stadt Werben betreffenden Urkunde vorkommt. Die Familie verließ frühzeitig die Altmark.

In nächster Nähe auf dem Höhenrand, der die Wische in einem Halbkreis umzieht, hausten zum Schutz der den Einfällen der Wenden am meisten ausgesetzten Gegend von früher eine große Anzahl ritterlicher Geschlechter. Nach dem Kranz der nahe gelegenen Ortschaften Schwarzholz, Krusenmark, Möllendorf, Rohr-beck (von Rohr), Hindenburg, Uchtenhagen, Calberwisch, Düsedau, Meseberg, Barsewisch (wüst) nannten sich Familien, die zeitweilig große Besitzungen in der Wische gehabt haben, aber wohl nicht von den Holländern stammten. Reich begütert darin waren ferner die altmärkischen Familien von Rossau (Dorf und Burg an der Biese), von Wultzke oder Wulsch (aus Hohenwulsch), von Pieverling (aus Peulingen), von Rintorf (aus Rindtorf) und andere mehr.

Unter der entsetzlichen Fehdezeit, in der ein bedeutender Teil der altmärkischen Dörfer durch wiederholtes Ausbrennen und Auspochen zugrunde gegangen ist, hat die eigentliche Wische verhältnismäßig wenig gelitten. Sie war für Raubzüge der magdeburgischen oder mecklenburgischen Ritterschaft zu schwer zugänglich, auch lohnte sich das Auspochen von Einzelhöfen nicht der Mühe und Gefahr. Veranlassung dazu hätten die Wische-Junker sonst auch wohl gegeben, denn ihre Taten fehlen in den bekannten Klageschriften zu Anfang des 15. Jahrhunderts nicht. So werden in einer Klageschrift von 1420 Heinrich von Königsmark und Claus Wultzk beschuldigt, 1413, also zur Zeit, als schon die schöne Else auf der Kaiserburg in Tangermünde Hof hielt, auf der Fähre zu Altenzaun zwei Pferde gestohlen und in ihre Höfe zu Wasmerslage und Wendemark gebracht zu haben.

Wie wir bereits erwähnten, wurde die Wische im Dreißigjährigen Krieg arg verwüstet und ganz verödet. Sie hat sich schneller als die Städte erholt. Von Land und Leuten weiß schon Steinhart (1800) nicht genug Rühmens zu machen. In den alten Zeiten, erzählt er, sei die Wische mehr für Viehzucht als für Ackerbau tauglich gewesen. Dazumal hätten Lübecker und Hamburger Viehhändler ganze Feldmarken gepachtet und als Fettweide für ihre Ochsen benutzt. Der Acker sei ein schwerer Klei, der nur bei günstiger Witterung und fast nie anders als mit sechs bis acht Pferden in der Brache wohl gar mit Vorspann von zwölf Pferden gepflügt werden könne. In etlichen Orten hatten, wie Bekmann (1753) berichtet,

„weil das Erdreich allhier sehr lattich und zwar im Sommer sehr hart, aber bei Thau- und Regenwetter sehr weich und tief wird, so daß man fast nicht aus einem Hofe zum andern kommen kann, die Einwohner sich von Jugend auf gewöhnet, auf Stelzen wohl zwei bis drei Fuß hoch zu gehen, welche sie unter den Füßen zuschnüren, sich auch derer so fertig zu gebrauchen und darauf ohne Stock zu gehen wissen, als andere auf den Füßen auf plattem Lande."

Steinhart, der die Hufen zu fünf Wispel Aussaat und zu 120 Magdeburger Morgen rechnet, stellt eine Vergleichung der Magdeburger Börde mit der Wische an und preist als die Vorzüge der letzteren das bisher noch vorhandene notdürftige Holz, die Viehzucht und den Obstgewinn, der schon eine bedeutende Einnahme gewähre, da die Berliner kämen und das Obst zu sehr ansehnlichen Preisen aufkauften. Er entwickelt dagegen, daß für viele Früchte der Boden zu schwer sei, auch die sonst so nützliche Stallfütterung wegen der großen Menge Spannvieh, das gehalten werden müßte, nicht anwendbar sei. Er klagt über den Mangel an Menschenhänden, rühmt dagegen an den Bewohnern der Wische, als einer fruchtbaren Gegend, ihre körperlichen und geistigen Vorzüge, vor allem einen höheren Grad von Freiheit und Selbstvertrauen.

Die Wische mag sich seitdem durch die allmähliche Ausdehnung des Ackerbaues, durch die bessere Regulierung der Wasserläufe und den sicheren Schutz vor Überschwemmungen wirtschaftlich sehr verändert haben. Vergeblich sucht man im Winter nach jenen Stelzenläufern. Die Leute, die in ihrer Jugend auf Stelzen zur Schule und Kirche gingen, sterben bald aus. Die Landwirtschaft hat die Schwierigkeiten des Bodens zu überwinden gelernt. Freilich treten bei der schnellen und steten Verbesserung der Verkehrsmittel die Nachteile der Einzelhofverfassung umso greller hervor. Schon Steinhart wies darauf hin, daß diese Verfassung gemeinnützige Anstalten, wie Straßenbau, Holzanpflanzungen und dergleichen wenig begünstige, auch den Schulunterricht durch die weiten, im Winter schlechten Wege erschwere. Der größte Nachteil aber ist der Arbeitermangel. Wo ringsum Einzelhöfe sind, ist in gegenwärtiger Zeit ein tüchtiger, zuverlässiger landwirtschaftlicher Arbeiter schwer zu fesseln. Es fehlt demselben in solcher Gegend jede Gelegenheit, sich von Ersparnissen ein Eigentum, ein Häuschen mit Garten und Ackerland zu erwerben. Überdies ist das Leben auf dem Einzelhof für den Dienstboten und Arbeiter einförmiger und weniger vergnüglich, als in größeren Dörfern.

Die Gutsbesitzer der Wische haben in neuester Zeit ein an sich naheliegendes und doch den früheren Anschauungen gar sehr widersprechendes Mittel entdeckt, sich für die durch Maschinen nicht ausführbaren Arbeiten in der bedrängtesten Jahreszeit tüchtige und billige Arbeitskräfte zu verschaffen. Der wandernde Handwerksbursch, der ohne Arbeit umherzieht und allmählich zum Tagedieb und Strolch herunterkommt, hat sich bei Beginn der Ernte für viele Höfe der Wische, auf denen er sonst einen Zehrpfennig erbettelte, in eine begehrte, ja umworbene Arbeitskraft verwandelt. Man fragt ihn nicht nach Arbeits- oder Wanderbuch. Scheel angesehen von den Dienstboten und Hofarbeitern, stellt er sich willig und eifrig in Reihe und Glied, greift fest zu und harrt aus, als wäre er bei der gesunden Landarbeit groß geworden. Die treffliche, reichliche Kost läßt ihn bald den Mangel des gewohnten Branntweins vergessen, kein Wirtshausschild verlockt ihn zum blauen Montag. Der harten Arbeit in freier Luft folgt ein fester, gesunder Schlaf auf reinlicher Streu. Vom verdienten Lohn wird zunächst das Notwendigste für die Fortsetzung des Wanderlebens, ein Paar derbe Stiefel, angeschafft. ✳✳✳

Nachwort

Unsere Wanderung ist zu Ende. Wer uns aufmerksam folgte, wird uns zustimmen: Die Altmark ist ein merkwürdiges Ländchen, gar mannigfaltig und abwechslungsvoll mit reicher Vergangenheit, mit schönen alten Städten, absonderlichen Landschaften und tüchtigen Bewohnern. Von letzteren, von ihren Sitten und Bräuchen, von ihren Liedern und Sprüchen, hätten wir gern mehr gebracht. Allein wir verweilten zu lange bei Begebenheiten alter Zeiten, und doch haben wir manchen Ort, von dem sich Seltsames berichten läßt, nicht einmal erwähnt. Die Fülle des Stoffes erschwerte die Auswahl. Wir sind zufrieden, wenn wir die Aufmerksamkeit weiterer Kreise auf die Altmark lenkten und wenn wir in manchem Landsmann Lust und Liebe zur Geschichte seiner Heimat und zu deren geschichtlichen und vorgeschichtlichen Denkmälern hervorriefen oder förderten.

Im harten Kampf ums Dasein werden durch Vergleichung gegenwärtiger Zustände mit denen früherer Jahrhunderte die Kräfte zur Arbeit gestählt, der Geist ermutigt und gefestigt und die Hoffnung auf eine glückliche Zukunft geweckt und wach erhalten.
Wir können von den Lesern nicht scheiden, ohne nicht allen denjenigen unseren herzlichen Dank auszusprechen, die uns in unserer Arbeit, namentlich bei Benutzung von Bibliotheken und Archiven oder bei Aufsuchung anderer Quellen, freundlich unterstützt haben. ✳✳✳

Mit Genugtuung dürfen wir wohl auch hervorheben, daß die streng aktenmäßige Darstellung der Lebens- und Leidensgeschichte der unglücklichen Grete Minden zu einer wirklichen Ehrenrettung derselben geworden ist. Wie die Zeitungen berichten, sind zwar am Sonnabend nach Marien 1882 (9. Septbr.), wie alljährlich seit 1619, nachmittags von 4 bis 5 Uhr alle Glocken der Stadt Tangermünde geläutet worden zur Erinnerung an jene Schreckensstunden, in der die furchtbare Feuersbrunst begann. „Aber als am Sonntag, den 10. September, die 264. Gedächtnispredigt gehalten wurde, verkündete der Oberprediger Lampe den versammelten Andächtigen, daß nach den neuesten zuverlässigen Ermittlungen Grete Minden an der furchtbaren Feuersbrunst vom 13. September 1619 unschuldig sei und schuldlos den Feuertod erlitten habe."
Möge künftig allzeit in Stadt und Land Recht und Gerechtigkeit herrschen. Mögen auch fürder die Kinder der halbverschollenen Landschaft, aus der der brandenburgisch-preußische Staat erwuchs, ohne Wanken und Schwanken fest zu Kaiser und Reich stehen und die heiße Liebe zum deutschen Vaterland verbinden mit dem Stolz auf die teure altmärkische Heimat!

Tangerhütte : Jüngste Stadt der Altmark

In angenehmer Nähe zum Wald, umgeben von Feldern und Wiesen und vielen Gärten, dicht am Tanger liegt Tangerhütte, eine Kleinstadt im Südosten der Altmark. Die Beschäftigung mit der Geschichte dieses Ortes birgt viele Überraschungen, denn der Ortsname entstand erst in der Mitte des vorigen Jahrhunderts durch das Hüttenwerk am Tanger. Zu Zeiten von Ludolf Parisius gab es von Tangerhütte nur die „Tangerhütte" und den herrschaftlichen Park. Eine Viertelstunde Fußweg von der 1842 errichteten „Tangerhütte" entfernt, lag das alte Bauerndorf Vaethen. Es bestand in seiner Anlage als Straßendorf vermutlich für Jahrhunderte nur aus der Breiten Straße mit einigen in näherer Umgebung gelegenen Einzelgehöften. Nach Mahlpfuhl zu, wo einst das „Heilige Holz" gerodet wurde, weil die Menschen das Land brauchten, erstreckten sich über „Viehbrick" und „Buchte" bis hin zum „Böwersten Wend" die Ackerflächen, während auf den „Horstwiesen" und „Am Gnebbchenberg" in den Koppeln die Kühe standen.

Vaethen war ein typisches kleines Altmarkdorf mit schmalen Feldern und grünen Tangerwiesen, teils von „Elsbruch" umgeben. Weiter östlich, auf der anderen Tangerseite, hinter dem „Vaethener Knack", befanden sich hohe Eichen- und Kiefernwälder. An besonders lichten und sandigen Stellen wuchs die Heide.

Im Jahre 781 soll der Ort – in Form von „Vetten" – erstmalig erwähnt worden sein. Bekannt sind durch alte Handschriften noch andere Schreibweisen, wie Veten, Vethen oder auch Väthen. – Ackerstücke auf altmärkischer Gemarkung heißen zuweilen „Lange Väthen", „Kurze Väthenstücke". Die namentliche Eintragung im Landbuch Kaiser Karls IV. von 1375 gilt für Vaethen, dem Dorf mit nur 15 Hufen und zwei Pfarrhufen, als erster urkundlicher Nachweis. Collatores (die Lehnsherren) waren die Brüder Nikolaus und Rule von Bismarck aus Burgstall.

Vaethen führte ein unbedeutendes Dasein, lag abseits der alten Handels- und Poststraßen. Nachfahren derer von Bismarck vom Schlosse zu Burgstall waren jeweils die Lehnsherren, auch dann noch, als die Brandenburger Kurfürsten die umfangreichen Wald- und Jagdreviere der Letzlinger Heide durch Permutation an sich gebracht hatten.

Obwohl die Herren von Bismarck mit dem kurfürstlichen Tauschangebot von 1562 nun Schönhausen, Fischbeck und Krevese, dazu auch die Feldmarken von Briest als neuen Besitz erhalten hatten, waren alte Lehnsverpflichtungen unverändert geblieben.

Christoph von Bismarck ließ 1624 das Briester Herrenhaus erbauen. In seinem Tagebuch hat er auch die wirre Zeit des Dreißigjährigen Krieges festgehalten, das ganze Unglück, das über die Altmark gekommen war und auch die Tangerorte nicht verschonte. Verwilderte Felder, kaum noch Vieh in den Stallungen und von den einst 23 Häusern in Vaethen waren nun sieben wüst (unbewohnt). Der kirchliche Visitationsbericht registrierte 1649 für Vaethen 70 Personen, seelsorgerisch betreut von Pastor Johannes Zylius.

Das Dorf erholte sich nur langsam. Man nährte sich vom Holzschlag und dem Verkauf von Bau- und Brennholz, bereicherte die Mahlzeiten mit erlegtem Wild. Hochwasser der Elbe und weite Überschwemmungen der Tangerniederung brachten oft großen Schaden für Winter- und Sommerkorn.

1724 erhielt Vaethen einen stattlichen Kirchenneubau in Fachwerk, errichtet auf dem romanischen Turmuntergrund, wo sich nun auch im Turmgewölbe ein würdiger Platz zur Anlage einer Gruft für die Briester Familie von Bismarck ergab, die ihre Toten zuvor im Bismarckschen Erbbegräbnis beisetzten, in der Klosterkirche zu Krevese.

Als die Altmark zum Königreich Westfalen gehörte, notierte der Prediger Johann Christian Theodor Wehrmann ins Vaethener Kirchenbuch, mit welcher Dreistigkeit „die roten Pluderhosen" (die Franzosen) ins Dorf eindrangen, wie einmal ganz Vaethen vor Angst mit Sack und Pack ins Gehölz flüchtete und auch, wie die Russen in einem Backofen ein Schwitzbad nahmen und danach in die Rötkuhlen sprangen, um sich wieder zu erfrischen.

Die 1 1/2 m tiefen Rötlöcher lagen in einer Senkung hinter den Bauernhöfen und waren dazu bestimmt, den geernteten Flachs zum „Rotten" zu bringen und für die „Brake" vorzubereiten. – Später wurde er zu Leinen verarbeitet.

In den bäuerlichen Haushalten wurde fast alles selbst erwirtschaftet, was zum Leben gebraucht wurde. So war es auch in Vaethen. 1840 zählte es 345 Einwohner, besaß 24 große und kleinere Höfe und kommunale Angelegenheiten wurden gemeinsam mit dem Pastor im Hause des Lehnschulzen besprochen. Doch dann wurde alles anders.

Seit Vorzeiten lagerte in der Tangerniederung Raseneisenstein, das „braune Gold der Sümpfe". Nun hatte man festgestellt, die Erze seien in solcher Ausdehnung, daß sie für eine lange Reihe von Jahren zur Verhüttung ausreichen würden.

Die nicht weit entfernte Elbe bot mit ihren Wassern günstige Voraussetzung als Transportweg. Das dachten drei Männer, die der Vaethener Pastor Wernicke zusammengebracht hatte und die nun hier bei Vaethen ein Hüttenwerk errichten wollten. Es waren Christian Albert Helmekke, Besitzer einer Schrauben- und Graugußfabrik in Lauterberg am Harz, der „Königlich Hannoversche Hüttenbeamte" Friedrich Adolph Kayser von der Königshütte bei Lauterberg und Johann Jakob Wagenführ, Kaufmann und Mitinhaber einer Magdeburger Eisengroßhandlung. Der preußische König Friedrich Wilhelm IV. genehmigte in der Kabinetts-Order vom 17. Oktober 1842 die Gründung des Eisenhüttenwerkes am Tanger im „Knack bei Vaethen", jenem Forstdistrikt, das damals noch zum „Königlichen Oberforstamt Burgstall" gehörte. Das zu bauende Eisenwerk erhielt den klangvollen Namen „Tangerhütte".

Bald entstanden in der Tangerniederung bis zu 36 Eisensteingruben und drei Eisenwäschen, um das Erz vom anhaftenden Sande zu befreien. Die eine war im Eschengehege, die andere am „Hohen Steg" und eine weitere im Briester Busch, der bis an das neue Eisenhüttenwerk heranreichte. Dort wurde inzwischen der große Hochofen gebaut. Sechzig Fuß hoch. Seine erste Füllung verfolgte man mit Neugier und Spannung und sah erwartungsvoll dem ersten Abstich entgegen. Zur Erinnerung an dieses wichtige Ereignis sind kleine Tafeln gegossen worden. Sie tragen die Inschrift: „Erster Guß des Hochofens zu Tangerhütte vom 6. März 1844".

Nach einem knappen Jahrzehnt mußte der Hochofenbetrieb jedoch wieder eingestellt werden. Das aus dem Raseneisenstein gewonnene Eisen erwies sich als zu spröde und hartbrüchig. Nun bezog man Roheisen aus dem Harz, aus England und Schweden und schmolz es in Kupolöfen. Damit erfolgte die Umwandlung vom Hütten- zum Gießereibetrieb und schon mit zirka 200 Beschäftigten, die aus den umliegenden

Orten kamen, besonders aus den Dörfern Birkholz, Cobbel und Weißewarte. Der neue Besitzer der „Tangerhütte", Franz Wagenführ, brachte immer neue Ideen ein. Die Betriebsanlagen wurden ständig vergrößert. Das Werk wuchs von

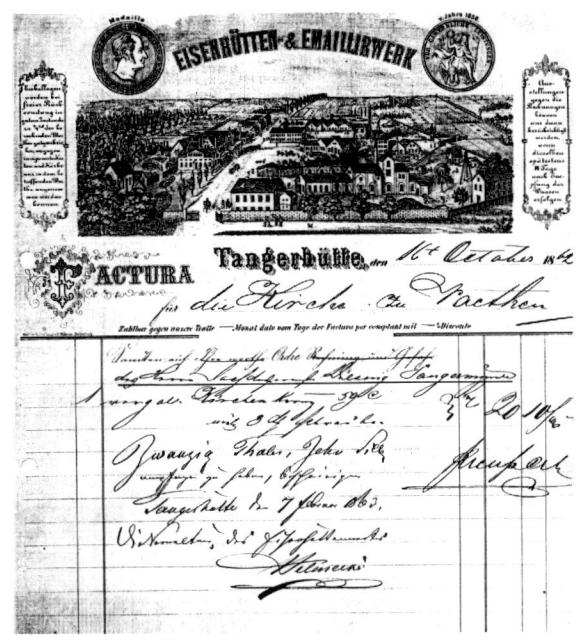

Jahr zu Jahr. Hergestellt wurden gegossene Röhren, schwerer Bau- und Maschinenguß, außerdem emaillierte Eisengußwaren für Koch- und Sanitätszwecke. Exporte erfolgten nach Südamerika und Westindien. Auch gediegene Kunstgußerzeugnisse kamen aus der „Tangerhütte". Neben Ziergittern und Grabkreuzen kleine und große Kandelaber zur Beleuchtung der Straßen, wie zum Beispiel die zwei herrlichen Monumentkandelaber vor dem Hauptbahnhof in Frankfurt am Main, Kadelaber in Kairo sowie beim neuen Dom und Unter den Linden in Berlin. Diese und viele andere hervorragende Kunstgußprodukte haben das „Eisen-

hütten- und Emaillierwerk", die „Tangerhütte", weltweit bekannt gemacht.

So wie das Hüttenwerk wuchs und an Bedeutung gewann, so änderte sich auch das Aussehen von Vaethen. Zwischen Dorf und „Hütte", wie das große Eisenwerk landläufig hieß, an der langen Verbindungsstraße, wo in den Anfangsjahren nur vier Häuser standen, reihten sich bald Haus an Haus und Laden an Laden, mittendrin auch Wirtshäuser und Gasthöfe.

Der Ort erstreckte sich nach allen Richtungen. Neue Straßenzüge entstanden, denn die Häuser „schossen wie Pilze aus der Erde", schrieb der damalige Chronist, der Hauptlehrer Heinrich Paetz. Ein großes Schulgebäude wurde gebaut. Doch kaum bezogen, war es schon wieder zu klein. Nach erster Einrichtung einer Postexpedition erhielt der Ort nun ein ansehnliches Postamt und an der bereits 1849 freigegebenen Eisenbahnstrecke Magdeburg-Stendal statt der kleinen Haltestelle ein zeitgemäßes „Empfangsgebäude" und in weitsichtiger Überlegung, schon den Stationsnamen „Tangerhütte".

Vereinsleben blühte auf! Es gab den „Hüttenschützen-Verein von 1852", einen Gesangsverein (gegründet 1855), den Männer-Turn-Verein (gegründet 1864), ab 1877 den Telegraphen-Verein, 1891 wurde die Freiwillige Feuerwehr der Landgemeinde Vaethen-Tangerhütte gegründet und 1897 der Radfahrer-Verein „Wanderlust" Tangerhütte. Durch den Verschönerungsverein erhielten 1886 die neuen Straßen in Vaethen Straßennamen und erste Straßenschilder. Die lange Haupt- und Durchgangsstraße mit ihren vielen Geschäften wurde „Bismarckstraße" genannt.

Mit dem Anlegen des „Tangerhütter Schießplatzes" (1888) in den Waldungen zwischen den Dörfern Briest und Grieben kam internationales Leben in das kleine Vaethen. Besonders erwähnenswert ist das Jahr 1890, wo rund 200 Offiziere von fast allen Militärstaaten der Welt zu einem Konkurrenzschießen auf dem hiesigen Schießplatz anwesend waren, eingeladen von der Gruson-Aktiengesellschaft Magdeburg. Durch Fusion hatte drei Jahre später Krupp/Essen das gesamte Tangerhütter Schießplatzgelände übernommen, mit Verwaltungsgebäude und Kasino, mit Wohnungen, Nebengebäuden und dem Pulvermagazin. In Vaethen wurde weitergebaut. Die Häuser wurden höher und größer. Beispiele dafür sind: das Zentral-Hotel, Café Theuerkauf mit Restaurant und Tanzsaal, das Berliner Warenhaus in der Bismarckstraße und auch das imposante Beckmann'sche Eckhaus mit hohem, spitzem Turm und andere dreistöckige Wohnhäuser mit städtischem Profil.

Zur Jahrhundertwende lebten im Ort 4436 Einwohner. 1904 waren es schon 5189, von denen 1300 auf der „Hütte" beschäftigt wurden. Dazu kamen noch etwa 100 Beamte. Und der Ort hieß immer noch Vaethen, wurde aber mehr und mehr „Vaethen-Tangerhütte" genannt oder auch nur „Tangerhütte", je nachdem, auf welcher Ortshälfte man wohnte und wo man sich zugehörig fühlte: zum Hüttenwerk am Tanger oder zum alten Bauerndorf, wo es leider nur noch wenige Höfe gab.

Trotz starker Zunahme der Bevölkerung war die Zahl der gläubigen Christen gering. Die sittlichen Zustände gaben zu manchen Klagen Anlaß, so die überhandnehmende Vergnügungssucht, die zur Entheiligung des Sonntags und zum Fernhalten von der Kirche führte. Zu Entlastung der Frauen, die auf der „Hütte" arbeiteten, wurde eine „Kinderbewahranstalt" (eine Kleinkinderschule), errichtet (1897) in diakonischer Betreuung vom Cecilienstift Halberstadt, unter dem Vorstand von Herrn Franz Wagenführ und Frau Marie von Arnim.

Im Jahre 1905 wurde das große, stattliche Rathaus gebaut, eigentlich viel zu gewaltig für die kleine Landgemeinde Vaethen, doch die „Hütte"

am Tanger wuchs und wuchs und gab immer mehr Menschen Lohn und Brot. Weitere Wohnhäuser in der Tangerstraße und einer neuen Schillerstraße konnten zwischen 1906 bis 1912 fertiggestellt werden. In der Matthiesstraße (heute Kantstraße) eröffnete Ferdinand Theuerkauf ein Kinematographen-Theater, ein Lichtspielhaus (1911). 1926 erfolgte die Elektrifizierung des Ortes mit 900 Hausanschlüssen. Das zuvor dominierende Gaslicht erhellte von nun an nur noch die gußeisernen Kandelaber der Straßenbeleuchtung.

Auf Beschluß der Gemeindevertretung vom 6. Mai 1928 wurde als offizieller alleiniger Ortsname „Tangerhütte" gewählt. Im Sprachgebrauch jedoch routierte weiterhin der nichtamtliche Doppelname „Vaethen-Tangerhütte". So blieb der Name Vaethen vielen vertraut. Doch die Entwicklung des ehemaligen Dorfes zur Stadt Tangerhütte war nicht mehr aufzuhalten. 1931 erfolgte der Bau eines katholischen Gotteshauses, der St. Elisabethkapelle, durch den Bonifatiusverein der Erzdiözese Paderborn. St. Elisabeth, die Heilige der Karitas, war nun die Schutzheilige der neuen Kapelle, einer Kirche in Diaspora, als katholisches Zentrum in weiter Umgebung, errichtet am Ortsausgang von Tangerhütte. Auf der anderen Ortshälfte in Richtung Briest war die „Briester Siedlung" entstanden und mit ihr die Birkenstraße. Draußen auf den Horstwiesen am Tanger wurde 1935 ein Freibad eröffnet. Als besonderer Anziehungspunkt der neuen Badeanstalt galt der fünf Meter hohe Sprungturm. Durch einen Beschluß des Oberpräsidenten der Provinz Sachsen wurde der Gemeinde Tangerhütte im Kreise Stendal die Bezeichnung „Stadt" verliehen. Das Schreiben war datiert: Magdeburg, den 17. April 1935 und bezog sich auf den § 117 Absatz 3 der deutschen Gemeindeverordnung vom 30. Januar 1935. Gleichzeitig erhielt die Stadt Tangerhütte damit auch das Recht, ein Stadtwappen und eine Fahne zu führen.

Das Stadtwappen gestaltete der Lehrer Friedrich Lehrmann. Er zeichnete zum roten brandenburgischen Halbadler Symbole, die in enger Beziehung zur Ortschaft standen: drei grüne Ähren als Versinnbildlichung der Landwirtschaft, darüber realistisch schwarz Hammer und Schlägel für das am Tanger entstandene Hüttenwerk, dem die junge Stadt ihren Namen verdankt. Das neue Wappen fügte sich wunderbar in die Reihe der vielen schon bestehenden altmärkischen Städtewappen ein. Der vorgelegte Entwurf wurde für besonders geeignet gehalten und im September 1936 durch die Regierung in Magdeburg bestätigt sowie auch die Flagge in den Farben rot-weiß mit dem aufgesetzten Stadtwappen. Der neue Ortsname Tangerhütte begann sich durchzusetzen. Als jüngste Stadt der Altmark verzeichnete Tangerhütte mit ihrem schnellen wirtschaftlichen Aufschwung eine Entwicklung, die einzig dasteht in der Geschichte der Altmark.

Für die meisten Menschen, die heute in Tangerhütte leben, ist das bisher Geschriebene nur Historie. Viele sind erst durch die Kriegs- und Nachkriegsjahre hierhergekommen, da der Ort von Luftangriffen verschont geblieben war. Auch bei der Besetzung von Tangerhütte am 12. April 1945 durch amerikanische Panzer der 9. US-Armee kam es zu keinerlei Zerstörungen von Gebäuden. Die Einwohnerzahl wurde damals auf 11 000 geschätzt, doch viele Menschen konnten und wollten nicht bleiben, als mit dem 1. Juli 1945 die Soldaten der Roten Armee einmarschierten und die gesamte Altmark Sowjetische Besatzungszone wurde.

Es begannen gravierende Veränderungen. Dazu gehörte die Einrichtung einer sowjetischen Kommandantur im evangelischen Pfarrhaus in der Breiten Straße, die Registrierung der Bevölkerung, Ausgangssperren, Verbote. Die GPU (Zentralpolitische Abteilung der Sowjetischen Besatzungsmacht) hatte ihren Sitz in der Hindenburgstraße. Deren Mitarbeiter lösten durch

Verhöre und Verhaftungen bei den Tanger-hüttern Angst und Schrecken aus. Die Familie Wagenführ hatte schon mit den abziehenden amerikanischen Besatzungstruppen in den letz-ten Junitagen 1945 Heimat und erarbeiteten Besitz verlassen. Nun erfolgte die Liquidierung des Grundbesitzes, die Enteignung von Eisen-werk, Landgut, einem Park mit zwei Schlössern und Mausoleum und den beiden Jagdschlössern in Schnöggersburg und in Brunkau mit den Waldgebieten am Rande der Letzlinger Heide.

Im Zuge der „Bodenreform" wurde das Gut Briest enteignet. Ulrich von Bismarck, der Erb-herr auf Briest, war 1943 nach dem Kampf um Stalingrad in sowjetischer Gefangenschaft ver-storben. Seine Frau, Albertine-Luise von Bis-marck, mußte mit ihren vier kleinen Kindern im September 1945 den seit Generationen bewohn-ten, alten Bismarckschen Familienstammsitz in Briest verlassen, fand notdürftige Unterkunft in Tangerhütte in der Schönwalder Straße und Freunde, die weiterhalfen.

1949 wurde die DDR gegründet. Viele Menschen fanden es gut und richtig, wie sich das Leben entwickelte, haben das System bewußt mitge-tragen. Andere fügten sich ein, lebten mit Kom-promissen.

Durch eine Gebietsreform im Bezirk Magdeburg wurde 1952 aus Teilen der Kreise Stendal, Wol-mirstedt und Gardelegen der Kreis Tangerhütte gebildet – mit Tangerhütte als Kreisstadt und den entsprechenden Verwaltungen und Einrich-tungen. Der Rat des Kreises Tangerhütte resi-dierte in der ehemaligen Villa des Oberst-leutnant Rulof von Bismarck. Im Tangerhütter Rathaus saß von nun an die SED-Kreisleitung, während die Stadtverwaltung in eine leere, alte Kneipe umziehen mußte. Trotzdem ist für den Ort gute Kommunalpolitik geleistet worden. In den 35 Jahren des Bestehens des Kreises Tangerhütte vergrößerte sich die Stadt. Die Elfert'schen Wiesen am Tanger wurden bebaut,

auf dem „Mahlpfuhler Sand" entstand das Neu-baugebiet mit dem Neustädter Ring und dem „Altmärkischen Gymnasium", am Schönwalder Weg die Eigentumssiedlung und ein moderner Sportplatz. Kindergärten und Tageskrippen wurden geschaffen und eine Sonderschule für Körperbehinderte mit Internat, großer Schwimm- und Sporthalle.

In Einbeziehung vorhandener Bausubstanzen (es betraf das Alte Schloß und das Neue Schloß der Familie Wagenführ mit dem schönen Park) konnten ein Altersheim und eine Poliklinik in Tangerhütte eingerichtet werden. Für den wach-senden Verkehr wurde die Südtangente ange-legt, eine Umgehungsstraße südlich der Stadt und für das gesamte Stadtgebiet ein Wasserwerk gebaut, zusammen mit einer zentralen Wasser-leitung zur endgültigen Ablösung der vielen „Püttbrunnen" auf den Grundstücken der Alt-bauten. Die Tangerregulierung dagegen war sicher kein so guter Gedanke. Negative Auswir-kungen gibt es bis heute. Und dann war da noch die Eingemeindung der Dörfer Briest und Mahl-pfuhl. Bei Mahlwinkel, fünf Kilometer von Tan-gerhütte entfernt, waren Mitte der fünziger Jahre Soldaten der Sowjetarmee stationiert worden. Sie bezogen auf einem rund 300 Hektar großen Gelände Kasernen. Der Flugplatz mit einer drei Kilometer langen Start- und Lande-bahn wurde auch von Düsenflugzeugen genutzt. Die 47. Garde-Panzerdivision (seit 1957 in Mahl-winkel) richtete im Wald einen Panzerschieß-platz ein.

Der Kreis Tangerhütte wurde 1987 wieder auf-gelöst. Tangerhütte kam zurück zum Kreis Stendal. Durch die „Wende" hat sich auch in Tangerhütte vieles verändert, doch das ist noch nicht Geschichte, sondern allgegenwärtiger All-tag mit Euphorie und Enttäuschung, mit vielen neuen Ideen und Möglichkeiten und tausend Dingen, die aufgenommen und verarbeitet sein wollen. In der „Bismarckstraße", die wieder ihren alten Namen trägt, präsentieren sich 65

Geschäfte, fast wie in alten Zeiten. Große Ein-kaufsmärkte locken in den Neubaugebieten. Es gibt wieder Tangerhütter Vereinsleben. Man geht ins Kulturhaus, besucht das „Buddelschiff-Museum" oder holt sich aus der Stadtbibliothek etwas Neues zum Lesen.

Das Rathaus ist wieder Sitz der Stadtverwal-tung. Tangerhütte hat gegenwärtig 7 400 Ein-wohner, viele von ihnen sind zur Zeit arbeitslos. Die Landwirtschaft bietet wenig Arbeitsmög-lichkeiten. Das alte Hüttenwerk ist jetzt eine „Eisenwerk GmbH" mit nur noch kanpp zehn Prozent der bisherigen Belegschaft. – Der Groß-teil des Werkgeländes, östlich des Tangers, soll für einen Industrie- und Gewerbepark genutzt werden. Eine neue Straßenführung ist dort ent-standen mit der „Gießereistraße", dem „Guts-weg" und der „Wagenführstraße". Der Alt-besitzer kommt nicht zurück zur „Tangerhütte". Anders ist es mit Friedrich von Bismarck-Briest. Er versucht, in der alten Heimat wieder Fuß zu fassen. Die Stadtverwaltung setzt für Tanger-hütte auf sanften Tourismus, als den neuen Wirtschaftsträger in der Region zwischen Tan-ger und Heide.
Ruth Wolf

Ruth Wolf (Jahrgang 1929), verheiratet, drei Kinder, von 1952 – 1989 als Lehrerin in Tangerhütte tätig gewesen. Heimatgeschichtlich interessiert, setzt sie durch regelmäßige Veröffentlichungen in Lokalzeitungen eine Familientradition fort. Ihr Großvater, Karl Lehrmann aus Osterburg, wurde bekannt durch seine 1912 veröffentlichte volks-kundliche Arbeit in der zweibändigen Ausgabe „Die Altmark und ihre Bewohner".

Bücher über SACHSEN-ANHALT aus dem RUTH GERIG VERLAG

SACHSEN-ANHALT
Ein Bildband, der wichtige Bauten entlang der Romanischen Straße und andere Sehenswürdigkeiten zwischen Harz und Elbe vorstellt. Historische Geschichten und alte Sagen. Bildlegenden Deutsch / Englisch.
168 Seiten, Festeinband, 170 meist farbige Fotos, Format 21 x 21 cm, Karte, 29,80 DM; öS 211,60; SFR 27,70. Zweite erweiterte Auflage 1994. ISBN 3-928275-18-6

LÜTZEN
Der während des Dreißigjährigen Krieges in der Schlacht von Lützen gefallene Schwedenkönig Gustav IV. Adolf und andere historische Persönlichkeiten, die eine Beziehung zu dieser bei Leipzig gelegenen Kleinstadt hatten – Seume, Nietzsche, Napoleon oder Scharnhorst – werden gewürdigt.
56 Seiten, Festeinband, 50 meist farbige Abbildungen, Format 21 x 21 cm, Bildlegenden Deutsch, Schwedisch, Englisch. 24,80 DM; öS 176; SFR 23. ISBN 3-928275-37-2

MEINE FREUNDE HABEN FLÜGEL
Autor Heinz Tischer beschreibt abenteuerliche Jugendjahre zwischen 1914 und 1934 in Magdeburg. Sein Hobby, die Ornithologie, brachte den Gymnasiasten in verzwickte Situationen. Ein spannendes Buch für Jugendliche und Junggebliebene.
192 Seiten, davon 8 Seiten Abbildungen, Festeinband. 24,80 DM; öS 176; SFR 23. ISBN 3-928275-41-0

HARZ / Mansfelder Land
Bildlegenden Deutsch / Englisch / Französisch.
Der umfassende Bild/Textband beschreibt alle Orte des Harzes und des angrenzenden Mansfelder Landes. 36 namhafte Regionalwissenschaftler und Heimatforscher haben daran mitgewirkt. Die Harzer Schmalspurbahnen werden vorgestellt, der Quedlinburger Stiftsschatz wird ausführlich beschrieben. Der Leser kann auf Goethes und Luthers Spuren wandeln.
240 Seiten, Festeinband, 210 meist farbige Fotos, Format 21 x 21 cm, Karte, 29,80 DM; öS 211,60; SFR 27,70. ISBN 3-928275-22-4

HALLE Historie * Heimat * Humor
Zwölf namhafte Regionalwissenschaftler und Autoren stellen die Stadt und ihre historische Bedeutung vor. Hans-Dietrich Genscher, in Halle geboren, singt ein Loblied auf seine Vaterstadt.
Festeinband, 384 Seiten, 87 Abbildungen, 24,80 DM; öS 176; SFR 23. ISBN 3-928275-24-9

Die Altmark

© Gerig-Verlag / St. Schröter